国民国家
フランスの変容

ヨーロッパ化の中の国民意識と共和主義

The Transformation of French Nation-State :
National Consciousness and Republicanism in the Era of Europeanization

中村雅治 著
Masaharu Nakamura

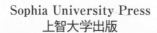

Sophia University Press
上智大学出版

〈目　　次〉

序 …………………………………………………………………………… 1

| 第Ⅰ部　ヨーロッパ統合の歴史と現在 |

第1章　ヨーロッパ統合史 ……………………………………………… 12
　1　成功した試み ……………………………………………………… 13
　2　ヨーロッパ統合の起源と目的 …………………………………… 17
　3　ヨーロッパ統合の歩み …………………………………………… 24
　4　EU のこれまでの成果と今後の課題 …………………………… 29
　　Column1　ヨーロッパの首都ストラスブール ………………… 31
　　Column2　ユーロ危機 …………………………………………… 32

第2章　EU 基本権憲章 ………………………………………………… 35
　1　ヨーロッパ市民権から EU 基本権憲章へ ……………………… 35
　2　EU 基本権憲章に見る EU 市民の権利 ………………………… 39
　　Column3　2 つの諮問会議（Conventions）…………………… 44
　3　ヨーロッパ市民 …………………………………………………… 46
　4　ヨーロッパ市民権概念の新しさ ………………………………… 52
　5　EU 域内移動の自由と外国人の権利 …………………………… 56

| 第Ⅱ部　ヨーロッパ統合とフランス |

第3章　フランスのヨーロッパ政策 …………………………………… 62
　1　第 4 共和制期のヨーロッパ政策 ………………………………… 63
　2　ドゴールの挑戦（1958 〜 69 年）………………………………… 68
　3　ドゴール後のヨーロッパ政策（1969 〜 90 年）………………… 74
　4　冷戦後のフランスの政策（1990 年以後）……………………… 76

i

5　EU統合の将来像──独仏ヴィジョンとフランスの困難 ……… 80

第4章　ヨーロッパ化とフランスの変化 ……………………………… 84
　　1　ヨーロッパ化とは何か ………………………………………… 84
　　2　国内の制度的変化 ……………………………………………… 87
　　3　EUの地域開発政策＝構造基金 ……………………………… 92
　　4　EU法と国内法 ………………………………………………… 95
　　5　ヨーロッパは国民国家の権限を侵食するか ………………… 98
　　Column4　ロマ人追放問題とEUの規範 …………………… 101

第Ⅲ部　フランス人とヨーロッパ

第5章　ヨーロッパ統合とフランス国民意識 ……………………… 108
　　1　国民意識の変遷を見るための時代区分 …………………… 109
　　2　各種世論調査に見るフランス国民意識の動向 …………… 114
　　3　1990年代における国民意識の覚醒 ………………………… 117
　　4　マーストリヒト条約批准のための国民投票（1992年9月）…… 119
　　5　欧州憲法条約批准のための国民投票（2005年5月）……… 125
　　6　ヨーロッパ化とグローバル化──フランス人の認識 …… 129
　　7　ナショナル・アイデンティティとヨーロッパ・アイデンティティ
　　　　 …………………………………………………………………… 132
　　Column5　グローバル化に関する政治エリートの言説 …… 136

第6章　ヨーロッパ懐疑主義者の台頭 ……………………………… 140
　　1　連邦主義と諸国家からなるヨーロッパ …………………… 141
　　2　EU中心のヨーロッパ統合とその批判 …………………… 144
　　3　フランス主権主義者の伸長（1990年代以降）……………… 148
　　4　反ヨーロッパ政党国民戦線（FN）の台頭 ………………… 152

第Ⅳ部 フランス国民国家の形成と変容

第7章 国民国家の形成 ··· 162
 1 国民国家の基本理念 ····································· 162
  Column6　最後の授業 ····································· 169
 2 共和主義的国民の育成 ··································· 170
 3 第3共和制期の学校における愛国教育 ······················ 174
 4 ライシテの原則とは ····································· 178
 5 フランス国籍法と移民の法的地位 ························· 184

第8章 国民国家の変容（1）問われる共和主義 ···················· 194
 1 フランス社会の自由化と価値の多元化 ····················· 195
 2 パリテ（男女同数）法の導入 ····························· 200
 3 欧州地域語少数言語憲章の批准問題 ······················· 207

第9章 国民国家の変容（2）フランスの移民問題 ·················· 213
 1 移民問題の顕在化 ······································· 213
 2 反移民政党FNの台頭 ···································· 220
 3 「ライシテ」をめぐる論争 ······························· 225
 4 宗教的標章（しるし）規制法（2004年3月）
  (Loi sur les signes religieux dans les écoles publiques françaises) ···· 231

結　び ··· 241

あとがきに代えて　―2015年パリ同時多発テロの衝撃を受けて― ········· 247
注 ··· 262
引用・参考文献 ··· 268
Appendix 1 ·· 276
Appendix 2 ·· 277
欧州統合関係略年表 ··· 278

近・現代フランス関連略年表 ……………………………………………………… 279
索　　引 …………………………………………………………………………… 280

序

2014年欧州議会選挙

　2014年5月25日、ストラスブールの欧州議会からヨーロッパ中に激震が走った。5年に一度行われる欧州議会選挙において欧州懐疑派（les eurosceptiques）と呼ばれる各国の反EU諸政党が躍進したのである。投票前の各種世論調査で予測されていたことではあったが、それが現実となってみると、構成国の政治リーダーならびに国民は大きなショックを受けた。欧州議会は国別に会派を作らず、政治的立場の近い政治勢力同士が国籍を超えて会派を作ることになっていて、現在の総議席数は751である。今回の選挙の結果、議会内において統合推進派の中心である欧州人民党（EPP）と社会民主進歩同盟（S&D）は、それぞれ212議席と186議席を獲得し、同じく統合賛成派の中道リベラル勢力の70議席や緑の党の55議席などを加えれば523議席となり、絶対多数を確保している。これに対してフランスの国民戦線（FN）や英国独立党（UKIP）など、懐疑派に分類される勢力は合わせて141議席（その内左翼系が43議席、保守系が44議席、その他54議席）程度であり、議会内において懐疑派は少数派にとどまった。その意味では欧州議会の基本的政策傾向に決定的な変化が生じたというわけではない。

　今回も選挙そのものに対する関心はそれほど高くはなかった。それは構成国全体で43.09％という投票率にも表れている。フランスでは42.43％であり、構成国の平均に近い数字である。欧州議会がEUの諸機関の中では唯一の民主的な手続きによって選ばれているにもかかわらず、EU市民の欧州議会に対する関心は低く、その評価も不十分であった。その理由は従来議会の権限が小さく、EUの政策の方向性を決める力が弱いと考えられてきたからである。例えば、選挙結果はEUの中心機関であるEU委員会のメンバー（国家の大臣に類似する）の構成に直接的には影響することがなく、とりわけ委員長の選出につながらず、欧州議会選挙の結果はEUの政策には直接反映されないと受け止められてきたことがある。ところが今回はリスボン条約（2009年）の規定を受

け、主要会派の欧州人民党はユンケル（Jean-Claude Yuncker）、社会民主進歩同盟はシュルツ（Martin Schultz）を委員長候補として事前に明らかにしており、選挙結果は欧州理事会（首脳会議）で行われる委員長人事を左右する要因となっていた。結局勝利を収めた欧州人民党の委員長候補のルクセンブルク元首相のユンケルが次期委員長に任命された。今後は議会選挙の結果が委員会の構成に影響を与え、ひいてはEUの政策にも影響を与えることになっていくであろう。これまでも条約改正のたびに欧州議会の権限は拡大してきているが、それと反比例するかのように欧州議会選挙の投票率は低下してきており、そのことは議会の権限不足だけが市民の評価の低さの原因ではないことを示唆している。すなわち問われているのは、より一般的にはEU政治の民主的正統性の欠如であろう。国内政治過程においては、民主的正統性は（不十分ながらも）議会の立法権ならびに政府に対する統制権により担保されている。しかし今日、EU法は国内議会の立法領域にも及んでおり、主権のEUへの委譲は欧州議会の活動により代替されることがあるといっても、それは限定的である。またEU法や政策決定には多くの機関（欧州理事会、EU委員会、EU理事会、欧州議会、構成国政府、地方政府、市民社会など）が関わり（マルチレベル・ガヴァナンス）、一般市民の目からは政策決定過程が見えにくいのである。その結果、EU政治における民主的手続き、統制が不十分であるとの印象を与えることになっている。いわゆる「民主主義の赤字」（democratic deficit）が市民のEUに対する無関心・不信を引き起こしているのである。

　今回の欧州議会選挙においてフランスで特に注目を集めたのは、極右の国民戦線（FN）が選挙前の予想を上回る結果を残して、フランス政党中の第一党となったことである。主要3党について見れば、FNは得票率25％（24議席）、保守の国民運動連合（UMP）は21％（20議席）、オランド（François Hollande）大統領の与党社会党（PS）は14％（13議席）であった。FNは反ヨーロッパ勢力を代表する政党である。創立（1972年）初期においては反移民、あるいは党首ルペン（Jean-Marie Le Pen）の親ナチズム的発言がスキャンダルを引き起こすなど、いわゆる極右政党的性格が強かったが、90年代を経過する頃から次第に民衆層の生活不安・不満の声を代弁する傾向を強め、また批判の対象をEUに向けている。今日ではかつて1960〜70年代に共産党が

独占していた民衆層の支持を獲得するようになっている。党首のマリーヌ・ルペン（Marine Le Pen）の地盤であるフランス北部のパ・ド・カレなどはその代表例であると言える。今日ではFNは極右というよりはナショナル・ポピュリスムのレッテルこそがふさわしい状況になってきている。

　FN（フランス）と並んで欧州議会選挙で躍進した、急進左翼進歩連合（ギリシャ）（27％）、英国独立党（イギリス）（27％）などはそれぞれの国内事情を抱えているが、反EUという点では共通である。このところ難民問題の処理において反EU的な政策を強めるハンガリーで連立与党の「フィデス・ハンガリー市民運動」などはなんと51％を獲得している。欧州議会内におけるこれら政党とFNとの連携に関心が集まったが、FNは共同の会派を作らないことになったので、議会内における影響力は限定的なものにとどまるとみられる。

　それにしても一体どうして統合ヨーロッパを象徴する都市であるストラスブール（コラム1参照）から統合懐疑派の急増という激震がヨーロッパ各地に広がっていったのか。このパラドックスは実に皮肉と言うしかない。「エリートのヨーロッパ」に「民衆のヨーロッパ」が立ちふさがったということなのか。あるいは欧州議会選挙における投票は、ヨーロッパというよりは国内政治的要因、すなわち自国政府に対する不満の表明になりがちということであろうか。

　2014年の欧州議会選挙の結果を本書の主題と結びつけて考えると、次の2点が興味深い。いずれにおいてもFNが影響力を強めている。

　第1はEUと国家主権の問題である。FNはブリュッセルへの主権の委譲が過度に進み、フランスの独立性が危うくなっていると主張する。とりわけ今日における経済・金融危機の元凶はユーロにあるとして、ユーロからの脱退、ないしはフランを復活してユーロと併用する案を提案している。いずれもヨーロッパ統合初期から存在する国家主権をめぐる問題であり、EUへの構成国からの主権の委譲のあり方に集約される論点である。EUの発展により、ヨーロッパは市場統合から始まり、現在のユーロに代表されるような政治統合の段階に達している。そうした中で、EU政治は一般市民からは遠くにあり、民意を反映していないとの批判がある。そうした不満・不信が「民主主義の赤字」

を象徴するとされる欧州議会選挙において明示的に表明されたのである。

第2は、フランスとの関連で言えば、この選挙で躍進した国民戦線（FN）のフランス国内政治における性格づけの問題である。FN は反 EU 政策とともに、創設時から反移民の急先鋒であり続けている。FN の初期の発展を支えたのは反移民的な言動のせいであると言ってよい。フランスは伝統的に「典型的な国民国家」とされてきた。その意味するところは、中央集権的な国家体制と、同質的とされる国民の存在からなる国家であるということである。従来からのこうした性格づけは理念上のものにすぎないとしても、フランス国家の「あるべき姿」として国民のコンセンサスとなってきた。ところが国家の自立性は、ヨーロッパ統合、さらにはグローバル化の進展により相対化されてきている。また国民共同体の同質性は、国際的人の移動の増加により、とりわけ定住移民の拡大による多文化的社会状況の出現により大きく揺らぐようになった。そうした状況に対する国民の不安・不満に政治的はけ口を与えているのがFN であり、国内政治に与える影響力を拡大させている。その意味では欧州議会選挙における FN の躍進は国民国家フランスの変容を象徴する出来事であると言えよう。

本書の分析枠組み

本書は、しばしば国民国家の典型とされるフランスの今日における変容の実態と、それを引き起こした原因とを明らかにすることを目的としている。各国の政治体制の具体的形態は多様であるとしても、国民国家は近現代国家の類型の代表例であり、図式的に言えば「主権国家」と「同質的国民共同体」からなると言える。理念的には主権国家は自己の領域内における最高権力＝最終決定権を握り、域外主体の介入を排除し、国際社会において独立性を主張する。主権国家としてのフランスは絶対王政期以来、強力な中央集権的な体制を発展させ、今日においても高度な中央集権国家を特徴としている。その意味で隣国のドイツが連邦制的国家体制をとっていることとは対照的である。

同質的国民共同体の存在については、同質性の「神話」あるいは「想像の共同体」理念が広く受け入れられてきた歴史を持つ。フランス大革命の精神は自由・平等・博愛の標語に集約されるが、国民共同体の同質性を言うのであれば

「共和主義」(républicanisme) の理念こそ重要であろう。共和主義は政治体制としての共和制、主権者としての国民、国家と社会の関係においてはライシテ（政教分離）原則などを主張する。

ところで、今日のフランスではこうした伝統的国民国家モデルからの逸脱が目立ってきているようである。それは、国家レベルにおいても国民レベルにおいても言えることである。それを引き起こしたのは何であろうか。大別して3つの要因を指摘できるであろう。第1はヨーロッパ統合の進展の結果、主権のヨーロッパへの委譲が進んだこと。第2は1970年代以降に見られる国内社会の自由化と価値の多様化である。様々な社会的平等や相違への権利を求める社会集団を主体とする運動の結果、伝統的な個人間の平等を柱とする共和主義の理念にゆらぎが見え、次第に柔軟に解釈されるようになってきていること。第3はグローバル化の影響もあって、国際的人の移動ならびに移民人口が増大し、社会集団間の差異化が引き起こされていること。

第1の要因は単一欧州議定書（1986年）に基づく単一の域内市場の完成、さらにはマーストリヒト条約に基づく政治統合の発展により、他の構成国同様に、フランスにおいてもEUへの主権の委譲が進み、伝統的主権国家のありように変更が迫られていることである。問題解決能力に限界を見せる現代国家を、統合に基づく主権の共同使用により救済するというアラン・ミルワード（Alan S. Milward）流の「国民国家救済論」的解釈もあるが、主権委譲はフランスの自立性、独自性を弱め、国民としてのアイデンティティの危機を招くと訴えかける反ヨーロッパ主義者の台頭を許すことになった。

第2の要因は1970年代以降に進んだフランス社会の自由化の影響である。それをどう評価するかについては様々な議論のありうるところであるが、一つ言えることは、それ以前のフランス社会では、権威主義的な人間関係が家庭、企業、大学などにおいて支配的であったが、そのことに変化の兆しが見えてきたということである。例えば、伝統的に女性の社会的地位の低さが見られ、とりわけそれは政治参加において明らかであった。その是正を目的としたパリテ法（男女同数法）が2000年に導入されてから改善が進んでいる。しかし伝統的な社会関係観の変化が限定的なものにとどまっていることも事実である。例えば、欧州地域語少数言語憲章の批准失敗問題にも見られるように、伝統的共

和主義的価値観（一にして不可分の共和国）と社会集団間の多様性擁護の主張とのせめぎあいが見られることも事実である。

　第3の要因はEU内の人の移動に加えて、第2次大戦後急激に増加したマグレブ、アフリカ、ついでアジアや、冷戦後の中東欧諸国からの人の流入の結果、国民共同体の同質性神話に陰りが見えてきたことである。とりわけ文化的に異質なイスラム系移民の定住化は、フランス社会に深刻な文化摩擦を生んでいる。こうした動きは社会を複数の小集団に分断する傾向を持ち、第2の要因と重なることで「同質的な国民」神話を空洞化させるとの危惧を一部の人々に抱かせることになり、反移民、反ヨーロッパ的な内向きの主張の広がりを生み出すことになった。

　本書の分析においては、ヨーロッパとフランスという2つのレベルにおける「社会統合」という視点の導入も有効であると考える。もちろんヨーロッパ・レベルとフランス・レベルにおける統合の意味するところは同じではない。ヨーロッパ・レベルにおいては政治共同体（EU）のさらなる発展のためにはその基盤をなす「ヨーロッパ社会」の形成（ヨーロッパ・アイデンティティの育成）が問題とされるのに対して、フランス社会における統合においては、国民共同体の伝統的な同質性の回復が重視される。とはいえ、ヨーロッパ化の進行により、両者の統合の試みには接点が生まれてきているようだ。ヨーロッパ市民権の導入はフランス国内政治へのEU市民の参加を促すことになったし、また域内居住の外国人の移動の自由の緩和を引き起こしているからである。2010年夏から秋にかけてフランス政府が実行したロマ人の集団的追放政策はEU内において厳しい批判を呼び、政府は政策の一部変更を余儀なくされた。EUが社会統合を掲げて価値の共同体を目指し、ヨーロッパにおいて人権レジームが形成されつつある今日、移民・難民政策はEUの政策となり、また人権に基礎を置く市民権は構成国を拘束するようになっている。伝統的な国民国家フランスの変容は国の内外からの影響を受け、多様な形態において進行しつつあると言えよう。こうした問題意識に基づき、本書のような小著においてはいささか無謀な試みかもしれないが、以下のような構成に基づき、国民国家フランスの今日の姿（とりわけ1980年代末以降）を明らかにするために、ヨーロッパと国内社会の両側面からの分析を同時に進めるアプローチを採用した。

本書の構成
第Ⅰ部　ヨーロッパ統合の歴史と現在
　ヨーロッパ統合のフランス政治への影響を分析する前提として、統合の歴史と制度的発展、その成果と今日抱える問題点を明らかにする。またヨーロッパ的共通価値の創出者としてのEUの役割についても考える。

　第1章：ヨーロッパ統合史
　　統合を成功させた要因とは何か。それは今日的意味を持ち続けているか。経済的統合から政治的統合への発展の歴史を基本条約の改正を見直すことで整理する。

　第2章：EU基本権憲章
　　EUの規範形成者としての役割の一例として、ヨーロッパ市民権という新しい市民権概念導入の意味を考える。

第Ⅱ部　ヨーロッパ統合とフランス
　戦後ヨーロッパ国際社会の再建において重要な役割を果たしたヨーロッパ統合に対するフランス政府の政策を考える。フランスのヨーロッパ統合推進政策の動機とは何であったのか。ヨーロッパ統合のフランスの内政に与えた影響についてもまとめる。

　第3章：フランスのヨーロッパ政策
　　第4共和制期から今日までのフランス政府のヨーロッパ・EU政策の歴史を見直すことで、今日に続くフランスのヨーロッパ政策の基本姿勢を抽出する。

　第4章：ヨーロッパ化とフランスの変化
　　EUの政策のフランスに対する影響を「ヨーロッパ化」の視点から分析する。EU法やEUの地域政策への国内的対応の問題に焦点を当てる。第Ⅲ部で取り上げるフランス国民意識の変化の問題への橋渡し的位置づけがなされている。

第Ⅲ部　フランス人とヨーロッパ
　ヨーロッパ統合の深化が国民世論に引き起こした反応を分析する。かつて親

ヨーロッパ的であった国民世論がどのように変化したのか。また1990年代初めから顕著になったヨーロッパ懐疑主義的勢力の拡大を、ユーロバロメータその他の世論調査分析の結果を利用して分析する。

第5章：ヨーロッパ統合とフランス国民意識
　反ヨーロッパ的世論の構造化を引き起こした1992年と2005年の国民投票の分析を行う。またヨーロッパ化と重なり合うグローバル化に対するフランス人の意識を分析する。

第6章：ヨーロッパ懐疑主義者の台頭
　はじめに過去の連邦主義者の主張と主権主義者の主張とを比較する。ついでEUに対する不信や不満の拡大と、それを利用する政党の動きの活発化の状況を説明する。特に極右「国民戦線」（FN）の主張を紹介する。

第Ⅳ部　フランス国民国家の形成と変容

　ここでは国民国家フランスの変容を促す国内的要因を分析する。国民共同体の形成と変容の過程を大革命以来の歴史的流れの中で捉える。その基本的理念の一つである共和主義の今日における限界についても考える。

第7章：国民国家の形成
　フランス国家・社会の基本理念である共和主義の形成はフランス大革命期にまでさかのぼる。その社会的受容は第3共和制期の学校教育に大きく依存している。政教分離法（1905年）とライシテの原理の成立と今日の課題を取り上げる。

第8章：国民国家の変容（1）問われる共和主義
　パリテ問題、欧州地域語少数言語憲章批准問題を具体的に分析し、そこに現れた共和主義の理念の強靭さを明らかにする。

第9章：国民国家の変容（2）フランスの移民問題
　第8章と共通の問題意識に立ち、個人中心的市民の権利を基盤とする社会において異質な社会集団の安定的存在の難しさについて考える。フランス社会の「多元文化化」と社会統合の困難さと言ってもよい。

以上の構成に基づき「典型的」とも呼ばれる国民国家フランスの今日の姿を分析した。一言付言すれば、本書は必ずしも最初から順を追って読んでいく必要はない。ヨーロッパ統合に対するフランスの政策に関心のある方は主として第Ⅰ部と第Ⅱ部を読み、フランスの国民意識の現状に関心のある方は第Ⅲ部を中心に読まれたら良いであろう。また、もっぱらフランス社会の統合理念の過去と現在に関心のある方は、第Ⅳ部を中心に読むのが良いであろう。本書で取り上げた個々の問題は、その分野の専門家を読者に想定して書かれたものではない。現代フランスに関心のある方、とりわけ若い学生諸君がフランス社会について考えるきっかけを提供することができれば、本書の目的は達成されたことになる。

　なお、本文中の欧文表記については、一般的には英語にしたが、フランスに関する場合や、フランス語の資料を利用した場合にはフランス語表記にした。

第Ⅰ部
ヨーロッパ統合の歴史と現在

第Ⅰ部　ヨーロッパ統合の歴史と現在

第1章

ヨーロッパ統合史

はじめに

　ユーロ危機、ギリシャ危機（2014～15年）、さらには難民問題と相次ぐ困難にEU諸国は振り回され、今日ユーロ体制のみならずEUの存続自体が危ぶまれる事態が現出している。構成各国の欧州懐疑派は勢いづき、フランスでも反EUの国民戦線（FN）は選挙のたびに勢力を拡大し、2017年の大統領選挙における党首マリーヌ・ルペン（Marine Le Pen）の勝利を予想する世論調査の結果が出るほどである。またイギリスにおいては2015年の下院選挙において保守党が勝利したことで、キャメロン（David Cameron）首相は公約に従い、2017年までにはEU残留か脱退かを決める国民投票を実施する見込みである（その後2016年6月の実施が決まった）。現在EUを取り巻く状況は厳しく、それとともにEUの将来に対する不安も増大してきていることは間違いない。しかし現在の困難な状況を見て、一足飛びにEU解体論を論じることは拙速であろう。過去においてもヨーロッパ統合は何度も困難に直面し、そのたびにそれを乗り越えるために、かえって統合のレベルを高めてきた歴史がある。1970年代の国際通貨危機に対応して、欧州通貨システム（EMS）を導入したが、その延長線上に今日のユーロ体制が築かれたことを忘れることはできない。ヨーロッパ統合の現状を見ると、中心国のドイツにしても、困難を抱えるギリシャのような国にしても、EU体制を崩してもその先により良い状況を生み出せるとは到底考えられない段階にある。不断の改革を繰り返しつつ、前進していく外ないのではなかろうか。まずEUの現時点での姿をまとめてから、その発展の歴史を振り返ってみる。

◆ EU（28 か国）の姿 ◆

面積は 429 万 km^2、アメリカは 915.9 万 km^2。人口は 5 億 700 万人、アメリカは 3 億 1400 万人。GDP は 12 兆 9450 億ユーロ、アメリカは 12 兆 2080 億ユーロである。経済規模はアメリカに匹敵する。ちなみに日本の GDP は 4 兆 6398 億ユーロ、中国は 8 兆 2270 億ユーロである。

出所：2012 年ユーロスタットのデータ（駐日 EU 代表部公式ウェブマガジン、2015 年）

1 成功した試み

　加盟国数、ユーロ参加国数、シェンゲン協定加盟国数のいずれを見ても増加しており、ヨーロッパ統合の試みが評価されてきたことの証と言えよう。

加盟国

　現在の加盟国は 28 か国である。EU の出発点となったのは 1957 年のローマ条約である。同条約により、1951 年設立の欧州石炭鉄鋼共同体（ECSC）に加えて、欧州経済共同体（EEC）と欧州原子力共同体（EURATOM）が設立された。その後 3 つの共同体は執行機関を統合して、1967 年からは欧州共同体（EC）と呼ばれるようになった。とはいえ、3 つの共同体は一つの共同体に合併されたことにより消滅してしまったわけではない。それは EC が European Communities と複数形で表現されたことからもわかる。ローマ条約に調印したのは ECSC 参加国と同じ、西ドイツ、フランス、イタリア、ベルギー、オランダ、ルクセンブルクの 6 か国であった。いずれもその後の発展の中で中軸国となる。イギリスはマーシャル・プランの受け入れ機関として設立された欧州経済協力機構（Organization for European Economic Cooperation, OEEC）を基礎にした自由貿易地域構想を推進しようとした。そこで EEC への参加を取りやめ、北欧諸国とともに欧州自由貿易連合（European Free Trade Association, EFTA）を設立し（1960 年 5 月）、EEC への対抗を試みた。しかしそれも長くは続かず、早くも 1961 年の 8 月にはアイルランドやデンマークなどとともに EEC への加盟申請を行っている。しかしフランスのドゴール（Charles de Gaulle）大統領の拒否（1963 年 1 月）により、加盟は実現しな

かった。1967年5月には再度、ノルウェーを加えた4か国で加盟申請を行ったが、再びドゴールの拒否（1967年11月）により実現しなかった。

6か国は関税同盟（1968年7月発効）を成立させ、域外共通関税を実施した。また共通農業政策（1962年7月発効）などを中核的手段として共同市場の形成を目指す統合政策を推進することになった。

ドゴール大統領の退陣後の1973年1月、イギリス、アイルランド、デンマークのEFTA諸国がECに加盟して9か国体制になった。その後、1981年にはギリシャ、1986年にはスペイン、ポルトガルが加わり12か国、1995年にはスウェーデン、フィンランド、オーストリアが加わり15か国体制となり、西欧のほとんどの国が加わる巨大連合組織に発展した。さらに冷戦終焉後の2004年にはかつての東側ブロックの中東欧諸国（エストニア、ラトビア、リトアニア、ポーランド、チェコ、スロヴァキア、ハンガリー、スロヴェニア）ならびにキプロスとマルタの10か国が大挙して加盟して25か国となり、2007年にはブルガリアとルーマニア、2014年にはクロアチアも加わり、現在の28か国体制が完成した。

今後もEUの拡大は続き、トルコ、アイスランド、モンテネグロなどとの加盟交渉が開始されている。さらにはマケドニア、セルビア、アルバニアなどが加盟候補国となっている[1]。2005年10月に加盟交渉を開始したトルコであるが、その実現の可能性は今のところ見通せない。例えばフランスの国内世論は以前から加盟に反対であるし、世論調査の結果や、第1次大戦時のトルコによるアルメニア人「大虐殺」問題を重大視するEUの立場などを見る限り、近い将来の加盟実現は難しいのではないかと思われる。

もちろんすべてのヨーロッパ諸国がEU加盟を希望しているわけではない。ノルウェーは1972年、94年の二度にわたり加盟条約を締結したものの、国民投票において否決された。ただし、リヒテンシュタイン、アイスランドとともにEUとの間で欧州経済領域（EEA）協定を結び、EU域内市場に参加している。またノルウェー、アイスランドはシェンゲン・アキ（Schengen aquis：域内国境の開放と域外国境の共同管理などの取り決めの総体）にも参加している。その意味ではこれらの国は公式にはEU構成国ではないが、機能的にはそれに近いと言える。

スイスはEUのCFSP（共通外交安全保障）政策が自国の永世中立主義に合わないなどの理由から未加盟となった。1992年に加盟申請したが、EFTAとEUとの協定であるEEA（欧州経済領域）への参加の是非を問う国民投票に失敗して、EUへの加盟も諦めた。しかし貿易の自由化、人の移動の自由、シェンゲン協定（Schengen Agreement. 1985、1990年）への加盟や実施など、準加盟の状態にあると言ってよい。

長い間デンマークの植民地であったグリーンランドは、1973年にデンマークがECに加盟した時に一緒に加盟したが、その後1985年にデンマークから高度の自治権を獲得した後にECから離脱した。漁業資源を守るためというのがその理由であった。しかし現在のところグリーンランド人はデンマーク国籍・市民権を有するため、自動的にEU市民権を持つ。ただし欧州議会参政権は持たない。こうした不参加国があるものの、現在のEUの版図はほぼヨーロッパ大陸全体に匹敵し、国際組織としては大変な成功を収めたと言えよう。

ユーロ参加国

ユーロ圏諸国はEU構成国の19か国、その他非EUの6か国を加えて計25か国からなる。

1999年創設時の加盟国はオーストリア、ベルギー、ドイツ、フィンランド、フランス、アイルランド、イタリア、ルクセンブルク、ポルトガル、オランダ、スペインである。その後に加盟した国はギリシャ（2001年）、スロヴェニア（2007年）、キプロス（2008年）、マルタ（2008年）、スロヴァキア（2009年）、エストニア（2011年）、ラトビア（2014年）、リトアニア（2015年）である。

EU構成国ではないが、過去の通貨同盟国がユーロに移行したのにともない、一緒に移行した国が4か国ある。まず、アンドラ（1999年、以前の通貨同盟国はフランスとスペイン）、モナコ（1999年、同様にフランス）、サンマリノ、ヴァチカン（1999年、同様にイタリア）。これらの国はEUとの間の正式な合意に基づくユーロ参加国である。

さらにそれに加えて、正式な協定に基づかないユーロ導入国も2つある。モンテネグロは2002年、独立に向けて一方的にドイツ・マルクを導入したが、

ドイツがマルクを廃止した結果ユーロへ移行。コソボは2002年、紛争後に国連暫定行政ミッションがドイツ・マルクを導入し、その後ユーロを導入した。

EU構成国で導入していないのは9か国（2015年1月現在）。ブルガリア、クロアチア、ポーランド、ルーマニア、スウェーデン、チェコ、ハンガリー、イギリス、デンマークである。EU条約ではユーロ参加の収斂基準を満たし、また2年間、欧州為替相場メカニズム（ERM2）に組み込まれている国（主として新規EU加盟国対象）はユーロへの移行を義務づけられている。しかし、イギリスとデンマークはこのルールの適用を除外されている。

2008年のリーマン・ショック後の国際金融の混乱、とりわけギリシャの財政危機を発端にしたユーロ危機はユーロ圏諸国に深刻な影響を与え、ユーロ体制に対する不信を呼び、さらにはEUに対する批判が高まった。ギリシャに対する援助は主としてドイツを中心にした北のヨーロッパ諸国の負担において行われている。それに対してドイツにおいて不満が高まり、また逆にEU、IMF（国際通貨基金）、ECB（欧州中央銀行）などのギリシャに対する経済・財政改革要求が厳し過ぎることに対するギリシャ国民の不満が高まるなど、いわゆるEU内南北問題が言われるような状況が生まれた（コラム2参照）。そうした中でEU懐疑論が各国で力を得ている。しかしながら、このような状況下にあってもフランスをはじめ、各国においてユーロ離脱に賛成する国民世論は多数を占めるまでにはなっていない。

シェンゲン協定実施国

2015年現在の実施国は26か国であり、うちEU構成国は22か国である。

EU構成国で参加していないのは、イギリス、アイルランド、キプロス、クロアチア、ルーマニア、ブルガリアの6か国。EU構成国ではないが参加しているのはアイスランド、ノルウェー、スイス、リヒテンシュタインの4か国である。

シェンゲン協定は1985年、ドイツ、フランス、ベネルックス5か国間の協定として締結された。当時はすべてのEC構成国を対象として条約化をすることは困難であったので、EC条約の枠外で一部の構成国間の協定として締結さ

れた。1990年に施行協定を結び、国境検査の撤廃を決める。イギリスとアイルランドは不参加であった。1997年のアムステルダム条約により、シェンゲン協定はEU条約に組み込まれた。加盟国間での国境検査の廃止、国境線を越える警察・司法協力、共通ヴィザ政策を含む域外国境の管理などがEUの共通政策として行われるようになった。アムステルダム条約以降、協定の決定手続きがEU化された結果、シェンゲン協定の法的枠組みであるシェンゲン・アキはEU理事会と欧州議会による決定で修正が可能となった。修正に当たり協定締約国の批准は必要とされない。国境管理規則が共同体レベルで決定されるようになったことは、政治統合進展の一つの証と言えるだろう。

その後2009年発効のリスボン条約で、「欧州連合の機能に関する条約」の中に組み入れられ、第5部の「自由、安全、司法の空間」としてまとめられた。その中身は次の5つの章からなる。「一般規定」、「国境検査、亡命、移民に関する政策」「民事案件における司法協力」「刑事案件における司法協力」「警察協力」である。

アイルランドとイギリスは適用除外されているが、イギリスは警察・司法協力には参加している。アイルランドはシェンゲン入りを申請していない。

2 ヨーロッパ統合の起源と目的

ヨーロッパ統合の60年余の歴史は、多くの困難に遭遇しつつもそれを乗り越え、大きな成功を収めてきた物語である。ここではEC／EUの成功を可能にした要因として、その起源における3つの目標である、平和の構築、経済再建と繁栄、世界政治におけるパワーの獲得について考えてみたい。

平和の構築

日本においてヨーロッパ統合が語られる場合、多くは経済的側面からの考察が主となり、平和の理念について語られることは少ない。しかし特に統合の初期に目を向けるならば、平和の回復、あるいはヨーロッパ大陸内の平和的秩序の回復のために何がなされなければならないか、という大命題が「ヨーロッパの父たち」によって大いに語られたことを忘れることはできない。第1次大

戦、第2次大戦という、いわばヨーロッパでの「骨肉相食む」闘いは、かつて世界を支配したヨーロッパを没落させ、戦後登場した米ソ両超大国に挟まれた弱々しい地域に変えてしまった。こうした惨状を生み出した原因は何であったのか。それはいかにして克服されるのか。解答はすでに両大戦間期、オーストリアのクーデンホーフ＝カレルギー（Coudenhove-Kalergi）により提出されていた。『パン・ヨーロッパ』（1923年）において、カレルギーは没落したヨーロッパからの回復のためには、宿敵である独仏の和解を図り、ドナウ川地域の諸国家の再統合を実現し、世界の他のブロック（パン・アメリカ、東アジア、ロシア連邦、大英帝国）との競争に乗り出していくことを主張した［遠藤 2008b: 90-100］。第2次大戦後、大戦の偉大な指導者であったイギリスのウィンストン・チャーチル（Winston Churchill）は有名なチューリヒ演説（1949年9月）において、独仏の和解を説き、ヨーロッパにおけるソ連の脅威に対抗することの必要性を説いた。

　カレルギーもチャーチルも、ヨーロッパ没落の原因を独仏の対立に見ていた。両国の対立は根が深い。フランスは1870〜71年の普仏戦争以来、3つの戦争を繰り返し、2つの戦争に敗れた。それ以来、第2次大戦後になってもドイツは最大の潜在的な敵国であった。そのため戦争直後のフランス政府の対独政策は、ドイツの力を制限することにおかれた。フランスは中央集権的工業国家ドイツの復活を嫌ったが、米英の冷戦政策のグランド・デザインにおいてはドイツの弱体化は受け入れられるものではなかった。ドイツの力を西側防衛に貢献させたいという米英の考えが優位を占めたのである。

　ドイツにとっても、フランス大革命とナポレオン（Napoléon Bonaparte）の時代以来、それまでのロマン主義者にとってのあこがれの的であったフランスは、ドイツ民族にとっての脅威となった。当時のヨーロッパ国際社会における基本的ルールである主権国家の理念はフランス革命以来のジャコバン的ナショナリズムと結び合わされることにより、フランスにおいても排外的・攻撃的な国家観を生むことになったのである。

　第2次大戦後、ヨーロッパにおける平和の回復にはナショナリズムの克服が必要であるとの主張がなされた。そのために提案されたのは、ナショナリズムを超える統合ヨーロッパの建設であり、チャーチルが「ヨーロッパ合衆国」

(United States of Europe）と呼んだものの構築であった。チャーチルはハーグに「ヨーロッパ会議」（Congress of Europe）を招集したが、連邦主義的なヨーロッパの構想はいまだ時期尚早であり、実現には至らず、1949年設立の政府間協力機関である欧州審議会（Council of Europe）の設立で満足しなければならなかった。欧州審議会はEC／EUとは別の形ではあったがヨーロッパ諸国間の協力体制を強め、経済面の統合を進めたEC／EUの事業を文化面、社会面から補完する役目を演じることになったのである。

　もう一つの平和回復の手段はフランス人のジャン・モネ（Jean Monnet）とロベール・シューマン（Robert Schuman）により提案されたヨーロッパ統合案であった。後に新機能主義（neo-functionalism）の名で呼ばれるようになる、特定の産業部門の統合を実現し、それを隣接する分野にも広げていくという漸進的なアプローチである。その特徴は、統合のために設立された超国家的機関における協力関係が「われわれ意識」に通じるエリート間の共通認識を生み出すことを期待するところにある。こうした考え方はシューマン・プランの提案（1950年）となり、「欧州石炭鉄鋼共同体」（ECSC）の設立につながった。シューマン・プランの真骨頂は「独仏間の戦争を単に考えられないものにするだけではなく、物理的に不可能にする」というところにあった（第6章参照）。西ドイツ首相のコンラッド・アデナウアー（Konrad Adenauer）はシューマンの提案に即座に賛成した。石炭鉄鋼共同体への参加は戦後ヨーロッパにおいて孤立していた西ドイツをヨーロッパ国際社会に復帰させる機会になると判断したからである。ECSCは参加国間の平等を前提としていたことが、アデナウアーの同意につながったのである［遠藤 2008a: 136］。

　超国家主義、連邦主義の手法により平和を回復しようとしたもう一人の政治家がいた。イタリアのデ・ガスペリ（Alcide de Gasperi）もシューマンの構想に賛成した。シューマン、アデナウアー、デ・ガスペリの3人はヨーロッパの父とよばれるが、しばしば指摘されるように、彼らには共通項があった。シューマンはルクセンブルク生まれで、ドイツで教育を受けた。ルクセンブルクは独仏の文化が混淆した地である。アデナウアーは南ドイツの出身、北のドイツとは違うローマの文化的伝統の影響を受けたドイツ人である。今日でもベルリンからミュンヘンに行くと町の雰囲気が大きく変わることに驚かされる。

明らかに南のヨーロッパ、ラテン的な文化の影響を感じさせる。ケルン市長を務めたアデナウアーは、戦後は南ドイツが中心となり、ドイツを西側のヨーロッパの中に位置づけようとした。デ・ガスペリはイタリアの北、オーストリアとの国境地帯出身で、ドイツ語を話し、ウィーン大学で学んだ。3人のヨーロッパの父はドイツ文化圏の出身であり、さらにいずれもキリスト教民主主義政党のリーダーであった。歴史的に見てもキリスト教はヨーロッパを統一的に見る思想を持っており、こうした背景的共通性が彼らの意思の疎通を助けたのではないかと推測される。

　平和という語を国際関係の安定と捉えれば、統合による平和の構築という目的は、おおよそ1960年代までには西ヨーロッパにおいて達成された。独仏間で言えば、その象徴として1963年のエリゼ条約の調印がある。二国間条約ではあるがヨーロッパにとっても重要な条約であった。両国首脳、大臣たちの定期協議を制度化し、外交官の交換を行い、若者交流を大規模に行った。若者交流は後にEUの政策となった。さらにはリングア計画、エラスムス計画といったEUの政策に発展する文化・教育交流は、ヨーロッパ諸国民の間に共通の市民意識を育てる一助になったと言えよう。

　では平和構築というヨーロッパ統合の歴史的役割はもう終わったのであろうか。安定した国際環境の創出という視点からすると、冷戦終焉の過程でヨーロッパ統合が果たした役割が注目される［中村 2011: 188-190］。フランスは戦後の国際構造（東西対立、ドイツ分断）を与件として対ドイツ政策、ヨーロッパ政策を考えてきたのであり、それを根本から覆す冷戦の終焉はすぐには受け入れがたいものがあった。もちろん冷戦の終焉は望ましいことではあっても、国際政治構造の変化は緩やかなものでなければならない。冷戦下のフランスは、ドイツに対しては軍事的・政治的に優位にあった。そのドイツが統一国家として急速に復活することはフランスの指導者たちには脅威と映った。しかも1年間という短期間にそれが実現することを認めることを当時の指導者のミッテラン（François Mitterrand）大統領は渋ったのである。4大国の1国でも賛成しなかったら戦後処理はできなかった。東ドイツにおける選挙の結果、ドイツの即時統一が民意であることが明らかになり、ミッテランとしても反対を続けることは難しくなったのであろう。1990年4月のミッテラン大統領とコール

(Helmut Kohl) 首相の会談で、ドイツはマーストリヒト条約を受け入れ、経済通貨同盟に参加することを約束する。ドイツが西側同盟の中に錨をおろし続ける保証が得られた結果、フランスもドイツの再統一を認めた。フランスの反対理由の一つは、ドイツの戦前からの対外行動からして中欧に漂流していくことを恐れ、EUに組み込んでおくことができればその危険を小さくできると考えたからである。ヨーロッパ統合がドイツ統一を安定的に実現することを可能としたと言えよう。

またEUは冷戦終焉後の中東欧諸国に「西欧化」を促すことを通じて民主化の手助けをし、その結果として同地域の安定的再建に貢献したと言えよう。中東欧諸国のEU加盟問題は1973年のコペンハーゲン欧州理事会で取り上げられ、加盟条件として「コペンハーゲン基準」が採択された。その内容は、民主主義の実現、法の支配、人権、マイノリティーの保護、市場経済の導入などである。それに加えてアキ・コミュノテール（EU法の全体）(les acquis communautaires) の受け入れが要求された。その実現は中東欧諸国にとっては既存のEU諸国の経済的、政治的規範に向けて自己を改造することを意味し、歴史的視点からすれば、第2次大戦後の同地域のヨーロッパからの切り離しの終焉と「ヨーロッパへの回帰」を意味した。

こうしたEUの側の拡大戦略と並行して、アメリカ主導のNATO（北大西洋条約機構）の拡大も行われた。中東欧諸国にとっては、冷戦終焉後においても巨大なロシアの存在は安全保障面での不安要因であり、EU加盟以上に、NATOへの加盟が早急に実現すべきこととされた[2]。実際にNATOへの加盟はEU加盟に先行することになった。このようにEUとNATOは車の両輪となって、冷戦後の中東欧地域を「ヨーロッパへ復帰」させることになったのである。ヨーロッパ統合が今日のヨーロッパ国際社会の平和・安定に寄与することを示す一例と言えよう。

経済再建と繁栄

マーシャル・プランのもとになったハーヴァード大学における演説（1947年6月）で、マーシャル（George Marshall）米国務長官はヨーロッパの全経済構造は混乱しており、その回復のためには外国からの食糧や基礎的資材の大

量輸入が必要であること、しかし現状ではヨーロッパ諸国はその支払い能力がないため、アメリカからの巨額の追加的援助が必要であると主張した。1947年6月27日からのパリでのマーシャル・プラン準備会議にソ連のモロトフ（Viacheslav Mikhailovich Molotov）外相は参加したが、各国の財務状況を明らかにするという参加条件に反発し、英仏と対立して帰国してしまった。ソ連はマーシャル・プランへの参加を見送り、ソ連支配下の東ヨーロッパ諸国もそれに倣った。マーシャル・プランの参加国は西欧諸国に限られることになり、冷戦構造を確認するものとなってしまった。47年9月にソ連はそれに対抗して各国共産党の結束をねらいコミンフォルム（共産党・労働者党情報局）を結成し、49年にはコメコン（経済相互援助会議）が設置された。またマーシャル・プランの援助の実施方法について、「計画は、欧州の全国家とは言わないまでも、相当数の国家の賛同を得た共同の計画でなければならない」とされた。それを受けて欧州経済協力機構（OEEC）が設立された。それはヨーロッパ内経済協力の機会となり、この枠内での自由貿易圏構想がイギリスにより提案されるが、大陸諸国はEECを設立して別の道を歩むことになる。しかしOEECの経験はヨーロッパが経済統合に向かうきっかけになったと言えよう。

1950年代に始まったヨーロッパ統合は1957年のローマ条約に基づき経済統合を目指したものである。そのおかげもあってEEC諸国は経済の復興を果たし、60年代末までには豊かさを回復した。では今日においても経済的要因はヨーロッパ統合を推進する動機として有効であろうか。その意義は今日でも失われていないと言えよう。

近年経済のグローバル化の中で、競争条件の強化のために地域統合の重要性が主張されるようになった。NAFTA（北米自由貿易協定）、MERCOSUR（南米南部共同市場）、ASEAN（東南アジア諸国連合）などが代表的なものであり、自由貿易協定や経済連携協定などが締結されている。明らかにEUは、他の地域における経済統合のはるか先を行っている。また多国間主義的なWTO（世界貿易機関）の機能不全が言われ、地域貿易協定に力点が置かれるようになっている。従来多国間主義的貿易ルールを支持し、地域主義的協力に消極的であったアメリカは、WTOなどの内部において途上国の発言力が増し、交渉が停滞するようになると、多国間主義的なルールに対する関心を後退させ、

APEC（アジア太平洋経済協力会議）、TPP（環太平洋パートナーシップ）などへ関心を移行させているようである。ヨーロッパは多くの中小国からなるので、国際的な場における交渉力を持つためにはEUとして交渉の場に出て行った方がよいと言える。対外経済政策は構成国の委任に基づくものであるとはいえ、交渉はEU委員会の権限とされている。

世界政治におけるパワーの獲得

　1958年政権に復帰したシャルル・ドゴールは英米の支配する大西洋同盟体制、とりわけNATOの指導権の一画にフランスが加わることを要求した。いわゆる「ヨーロッパ人のヨーロッパ」の要求である。ドゴール以前のフランス政府の同盟政策は、冷戦下の東西対立の中で他の西欧諸国同様、大西洋同盟体制を支持しつつ、ヨーロッパ統合政策を推進していくというものであった。そうした政策に挑戦したのがドゴールであった（第3章参照）。ドゴールの冷戦観によれば、ヨーロッパとりわけフランスは米ソ対立の間に立って仲介者の役割を演じなければならないというものであった。ヨーロッパは決して鉄のカーテンを挟んで東西に分割されるものではなく、「大西洋からウラルまで」のスローガンが提示する、一体としてのヨーロッパであった。

　ドゴールの追求した独立ヨーロッパは、ヨーロッパの軍事面でのアメリカ依存を考えると現実味のないものであったかもしれない。しかしヨーロッパが本来あるべき姿を示したとするならば、そうした理念的伝統はドゴール以後のフランスのリーダーたちにも受け継がれているのではなかろうか。

　ゴーリズム的世界観は今日においても健在である。それは2003年のイラク戦争開戦時のアメリカとの対立の中に見ることができる。アメリカの開戦に独仏は一致して反対したが、EU内の意見の不一致は時のラムズフェルド（Donald Rumsfeld）米国防長官からの批判を招いた。ラムズフェルドは独仏を「古いヨーロッパ」と呼び、アメリカ支持のスペインやイギリス、あるいはEUへの加盟を待つ旧東ヨーロッパ諸国の「新しいヨーロッパ」と区別したのである。EUの中は割れたが、アメリカの一国主義的リーダーシップ、あるいは国際政治を多極世界システム（multipolar system：大国間の関係）と捉え、その中でのリーダーシップを追求する見方に対し、フランスはEUを背景にして、中

小国も含んだ多国間主義（multilateralism）の外交理念を対峙させた。国連安全保障理事会でのド・ヴィルパン（Dominique de Villepin）仏外相の演説は、一国が国力以上の影響力を持ち得ることを示したと言えよう。フランスの影響力は EU の力を背景としたものであったが、イラク戦争時にはその EU が一致した行動をとれず、その分だけ弱体化したことは否めないところである。いずれにしても、フランスの外交姿勢には EU を世界政治の中でのフランスの影響力増進のために使うという発想が今日も見られるのではなかろうか。

3　ヨーロッパ統合の歩み

ローマ条約から単一欧州議定書へ

　統合を前進させた主だった条約を中心にローマ条約以後の歩みを見ていこう。

　1969 年末までに過渡期の 12 年が過ぎ、ローマ条約で設立された EEC ／ EC は関税同盟、共通農業政策を完成させ、経済の統合は一応完成した。69 年末のハーグ首脳会議は、70 年代に経済通貨同盟を完成させるという意欲的な計画を明らかにするが、70 年代はアメリカ発の国際経済・通貨制度の混乱の影響を受け、統合の深化は果たせなかった。ただしもう一つの目標であった統合の拡大は 1973 年にイギリス、アイルランド、デンマークの加盟により実現した。

　統合の再活性化は「単一欧州議定書」（Single European Act, SEA）（1986 年）の採択により可能となった。同議定書は、その名称にもかかわらず基本法であるローマ条約を改定する条約であった。SEA は 1992 年末までに非関税障壁を除去し、完全に自由化された単一の域内市場を完成させ、理事会決定に特定多数決制を導入することを定めた。また、70 年代から始まっていたヨーロッパ政治協力（EPC）を条約化した。同議定書の実施により、ヨーロッパ統合は新しい政治統合の次元に突入したと言えよう。

マーストリヒト条約による政治統合の前進

　ヨーロッパ統合における画期となったのは 1992 年採択のマーストリヒト条

約であった。その成立により、今日の欧州連合（EU）が成立した。EUの成立はそれまで経済分野を中心にした統合を変質させ、政治統合に向けて大きな一歩を印すものであり、それまで政府間の関心事に留まる傾向のあったヨーロッパ政治を、市民にも身近な政治に変えた。その結果EU統合に対して賛成―反対の線で国内世論に亀裂が入るきっかけともなったのである。

1992年以前、EC（European Communities）はEEC、ECSC、EURATOMという3つの共同体からなるものであった。マーストリヒト条約においてこうした構造に変更が加えられ、EUは3本柱の構造を採用することになった。

第1の柱としてのEC（European Communities）は、EC（European Community）、ECSC（2002年まで）、EURATOMの3つからなる。ECは強制力を持つ共同体であり、ユーロを導入する経済通貨同盟（EMU）もここに入る。ユーロは1999年1月に導入され、貨幣の流通は2002年1月に開始された。後に見る「ヨーロッパ市民権」もここに導入される。

また制度面においても、欧州議会の権限を強化して、EU立法におけるEU理事会との間の共同決定権を認めた。また理事会決定における特定多数決の領域を拡大した。

さらには共同体の共通政策に新しい分野（産業、消費者保護、職業訓練、若者、教育）を加えた。またヨーロッパ横断ネットワーク（Trans-European Networks）、運輸、エネルギー、テレコムのネットワークが共通政策化された。

第2の柱は共通外交安全保障（Common Foreign and Security Policy, CFSP）である。1970年代に始まったヨーロッパ政治協力（EPC）の発展したものであり、第1の柱とは異なり、共同体決定の強制力を認めるものではない。構成国間の協調行動と共同行動からなる。前者は各国の主体的行動が尊重されるが、後者は理事会の場において定義される「共通の立場」へ自国の政策を適合させなければならない。またCFSPの上級代表（EUの外相）が任命されるようになった。

第3の柱は司法・内務協力（Justice and Home Affairs, JHA）である。国境を越えるテロ、麻薬や犯罪組織の捜査・司法協力、難民・移民対策の共通化などの分野における政府間協力であり、強制力を持つものではない。第3の柱の

うち民事関係は、97年のアムステルダム条約により構成国に対して強制力のある第1の柱へ移行する。そして第3の柱に残ったものは、テロ対策の強化などのための警察・刑事司法協力（Police and Judicial Cooperation in Criminal Matters, PJCC）と呼ばれることになる。

また域内国境の廃止、共通の難民庇護政策、ヴィザ・移民政策などを定めたシェンゲン協定も、アムステルダム条約においてEC条約内へ編入され、JHAの一部とともに、新たにEU条約の第4篇として「自由・安全・司法領域」（Area of freedom, security and justice）の実現を目指すことになる。その中核部分は、EUの域内国境を廃止する代わりに国境を越えての犯罪に対応できる協力体制を政府間で作ると同時に、域外国境については共同体で共通に管理する仕組みを作り上げるものである。イギリス、アイルランドの不参加があるものの、EUは市場統合を超える政治共同体として発展していくことになる。

欧州憲法条約（2004年）と諮問会議

冷戦終焉を受けて、EUの旧東欧諸国への拡大がほぼ確実となった2001年12月、ラーケン欧州理事会が開催された。それまで条約改正のたびに複雑化し、透明性も不十分な基本条約を簡潔化し、同時に90年代に入るころから表面化してきた市民のEUに対する不信感を払しょくすべく、欧州憲法条約の準備を始めることが決定された。ラーケン欧州理事会はその宣言の中で「連合はもっと民主的で、透明性が高く、効率的にならなければならない」として、こうした課題を検討するために広く関係者を集めた諮問会議を開催することを決定した。またラーケン宣言は「民主主義の赤字」問題を危惧し、重要課題としてEU制度の民主的正統性を高めるにはどうしたらよいかを問い、その答えを諮問会議（コラム3参照）方式に求めたのである。

2003年6月にテッサロニキの欧州理事会に提出されたヨーロッパ憲法案は、構成国の多様な要求をまとめ上げることに苦慮した結果、当初期待された簡潔性、統一性に欠けるとの批判は受けたが、とにもかくにもそれまでの基本条約の内容を超える新しい条約案となった。

憲法案はまずEUがよって立つ共通の価値を前文に置き、いわば一つの文明圏としてのヨーロッパ像を提示した。つぎに2000年12月のニース欧州理事会

が積み残したEUの制度改革を試みた。とりわけEUと構成国の権限関係を規定し直している。①EUの独占的な権限、②EUと構成国間で分有される権限、③EUの支援ならびに補足の権限の3つに分け、明確化した。独占的な権限としては、関税同盟、域内市場の機能のために必要な競争ルールの規定、ユーロを自国通貨とする構成国の通貨政策、共通漁業政策の枠内での海洋生物資源の保存、共通通商政策などである。

また補完性の原理（principle of subsidiarity）を有効化するために国家議会のEU立法に対する統制権・統制方法を導入した。補完性の原理とは、構成国の行動よりもEUによる方が、その目的をよりよく達成できる場合にのみ、EUの権限行使は正当なものと認められるとする原理である。例えばEU委員会その他の機関からの提案が補完性の原理に反していると判断した場合、国家議会は根拠を示した意見を明らかにすることができる。構成国の3分の1の議会が反対意見を表明した場合、当該機関は提案を引っ込めるか、修正するか、そのままにして欧州司法裁判所で争うことになる。

また「EU基本権憲章」を第2部に組み入れた。ヨーロッパ憲法にはヨーロッパ市民の基本的権利が示されることが当然であるからである。

制度改革は27か国への拡大（現在は28か国）後の運営を考え、EU諸機関の効率化を図ったものである。理事会における決定方式を改め、多数決制の対象となる分野を拡大し、二重多数決制を導入した（2014年11月から実施）[3]。二重多数決制とは、成立のためには賛成票は国家数の55％、人口の65％を含むべきことなどを定めたルールである。

また欧州理事会の議長を常任議長として2年半の任期で選出し（ヨーロッパ大統領と俗称される）、CFSP上級代表とEU委員会の対外問題担当委員を合わせて連合外務大臣とするなど「政府機関」の整備を目指した。欧州議会についてもその権限を拡大した。立法分野においては、従来EU理事会が最終決定権限を持ち、欧州議会は諮問的役割しか持たなかった分野と、両者が対等の権限を持つ共同決定分野に分かれていたが、共同決定手続きを通常の立法手続き（ordinary legislative procedure）として、大部分の立法がこの手続きによるものとなった。またシンボリックなものとして、EUの歌と旗も正式に条約に盛り込まれた。

憲法案は2003年6月にテッサロニキの欧州理事会で了承され、政府間会議で最終的な手直しを受けた後に、2004年6月の首脳会議で承認・調印された。ところが憲法条約は2005年5月のフランス、6月のオランダの国民投票で否決されてしまう。そこで批准作業は実質的にストップしてしまうが、しばしの「熟慮期間」―冷却期間を置き、政治的にもオランダにおける国会議員選挙（2006年秋）、フランスにおける大統領選挙（2007年5月）の結果を得て、再スタートした。メルケル（Angela Merkel）・ドイツ首相とサルコジ（Nicolas Sarkozy）・フランス大統領が中心となって憲法条約に代わる新たな条約の策定に努めた。

リスボン条約（2009年12月）

新しい条約はそれまでの条約に代わるものではなく、サルコジ新大統領によれば「ミニ条約」「簡略化条約」であり、ニース条約を含むEU条約を修正する改革条約とすることが2007年6月の欧州理事会で合意された。改革条約は同年12月にリスボンにおいて採択された。リスボン条約の内容は憲法条約の骨格部分を変えるものではないが、連邦主義的な印象を与えることを避けるために憲法、ヨーロッパ法、ヨーロッパ外務大臣などの用語を用いず、またEUの歌や旗などに条約上の地位を認めないなどの工夫を施した。また「EU基本権憲章」を条約本文に組み込むことをせず、条約文の最後に付属文書のように置くなどの措置が講じられている。しかしリスボン条約の主要部分は憲法条約の内容を受け継いだものである。

調印されたリスボン条約は、2008年6月、今度はアイルランドでの国民投票で否決された。そこでアイルランドの要望を入れて、EU委員会の委員数を当初案の構成国数の3分の2に削減することをやめ、従来通り1国1委員の方式に戻す規定の改正を条約発効後に行うことを欧州理事会は約束した。また税制、家族問題、社会問題についてのアイルランドの伝統への配慮、あるいは安全保障・防衛政策への参加免除などを認めた。それを受けてアイルランドは再度国民投票を行い、2009年11月、67.1％の賛成を得て批准を完了した。リスボン条約は12月1日に正式に発効した。それが今日のEUの基本条約である。

4　EUのこれまでの成果と今後の課題

主権委譲の問題

　ヨーロッパ統合の過程は構成国の主権の漸進的な委譲により、ヨーロッパ共通政策を発展させる歴史であった。共同市場とユーロを武器に、グローバルな競争に打ち勝つ体制を整備してきた。また域内市場の発展と並行して、競争法、環境政策、労働者保護などを整備した。問題をはらみつつも近代的な農業基盤が創出され、構造基金に代表される地域政策により、自律的な地域発展が試みられている。

　テロや不法移民対策の強化も共同体レベルで進んだ。域内国境管理の廃止、共通ヴィザ政策、共通の移民・難民政策からなる人の移動政策が整備された。また加盟国間の警察・刑事司法協力（ユーロポールやユーロジャストによる各国間の捜査協力）の発展などがある。しかし移民・難民政策の分野では今日大きな困難に直面している。アフリカや中近東からの不法移民は無謀な手段による移動を試み、密航船の転覆により多数の人命が失われたことは世論に衝撃を与えた。不法移民の集中するイタリアやギリシャなどは過重な負担を負い、最近のシリア難民の大量流入に対する対策は、EU全体の政策として資金負担を含め共通政策として実施されることを強く要求している。こうした対策が一国単位で効果的に実行できるものでないことは明らかである。

　ヨーロッパレベルでの協力関係の発展は各構成国からEUに対する主権の委譲なしには不可能であった。主権の共同使用は構成国の対外的能力を高めることにより、国際関係のアクターとしてのヨーロッパの地位を高めるために貢献した。しかしその結果、市民の不信と不満を呼ぶことになっていることも確かである。

　近代国家の第一の特性はその主権の保持であるが、現代のヨーロッパにおいては、EU統合の進展により伝統的な主権の一部はEUに委譲され、自国の主権行使は制約を受けるようになっている。2つの例を挙げよう。

　主権委譲の第1の例はユーロ導入を決めた1992年のマーストリヒト条約による経済・通貨同盟の形成である。1999年1月にはイギリス、デンマーク、アイルランドなど一部の国を除くEU構成国にユーロが導入された。なお実際

の紙幣やコインは 2002 年 1 月に流通を開始した。ドイツにおけるユーロ採用＝マルク廃棄は国民世論の反対を受けたが、戦後ドイツの経済発展の象徴であり、ドイツ・ナショナリズムの同意語ともされるドイツ・マルクの廃棄は心理的にも難しかったことは容易に想像される。

　通貨統合の結果、欧州中央銀行（ECB）がフランクフルトに置かれ、各国中央銀行の総裁をメンバーとして、参加国政府から独立した運営を行うことになった。通貨発行、金利決定の権限などは各国から欧州中央銀行に移されることになった。金利政策は伝統的に各国が景気対策などに利用してきたが、それはできなくなった。また為替操作により自国通貨を切り下げて輸出を容易にするといった政策手段も失われたことになる。財政政策にも制約が課されている。財政赤字を GDP の 3％以内に保つことがユーロ参加のための条件であり、これにより、景気対策のために赤字国債の発行による財政出動を行うといった政策の実行は困難になった。

　ユーロ導入による安定した金融政策、財政赤字の監視による健全な財政運営などが期待された。しかしギリシャの財政問題を契機に始まったユーロ危機はそうした期待を裏切るものであった。とはいえ、今やユーロ抜きのヨーロッパの金融体制がよりよく機能することは考えにくい（コラム 2 参照）。

　主権委譲の第 2 の例として、EU における政策決定・EU 法の発展についても触れておこう。多くの政策領域で構成国は EU に対して立法権限を認めている。例えば、共通通商政策、漁業政策、環境政策、域内市場における移動の自由、共通ヴィザ政策など多岐にわたっている。数年前、マイクロソフトは市場における優越的地位を利用しているとして競争法違反で罰金が決定された。また市場において支配的な企業を生み出すような M & A などは、EU 委員会の規制を受ける。EU 法は今や膨大な量であり、また構成国の国内法に優越することも重要である。規則（regulations）は直接的に構成国に適用され、それに対する違反は欧州司法裁判所を通じて処罰の対象になる。国家もその対象になることは言うまでもない。また指令（directives）の方式により、EU のガイドライン的決定を具体的な国内法に転換するのは各国政府の責任とされるが、こちらも近年においては相当詳細な規定として提示されるため、構成国における立法作業の自由度は減少してきている。

第1章　ヨーロッパ統合史

　今やフランスやドイツの政治を個別的に取り上げるのではその理解は不十分な状況になったと言えよう。ただし多くの権限がEUに移ったとはいえ、構成国とは関係のないところで政策決定・立法がなされているわけではない。重要な決定は各国代表からなる（閣僚）理事会で行われるのであるから、構成国の利害と無関係に決定が下されるわけではない。EUと各国政府との間には非常に密接な政策ネットワークが形成され、常時交渉・協力が行われているのである。理事会を助ける、各国政府の常駐代表部（COREPER）があり、また委員会の政策形成過程において、構成国官僚が多く参加する小委員会の役割がある。また政策遂行のために、委員会と構成国省庁との協働の仕組みであるコミトロジー（comitology）の存在も無視することはできない。構成国とEU政策システムとの関係は密接であり、例えばフランスの国内政治過程はEUまで含む一つのシステムとなっていると考えてよい。この点について、象徴的な例としてよく引き合いに出されたのは、金曜日と日曜日の夕方のパリ北駅の賑わいである。この時刻、駅はブリュッセルとパリを往復する官僚やビジネスマンで大いに混雑すると言われたものである。ちなみにパリとブリュッセル間には飛行機の便はなく、代わりに特急列車のタリスが走っている。エリート達にとっては、それほどにパリとブリュッセルは近くなったのである。

Column1　ヨーロッパの首都ストラスブール

　欧州議会が置かれているのは、フランスとドイツの国境の町ストラスブールである。ストラスブールは近・現代史において独仏間の争いに巻き込まれてきたアルザス地方の首都であり、ヨーロッパの悲劇を象徴する町の一つである。普仏戦争（1870～71年）に敗れたフランスは、アルザスとロレーヌ東部のモーゼルをプロイセンに割譲し、以後ストラスブールは第1次大戦後に一旦フランス領に戻るが、第2次大戦中に再びドイツに占領され、そして戦後にフランスに復帰するという数奇な運命を経験してきた。
　ストラスブールはまさに19世紀末以来のヨーロッパの「骨肉の争い」の象徴である。戦後になってヨーロッパの平和を求めるヨーロッパ連邦運動が起こり、

31

チャーチル（Winston Churchill）などの主導の下に1948年、ハーグで「ヨーロッパ会議」が開催された。目標に掲げたヨーロッパ連邦は実現しなかったものの、1949年には国家主権を乗り越えるという理念の下にストラスブールに欧州審議会（Conseil de l'Europe）が設けられ、「ヨーロッパの首都」への歴史が始まったのである。しかし実際には、ヨーロッパ統合はブリュッセルが代表するEC／EUを中心に行われ、ストラスブールの影は薄かった。

筆者のような70年代初めのストラスブールを知る者にとっても、当時はストラスブールとヨーロッパとをつなぐイメージをそれほど強く意識することはなかったように思う。それから40年の月日が流れた今日、EUは東方に拡大し、また欧州審議会が作り上げた人権レジームがEUとの関係において重要性を増している。さらには2007年6月10日に高速鉄道のLGV Est（東ヨーロッパ線）が開通し、それまで従来特急で4時間以上かかったパリからの所要時間は2時間20分に縮まり、将来の高速鉄道の東方への延伸を考えるとフランス政府のストラスブールへの期待は理解できるところである。しかし、EUの中心であるブリュッセルやEU機関のあるルクセンブルクからストラスブールへのアクセスが悪く、欧州議会のブリュッセルへの集約を主張する議論に論拠を与えることになってしまっている。

ストラスブールはパリの東部500キロのところにあり、中央集権国家フランスから見れば辺境の地とも呼ぶべきところにある。しかしヨーロッパ統合の結果、また冷戦終焉後のドイツ統一、2004年の旧東ヨーロッパ諸国のEUへの加盟などにより、EUの地理的広がりは東方に延び、ストラスブールは今や最もヨーロッパの中心に近いフランスの町となったのである。

Column2 ユーロ危機

2008年9月のリーマン・ショック以降、ギリシャ、アイルランド、ポルトガル、スペインなどユーロ圏諸国の一部に広がった債務危機がユーロ圏全体に拡大していくことが危惧された。単一通貨を使用するユーロ圏においては国境を越えて大規模な経済・金融活動が展開されているが、その活動を規制する仕組

みは一国単位であり、金融や財政が困難に陥った時に効果的な手を打つことができない。そうした事態に対処するため、ユーロ圏内の銀行（特に大規模な130行）を欧州中央銀行の直接監督権の下に置くことが決定された。この仕組みは「銀行同盟」（Banking Union）と呼ばれ、同案は2014年4月に欧州議会で採択された。多少の誇張を交えて言えば、この銀行監督プロセスはユーロ導入以来「連邦制」に向かう大きな一歩であると言ってもよいであろう。こうした動きはそれにとどまるものではない。

2012年6月の欧州理事会は経済通貨同盟（EMU）を実効性のあるものにするために、金融の枠組みの統合、財政の枠組みの統合、経済政策の枠組みの統合、民主的正統性と説明責任の強化の4つを実現していくことを決定した[i]。銀行同盟は最初の金融の枠組みの統合の具体化であり、EMU強化の第一歩である。財政面においても、2013年1月に発効した政府間協定の「財政協定」（Fiscal Compact）に基づき、構造的財政赤字に厳しい枠をはめることで合意した。またEUレベルで各国の中期財政計画の事前評価を行う仕組みを導入していくことになろう。これは危機がヨーロッパ統合を進展させた新たな具体例の一つである。

ユーロ危機の幕開けとなったのは周知のように、ギリシャにおける政権交代（2009年末）を機に暴露された財政赤字の粉飾であった。成立したパパンドレウ（Georgios Andreas Papandreou）政権が明らかにしたところによれば、前政権下の2009年の財政赤字は政府発表のGDP比3.7％ではなく、実は12.5％であった。ユーロへの参加条件はGDP比3％以内であるから、これは大幅超過であり、それが明らかにされるやギリシャ国債の金利は急騰し、ギリシャへの大幅融資を抱えるドイツやフランスの銀行にもその影響が及びかねない状況が生まれた。こうした事態を前にして、2010年5月にはギリシャはユーロ圏諸国としては初めてのEUからの救済策の適用を受けることになった。ギリシャへの金融支援はEU委員会、欧州中央銀行、IMFのトロイカ体制により行われることになり、その見返りに厳しい財政改革の実施が義務づけられた。その後金融支援のための条件としての財政改革案の内容についてEUとギリシャ政府との間で対立が続いた。

第2幕が開いたのは2015年1月の総選挙である。この選挙でアレクシス・チプラス（Alexis Tsipras）をリーダーとする急進左派連合（SYRIZA）が勝利を収め、EU批判派の政権が成立した。新政権は財政改革計画の大幅見直しをEUに対して要求し、それに対して財政の健全性を重視するドイツは見直し反対の立

場をとった。その後も融資延長の条件としてのギリシャの財政改革案について EU との話し合いは合意に達せず、そうこうするうちにギリシャのデフォルト、銀行の破綻がささやかれるまでになった。そうしたなかでギリシャ政府は、2015 年 7 月 5 日に EU の改革案の受け入れの可否を問う国民投票を行うことを発表した。国民の反対を背景にして EU との交渉を有利に進めようとするギリシャ政府に対して EU 側の不信感は増幅された。しかし EU 側の交渉態度は固く、ギリシャのユーロ脱退も視野に入れなければならない事態に至ると、チプラス首相は態度を一変させて、EU 側の改革案に近い案を国民議会で成立させた。それを受けて開かれたユーロ圏財務相会合では、ドイツのショイブレ（Wolfgang Schäuble）蔵相はギリシャの 5 年間のユーロ離脱を提案するなど、対立は続いた。後を引き取ったユーロ圏首脳会議も難航し、徹夜で行われた審議は 17 時間にも及んだが、何とか「ギリシャ追放」は回避された。「欧州安定メカニズム」（ESM）からの融資が決まり、ひとまず危機は沈静化することになった。こうした議論の中で EU 内「南北問題」が語られ、また財政規律の維持を至上命題とするドイツと、自国も財政赤字を抱えてギリシャの理解者であろうとするフランスの立場の違いが露呈した。

第 2 章

EU 基本権憲章

はじめに

　ここではヨーロッパ市民権を 2 つの視点から取り上げることにする。第 1 は、市民の EU に対する無関心あるいは不信感を払拭するための努力の一環としてという側面である。EU 統合は何よりも経済的な統合を目指したものであった。しかし発展につれて市民の生活実感から離れ、その結果、市民が無関心の中にとどまる限り、さらなる発展は難しくなるとの認識が生まれた。1980 年代頃からのことである。統合を深化させるためには市民のヨーロッパに対する帰属意識、「忠誠心」を強化することなくしては、経済統合を超えて真の共同体に向かうための政治統合は不可能であること。また統合の深化とともに市民不在のヨーロッパに対する不満・不信が高まる中で、信頼感を醸成するための具体的な施策が必要であると認識されるようになった。

　第 2 は、ヨーロッパ市民権は新しい市民権概念を生み出したという側面である。EU が単なる共通の決定を行い、共通の規則を作り、一つの統合された市場を作り出すだけではなく、次第に新しい市民権概念を通じて構成国に共通する価値を生み出し、「ヨーロッパ社会」を生み出すことに寄与すると考えられるようになった。以下においては、第 1 に EU に対する市民の支持を強化するために導入されたという側面からの分析を行い、第 2 に EU は新しい市民権概念を生み出したという規範的側面からの分析を行う。

1　ヨーロッパ市民権から EU 基本権憲章へ

ヨーロッパ帰属意識の育成

　マーストリヒト条約が調印され、各国で批准が行われた 1992 年は、ヨーロッパ統合を大きく前進させたという意味で、統合過程において画期的な年で

あった。この時期を境にフランス国民世論の EU に対する見方にも大きな変化が生じてくる。ヨーロッパ懐疑主義（euroscepticism）が構成国の至るところで言われるようになったが、それは実に皮肉なことであった。なぜならマーストリヒト条約には政治統合に向けて大きな一歩を記したという側面と、構成国市民の EC／EU に対する無関心や不信感を払拭するために構想されたという側面もあったからである。それは「市民」の存在が初めてその権利とともに、条約上に現れたことを見てもわかる。

　ところでヨーロッパ統合に対する市民の支持＝帰属意識を高める必要性はすでに 1980 年代から主張されてきていた。市民の EC に対する帰属意識を、ヨーロッパ人としてのアイデンティティの涵養に努めることによって高めようというものである。具体的な動きが現れてきたのは、1975 年に EC 委員会から構成国市民のためのパスポート・ユニオンが提案された頃からであろう。翌年欧州理事会はチンデマンス（Leo Tindemans）・ベルギー首相を委員長とする委員会に対して、ヨーロッパ共同体の将来構想に関する報告を求めた。それに応えて提出されたチンデマンス・レポートは欧州共同体市民権、とりわけ参政権付与の必要性を指摘した。1976 年にはそれまでの構成国議会の代表からなる欧州議会に直接選挙制が導入されることが決まり、1979 年には EU 市民の意思を直接に代表する議員選出のための第 1 回投票が行われた。

　1984 年、EC 改革の必要性を感じていた欧州議会は独自の「ヨーロッパ連合設立条約草案」（Draft Treaty Establishing the European Union）を採択するが、その第 3 条で「構成国の国民は連合市民となる」と規定した。この草案そのものは具体的な改革に結実することはなかったが、条約改正や機構改革の必要性を認識させる機会にはなった。同年 6 月のフォンテンブロー欧州理事会では「市民のための欧州委員会」（通称アドニーノ委員会）の設立が決定され、「市民のためのヨーロッパ」（Citizen's Europe）に実体を与える方法について検討することになった。アドニーノ（Pietro Adonnino）委員会報告は EC 構成国市民のヨーロッパ市民意識を涵養するための施策として、教育、文化、情報交換等の分野での権利を増進させることを提案し、その後共通パスポート、EC の旗、EC の歌（ベートーベンの第九の歓喜の歌）などが実現していくことになる。元来これらはいずれも国家を象徴するものである。そうしたものを

ECに与えることで、ECは国家ではないが共通の価値を持つ市民からなる共同体であるという、強い政治的メッセージを発することになることが期待された。しかしこうしたメッセージは後に逆効果を生むことにもなった。2004年に調印された「欧州のための憲法を制定するための条約」(Treaty Establishing a Constitution for Europe)、いわゆる欧州憲法条約案に含まれていたEUの旗、歌などのシンボルは、憲法、EU法といった表現とともに、連邦主義的に過ぎるとの批判を受け、憲法案の批准は失敗した。そして憲法案に代わるリスボン条約からこれらの表現は削除されてしまった。

ヨーロッパ市民権

　ヨーロッパ・アイデンティティ醸成努力の延長線上にあるのがヨーロッパ市民権（European Citizenship）の導入である。それが条約上の概念として初めて登場するのは1992年のマーストリヒト条約（EU設立条約）である。従来、市民権は、その社会を構成する市民の権利を明らかにするものであり、それを享受することにより市民の共同体への忠誠心が高まると考えられてきた。また民主的政治体制を保障するのは市民の政治権力に対する統制能力であると考え、市民の政治参加の権利（政治的市民権）を重視する立憲主義がフランス革命以来広く受け入れられてきた。市民の忠誠の対象を、たとえ部分的にではあっても国家からヨーロッパへ移行させるためには、国内における市民権同様にヨーロッパ市民権が必要であるという考え方はわかりやすい。ヨーロッパ市民権はEU市民の権利を明らかにするとともに、EUを支えるヨーロッパの文明論的理念を明らかにすることで、EUの規範創造者としての性格を明らかにする機会ともなろう。

　マーストリヒト条約において規定された「ヨーロッパ市民権」の内容はそれほど多くはない。EU市民の域内移動の自由の保障、居住する域内国の地方議会ならびに欧州議会への参政権、自国大使館や領事館のない国における他のEU構成国の外交機関による保護、欧州議会に対する請願権、オンブズマンへの訴えの権利などである。なおここで使われている「ヨーロッパ市民権」という用語は、EU基本権憲章に明記されるもっと広義の市民権、すなわち今日EU域内で広く認められるようになった基本権（人権）という意味での市民権

ではなく、マーストリヒト条約上に明記された狭義での市民権のことである。そこで便宜的に、マーストリヒト条約で規定された市民権を「ヨーロッパ市民権」と呼び、もっと広いEU基本権憲章が保障する諸権利を「EU市民権」と呼んで区別することにする。

1992年のマーストリヒト条約で導入されたヨーロッパ市民権概念は、その後EU基本権憲章（Charter of the Fundamental Rights of the Union）に含められ、2000年のニース欧州理事会において宣言として出された。ただしその時には理事会議長、欧州議会議長、EU委員会委員長三者による共同宣言の形をとり、その政治的重要性は言うまでもなかったものの、法的拘束力は持たなかった。2004年に調印された欧州憲法条約の中に挿入されたが、憲法案は2005年5月と6月のフランスとオランダにおける国民投票において批准が拒否されたため成立しなかった。しかしその修正版とも言うべきリスボン条約の中に再度挿入され、2009年12月の条約採択の結果、EU基本権憲章も正式にEU法の一角を占めることになり、法的拘束力を持つようになるのである。

EU基本権憲章の準備のために諮問会議（コラム3参照）を設置するという方式を定めたのはケルンの欧州理事会（1999年6月3～4日）である。首脳会議はドイツのイニシアティブで「基本権憲章」準備のための原則を定め、タンペレの臨時欧州理事会（1999年10月15～16日）ではその具体的手続きを定めた。ケルンの欧州理事会は議長報告[1]の中で、「欧州連合の現在の発展段階において、連合のレベルで有効な基本権を一つの憲章にまとめ、一層明示的なものとすることが適当である」と述べている。そして基本権の中に含まれるべきものとして以下の3つを挙げた。①ヨーロッパ人権条約と構成国の憲法的伝統に由来する、共同体法の一般原則としての自由、平等ならびに法手続上の権利、②（欧州）連合市民のための基本権、③「ヨーロッパ社会憲章」（European Social Charter）ならびに「労働者の基本的社会権憲章」（Charter of Fundamental Social Rights for Workers）に表明された経済的・社会的諸権利である。

ケルン欧州理事会の宣言によれば、憲章は新しい権利を創造するためのものではなく、既存の権利を法典化するものである。しかし「基本権憲章」ではクローン技術の人間への適用禁止や、結婚の自由を同性愛者にまで拡大すること

など、新しい権利付与にも言及している。

2　EU 基本権憲章に見る EU 市民の権利

憲章条文

　ニース欧州理事会（2000 年 12 月）の冒頭で宣言された「EU 基本権憲章」（Charte des droits fondamentaux de l'Union européenne。以下の説明はフランス語の条文に依拠する）の中には、マーストリヒト条約で規定されたヨーロッパ市民権がその一部としてそのまま取り込まれている。基本権憲章は欧州憲法条約案（2004 年）では第 2 部として再録されるが、憲法条約の批准失敗（2005 年 5 月、6 月）を受けて制定されたリスボン条約（2009 年）では独立した章ではなく、条約文の最後に追いやられたような形で他の議定書や宣言などと一緒に置かれている。とはいえ基本権憲章が法的拘束力のある条文であることは、欧州連合条約（TUE）本体の第 6 条において「連合は 2000 年 12 月 7 日に採択され、ついで 2007 年ストラスブールにおいて手直しされた基本権憲章において表明された諸権利、自由、原則を承認する。同憲章は条約と同等の法的価値を有する」と述べられていることから明らかである。イギリスをはじめとする、一本化された基本条約を嫌う一部の国の意見を取り入れて、そのような措置が講じられたのである。ちなみに、イギリスは EU 基本権憲章の社会権の部分から、ポーランドは公の倫理、家族権などの部分からオプト・アウト（適用免除）することを認められている。

　リスボン条約中に取り込まれた EU 基本権憲章は EU 市民としての権利を列挙するだけではなく、ヨーロッパ（EU）は価値を共有する市民社会であることを謳い、前文において EU の基盤をなすヨーロッパ社会の基本的精神を明示している。「精神的、道徳的遺産を自覚し……」、「（欧州）連合は人間の尊厳、自由、平等、連帯という不可分の普遍的な価値に基礎を置く。また連合は民主主義、法治国家の原理に基礎を置く」。「連合はヨーロッパ諸国民の文化と伝統の多様性を尊重しつつ、また構成国のナショナル・アイデンティティと国家、地域圏、地方の各レベルにおける公権力の組織の在り方を尊重しつつ、共有する価値の保持と発展に貢献する」。さらには、「憲章は構成国の共有する憲法的

伝統と国際的責務、ヨーロッパ人権条約、連合ならびに欧州審議会の承認した社会憲章、さらには欧州連合司法裁判所、ヨーロッパ人権裁判所の判例を再確認する」としている。

　この前文について一言補足的説明を加えたい。上記前文の「精神的、道徳的遺産を自覚し……」（Consciente de son patrimoine spirituel et moral）という部分であるが、EU基本権憲章案を準備した1999年の（第1次）諮問会議における原案においては、「文化的、ユマニスト的、宗教的遺産に範を取り……」（S'inspirant de son héritage culturel, humaniste et religieux...）（傍点は筆者）とされていた。これに対してフランス代表は自国の「ライシテ」（laïcité; 共和国としての政教分離の原則）の理念から受け入れがたいと強く反対した。そこで妥協案が模索され、結局1949年5月に設立された欧州審議会設立条約に倣い、「精神的」遺産（patrimoine spirituel）という表現に落ち着いた。妥協が成ったとはいえ、同じ問題が憲法条約案を作成する（第2次）諮問会議（2002～2003年）においても蒸し返されることになる。その兆候はすでに、ドイツ保守派はspirituelなる言葉はドイツ語（ドイツの文化的伝統）においてはgeistig-religiösen（精神的・宗教的）と理解されるとしていたことにうかがわれる。憲法草案準備のための2002年の諮問会議では、「宗教」への言及を拒否するフランスあるいは社会主義者の諮問会議議員と、何としても神あるいはキリスト教への言及を守りたいドイツ、ポーランド、スペイン保守派議員との間の対立が繰り返された。EU委員長のロマノ・プロディ（Romano Prodi）はたまらず、2002年11月27日に、EUは「キリスト教クラブ」ではないと発言している。トルコ加盟の可能性を念頭においての発言である。結局、2007年の政府間会議（IGC）において、様々な宗教的遺産（héritages religieux）と複数形にする（キリスト教に限定しない）ことで妥協が成立した。リスボン条約前文においては（S'inspirant des héritages culturels, religieux et humanistes...）とされている。ことほど左様にヨーロッパにおける宗教的・文化的問題は厄介である。

EU基本権憲章

　憲章の構成は先に述べた短い前文に続き、尊厳、自由、平等、連帯、市民

権、司法、一般的規定の7章54条からなる。その内容を以下に要約して紹介する。なお章立てはリスボン条約（Le Traité de Lisbonne、仏文）による。

　第1章　尊厳：(1-5条) 人間の尊厳、生命権、肉体的精神的十全性、拷問と人間的尊厳を危うくするような刑罰や取扱の禁止、奴隷制・強制労働の禁止。

　第2章　自由：(6-19条) 自由と安全に対する権利、私的・家族生活の尊重、個人情報の保護、婚姻の権利と家族構成の権利、思想・良心・宗教の自由、表現・伝達の自由、集会・結社の自由、芸術・科学の自由、教育を受ける権利、職業の自由と労働権。企業の自由、所有権、庇護権、退去・追放・送還における保護。

　第3章　平等：(20-26条) 法の前の平等、差別の禁止、文化的・宗教的・言語的多様性、男女平等、子供の権利、高齢者の権利、障害者の社会統合。

　第4章　連帯：(27-38条) 企業内における労働者の情報へのアクセス・協議の権利、団体交渉・行動権、職業安定サービスを受ける権利、不当解雇からの保護、公正・正当な労働条件、子供の労働禁止と若年労働者の保護、家族生活と職業生活の両立、社会保障と社会的保護、環境保護、消費者保護。

　第5章　市民権：(39-46条) 欧州議会への参政権、地方議会選挙への参政権、グッド・ガヴァナンスの権利（EU諸機関による適切な取り扱い）、EU諸機関の文書・資料へのアクセスの権利、ヨーロッパ・オンブズマンへの訴え、（欧州議会への）請願権、自由移動・居住の自由、外交的・領事的保護。

　第6章　司法：(47-50条) 効果的な救済と公正な審理を求める権利、無罪推定と弁護を受ける権利、犯罪と刑罰の適法性と比例制の原則、同一の犯罪に対して、再度の審理ないし刑罰を受けない権利。

　第7章　憲章の解釈と適用に関わる一般的規定：(51-54条) の詳細は省略する。

　EU基本権憲章において注目すべき点を簡単に補足しておく。前文においては「(欧州) 連合はヨーロッパ諸国民の文化と伝統の多様性を尊重しつつ、共通の価値の保持と発展に貢献する」とEUの目的を述べた後、共通の価値として人間の尊厳、自由、平等、連帯、民主主義、法治国家を挙げている。これら

の価値は基本的にはすべてのヒトの権利とされるが、個々の条項においては対象者を表現する言葉を微妙に変えることで、EU市民と非市民との差別化を図っているところもある。例えば職業の自由（第15条）について触れたところでは、「すべてのヒトは労働の権利を有する」（第1項）、「連合のすべての男性市民あるいは女性市民は、すべての構成国において仕事を探し、働き、居住し、サービスを提供する自由を有する」（第2項）、「構成国における労働許可を得ている第三国出身者は構成国の領土内において、連合の男性市民と女性市民が享受するのと同等の労働条件を得る権利を有する」（第3項）としている。すなわち、EU市民、域内居住外国人、すべてのヒトの3分類である。

　EU市民とその他の住民との区別は存在するものの、EU市民固有の権利とされているものは多くない。その点ではEU基本権（憲章）はマーストリヒト条約の中で規定されたヨーロッパ市民権をほぼそのまま踏襲している。第5章の「市民権」（Citoyenneté）の中でヨーロッパ議会の選挙権・被選挙権、市町村議会選挙の選挙権・被選挙権、構成国領土内を自由に移動し居住する権利、自国の外交機関のない第三国において他の構成国の外交機関の保護を受ける権利をEU市民固有の権利としている。

　しかし同じく第5章「市民権」の中に含まれるものの中でも、EU諸機関から適正な取り扱いを受ける権利（グッド・ガバナンスの権利）、欧州議会、閣僚理事会、EU委員会などから文書を入手する権利、連合のオンブズマンに訴える権利、欧州議会への請願権などはEU市民だけではなく、いずれかのEU構成国所在の法人ならびに居住者のすべてに認められている。

　さらに、第2章「自由（Libertés）」によれば、結婚・家族構成の権利（第9条）、庇護権（第18条）などはEU構成国民を超えて外国人に対しても援用され、通常は入国を認められない外国人に対しても域外国境を越える移動を可能にする効果を持つ。また集団的追放禁止（第19条第1項）により、2010年夏にフランスで起こったロマ人の集団的追放のようなことは、特定民族を標的にしていたこととあわせて、禁止されることになる（ロマ人問題についてはコラム4を参照）。

人権レジームの広がり

　EU 基本権には EU 市民としての権利に加えて、構成国において歴史的に発展してきた人権擁護に関わる事柄も含まれている。いや正確に言えば、ヨーロッパ市民権は、EU 基本権の中では小さな部分を占めるにすぎず、広い意味での市民権（EU 市民権）の方が大きな部分を占めている。そしてそこで示される市民権の多くは各国の憲法的伝統に由来すると同時に、第 2 次大戦後に広く受け入れられるようになった欧州審議会などを中心に創出された「人権レジーム」に由来しているのである。

　ヨーロッパにおける人権レジーム発展の具体的中身は、国連の「世界人権宣言」（Universal declaration of human rights、1948 年）に続き、欧州審議会で採択された「ヨーロッパ人権条約」（Convention for the protection of human rights and fundamental freedoms、1950 年調印、53 年発効）である。

　従来 EU 諸条約には直接的に人権に関わる規定はなかったが、各国の憲法的伝統ならびにヨーロッパ人権条約に依拠した欧州司法裁判所の判決を通じて、EU 法の一部をなすと考えられるようになっていった。リスボン条約後、EU はヨーロッパ人権条約に加盟することで、ヨーロッパ人権条約上の規定は EU 法の中に正式に位置づけられることになった。

　西ヨーロッパにおいては、ヒト一般の権利、すなわちヒトが生まれながらにして持つ自然権としての人権概念が確立している。特にヨーロッパ人権条約は締約国に対して、自国領土に滞在する外国人に対しても自国民と同様の市民的権利を認めることを求めている。ヨーロッパ人権条約はその第 1 条において、締約国はその管轄内のすべての人に対して広範な自由権を認めている。生命権、拷問の禁止、奴隷および強制労働の禁止、自由と安全に対する権利、公正な裁判を受ける権利、刑法の遡及的適用の禁止、プライバシー・住居・通信の保護、思想・良心・宗教の自由、表現の自由、集会・結社の自由、婚姻の権利などである。ただし第 16 条に基づき、外国人の政治的権利については制限を認めている。表現の自由、集会・結社の自由、無差別の規定については、締約国が外国人に対して制約を課すことを妨げるものではない。ヨーロッパ人権条約は国家による違反に対して、個人あるいは NGO のような団体にもヨーロッパ人権裁判所への提訴権を認めており、伝統的主権概念を超える国際的人権レ

ジームを構成していると言える。このようにして拡大した人権規約は、先に詳述した EU 基本権憲章の中にも具体化されている。

Column3　2 つの諮問会議（Conventions）

　EU 市民権思想の背景には民主主義の赤字批判があった。「民主主義の赤字」（democratic deficit）とは、EU 法が拡大していくのにつれて、国家議会の権限が縮小していくが、それが欧州議会の権限強化によって補われていない（赤字の発生）という批判である。また同時に、EU での立法過程の複雑化ゆえに、その過程が不透明化して、国家議会や市民の監視の目が及びにくいという現実も指している。EU 立法はいわゆる行政・経済エリートなどの専管事項となりがちであり、国内政治過程において重要な役割を演じる議会、政党、あるいは市民の関与が及びにくいのである。

　「EU 基本権憲章」（2000 年）案の準備を諮問会議の方式で行うという決定はそれに対する一つの回答であった。諮問会議（Convention）は後に憲法案起草のための方式としても採用されることになる。従来 EU が基本条約改正のための草案を準備するときには、政府間会議（IGC）が招集された。IGC における条約案の起草は政府代表による外交交渉の形をとるが、EU が国家間の条約で設立されたものであるから、それは当然である。しかしながら、IGC における議論は他の外交交渉の例にもれず一般市民からは隔絶した形で行われ、市民の参加は望み得ないことであった。そのことが EU における他の政策決定同様その決定過程を不透明化し、民主主義の赤字批判につながったことも事実である。そうした批判に応えるため、起草作業のための諮問会議という新しい方式を採用し、そこへの国家議会ならびに欧州議会の代表の参加を認めることで民主主義の赤字批判を和らげようとしたのである。

　基本権憲章準備の原則を定めたケルン欧州理事会（1999 年 6 月）を受けて開かれたタンペレ臨時欧州理事会（1999 年 10 月）は、そもそも「自由・安全・司法領域」（Area of freedom, security and justice）創出に必要な措置について決定するために開催されたのであった。しかし、同時にそれと密接に関連する問題として、EU 基本権憲章案準備のための「場」（body）[ⅰ]の構成、作業方法、場

所なども定めた。また審議の過程における経済社会委員会、地域委員会、オンブズマンからの意見聴取を義務づけ、さらに新規加盟予定国との協議も望ましいとされた。それらを受け、第1次諮問会議（1999年12月～2000年10月）の構成は以下のように決定された。

ローマン・ヘルツォーク（Roman Herzog）議長（元ドイツ大統領）の下、構成国政府代表15人、EU委員長の代理1人、欧州議会代表16人、国家議会代表30人の計62人からなる。それに加えて欧州司法裁判所代表2人、ヨーロッパ審議会代表2人がオブザーバーとして参加した。

議論の過程でEU諸機関や加盟候補国、各種市民団体などに意見が求められた。また各国でフォーラムが開催され市民からの意見聴取が試みられた。多くの団体が意見表明の機会を与えられた方式である点は評価されたが、批判がなかったわけではない。例えば2000年4月27日の総会に対するNGOの意見表明においては、一団体5分しか時間が与えられず不満が表明された。しかし意見書の提出はすべての個人や団体に開かれたものであり、IGC方式と比べれば民意を反映させる点で一歩前進であったとは言えよう。諮問会議における議論は公表され、透明性を確保するための努力がなされた。審議内容はインターネットなどを通して随時公表され、民主的手続きのための制度的保障がなされた。フランス政府代表のギ・ブレバン（Guy Braibant）は、「透明性が民主主義の一つの要素であり、また条件であるとするならば、ヨーロッパ民主主義はこの憲章の起草を通じて前進したと言えよう」[Braibant, 2001: 17] と評価した。

諮問会議の方式は「ヨーロッパのための憲法制定条約草案」準備のためにも使われた。基本権憲章準備の諮問会議と違うところは、2004年の東方拡大をひかえて、加盟を予定する国々の政府と議会代表も加わっているところである。

2001年12月のラーケンでの欧州理事会の決定に基づき設置された第2次諮問会議は、ジスカールデスタン（Valéry Giscard d'Estaing）元フランス大統領が議長、アマート（Giuliano Amato）（イタリア）、デハーネ（Jean-Luc Dehaene）（ベルギー）両元首相が副議長を務めた。アマートとデハーネの2人は2004年に予定されるEUの中東欧諸国への拡大に備えて話し合うための協議会設立を定めたラーケン宣言（EUの将来についてのラーケン宣言）の作成にも関わっており、諮問会議における議論の方向性をうかがわせる任命であった。

第2次諮問会議は2002年2月28日ブリュッセルの欧州議会の建物を会場にして開始された。参加した諮問会議議員は総勢105人であった。その内訳は構

成国政府代表が15人、国家議会代表が30人、欧州議会代表が16人、欧州委員会代表が2人、それから加盟候補国も同等の資格で政府代表と議会代表の派遣が認められた。議員総数は102人であり、正副議長を加えて総勢105人となった（なお各議員には代理者が各一名選ばれている）。

議員たちはその後の16ヶ月間にわたる共同作業を通じて、それぞれの出身母体の相違を乗り越えて憲法案を作っていくことになる。各議員は個人の資格で参加することが前提とされた。議長を務めたジスカールデスタンによれば、会議が進むにつれ議員間の相互理解が深まり、「ヨーロッパについての自由な発言は、人々が今日の真のヨーロッパについて持つ意識、すなわち、ヨーロッパ人自らが生き、望み、あるいは拒否し、無視したヨーロッパについての意識を高めた」［Giscard d'Estaing, 2003: 18］のである。諮問会議は、2004年10月のローマでの憲法案の採択に至るまで続けられることになった。

3　ヨーロッパ市民

市民意識

ヨーロッパ市民権の制定は構成国国民のヨーロッパ人意識を高め、EU統合支持を強化することに寄与していると言えるであろうか。この点についてのEU市民の自己イメージを知るために、2012年春のユーロバロメータ調査（Eurobaromètre standard 77）を参照してみよう。データが短期的なものであるので長期的効果について、はっきりしたことは言えないが、一応の参考にはなるだろう。2010年と2011年の結果も比較のために掲載されている。

(1) あなたは自分をヨーロッパ市民と感じていますか？（2010年、2011年、2012年の数字、EU27か国平均）

「はい」は、62％、62％、61％。「いいえ」は37％、36％、38％であり、近年においてほとんど変化がない。ただし表2−1に見るように、回答は国毎に異なり、とりわけイギリスやイタリアにおけるヨーロッパ市民意識の低さが際立っている。

表 2−1　国別の分類（2012 年）　　　　　　　　（％）

国　名	はい	いいえ
ルクセンブルク	85	14
デンマーク	75	25
ドイツ	74	25
フランス	65	33
EU27 か国平均	61	38
イギリス	42	57
イタリア	45	54

出所：Eurobaromètre Standard 77, printemps 2012.

(2)　将来の自画像について。

①自分は完全に自国民である。②まず自国民であってヨーロッパ人でもある。③まずヨーロッパ人であって自国民でもある。④完全にヨーロッパ人である。（EU27 か国平均）

表 2−2　ヨーロッパ・アイデンティティ　　　　　　　　（％）

	①	②	③	④
2010 年	46	41	7	3
2011 年	39	46	8	4
2012 年	38	49	6	3

出所：同上。

表 2-2 の数字を 2001 年の同様の調査結果（Eurobaromètre 52.0, 2001）（ただし EU15 か国）と比較すると、①は 45％、②は 42％、③は 6％、④は 4％であり、10 年を経て大きな変化のないことがわかる。また同時に重層的なアイデンティティ構造（自国民であると同時にヨーロッパ人）を持つ人が多数を占めることがわかる。

(3) あなたにとってヨーロッパ・アイデンティティを作っているものは何か。
(EU27か国平均、2012年)
ユーロ41％、民主的価値40％、歴史26％、文化26％。ちなみにフランス人の場合には、それぞれ58％、46％、29％、29％となっている。

ヨーロッパ市民権は欧州議会選挙の参政権を与えたが、それはフランス人の関心にプラスの影響を与えてはいないようである。直接選挙制が導入された最初の選挙である1979年の投票率は60.7％（EC平均で62％）、ヨーロッパ市民権導入後の最初の選挙である94年は52.7％（EU平均で56.7％）、99年は46.8％（同49.5％）、2004年は42.8％（45.5％）、2009年40.6％（43％）であった。欧州議会の権限が強化されてきているにもかかわらず、投票率が次第に低下してきていることがわかる。

こうした結果を見る限り、今日までのところ、基本権憲章に謳われたEU市民としての権利付与は必ずしもヨーロッパ帰属意識を強めてはいないようである。それは依然として、法的権利の体系にとどまり、ヨーロッパ人の実感とはなっていないと言えよう。

ヨーロッパ人共通の価値

EU基本権憲章では、「欧州連合は人間の尊厳、自由、平等、連帯という不可分の普遍的な価値に基礎を置く。また連合は民主主義、法治国家の原理に基礎を置く」としている。こうした理念は、現実にはどの程度ヨーロッパ市民により共有されているのであろうか。以下の2つの世論調査の結果を用いて検討してみよう。

(1) ユーロバロメータ74、2010年秋、「EU市民の重視する価値」
 質問：以下のリストに挙げられたものの中から、あなた個人にとって最も重要な価値を3つ選んでください。
 人権47％、平和44％、人命尊重41％、民主主義29％、個人の自由23％、法治国家22％、平等19％、連帯15％、寛容15％、個性の開花10％、他文化の尊重8％、宗教6％、なし0％、わからない1％。これを見ると個人に関

わる価値よりも、普遍的価値を挙げている人が多いと言えよう。

　この調査では人権を最も重視する人々の国別回答も掲げている。ブルガリア54％、スペイン54％、ルクセンブルク53％、フランス52％、ドイツ49％、ポルトガル47％、ハンガリー42％、オランダ40％、アイルランド39％などとなっている。
　さらに興味深いのは、EUを最もよく表していると考える価値を3つ挙げるように指示されたことに対する市民の回答である。
　それは民主主義38％、人権38％、平和35％、法治国家25％、連帯20％、他文化の尊重18％、人命の尊重14％、平等13％、個人の自由12％、寛容11％、個性の開花4％、宗教3％、なし3％、わからない9％である。この回答は普遍的な価値の重視に一層傾斜し、その結果先に挙げたEU基本権憲章の掲げる価値に近接していると言えよう。

(2)　もう一つ性格の違う世論調査を紹介しよう。Euro RSCG調査[2]（2005年4月12日から29日に実施）である。
　調査対象に選んだ10の構成国において、価値の共有はどの程度進んでいるかを問う調査である。回答は多様である。フランス、ポーランド、イタリアでの多数派は価値の共有に肯定的であり、他の国では少数派である。

［ヨーロッパ諸国に見る価値の近接性］
　質問：価値という視点からして、あなたの意見ではヨーロッパ諸国は今日、互いにどう感じていると思いますか。
　　国別の全般的意識は次の通りである（表2-3）。

第Ⅰ部　ヨーロッパ統合の歴史と現在

表2－3　国別の意識（2005年）　　　　　　　　　　　　　　　　　　（％）

	全体	チェコ	フィンランド	フランス	ドイツ	イタリア
非常に近い	5	3	1	4	5	4
やや近い	39	39	37	47	32	39
（小計）近い	44	42	38	51	37	43
やや遠い	37	44	52	36	43	33
非常に遠い	12	13	8	11	15	13
（小計）遠い	49	57	60	47	58	46
意見なし	7	1	2	2	5	11

	オランダ	ポーランド	ポルトガル	スペイン	イギリス
非常に近い	1	3	2	8	8
やや近い	34	52	22	43	40
（小計）近い	35	55	24	51	48
やや遠い	47	33	33	29	33
非常に遠い	13	7	27	10	11
（小計）遠い	60	40	60	39	44
意見なし	5	5	16	10	8

出所：Euro Rscg, Les valeurs des Européens, sondages d'opinion effectués par TNS Sofres, 2005.

①国毎で価値の共有度の高い分野。連帯、市場経済の受け入れ、環境保護の3つについては特に強いと言える。

※連帯：強い賛成が寄せられている。「すべての人が医療を受ける、仕事のない人に最低収入を与える、収入の低い人の医療費は無償にする」。こうした意見に全体で85％が賛成。イタリアとスペインで特に強い。オランダでは賛成が68％で多数派であるが、反対も31％と、かなりある。最低収入を政府が保証することについては、ばらつきが見られる。フランスで最も強く、79％が賛成、イタリア、ポーランド、チェコでは意見は割れる。

※市場経済：全体としては賛成である。ただし、ウルトラ自由主義（企業の採用、解雇の自由）は拒否。自由競争は雇用と成長にプラスの効果があると考えるのは全体で73％。最低の国でも60％は賛成。利益の追求は社会のため

になるは全体で60％が賛成。ウルトラ自由主義を認めるべきか否かでは36％が賛成。チェコは78％、ドイツは61％賛成で、他の8か国では反対の方が多い。

※環境保護：優先的な政策であるとの認識が共有されている。環境のためには成長と雇用にブレーキをかけてもよいは全体で63％が賛成。ドイツでは71％。しかしポルトガルでは50％のみ。

※科学技術の進歩：全体として信頼感は抑制的である。信頼感を持つのは53％にとどまる。ドイツのみ不信感が多数を占めるが、それは環境保護の態度と結びついているからと思われる。

②価値の共有度の低い分野。宗教の重要性、女性の労働、死刑、移民の受け入れ。これらについては国毎の開きが大きい。

※宗教：重要と考える国は全体で58％であり、42％は反対。ポーランドでは86％が重要だと考え、反対は13％、イタリア、ポルトガルなどがそれに続く。スペイン、フィンランド、ドイツでも、多数の人が重要だと判断している。しかしフランス、イギリス、オランダでは逆である。これは各国の伝統や文化が多様であるからであろう。

※女性の労働：女性の社会的地位の点でも国により異なる。

※死刑制度：意見は分かれている。

※移民の受け入れ：新規移民に反対は全体の53％、賛成は44％。ポーランド、イタリア、フランス、フィンランドでは賛成が多数を占める。チェコ、オランダ、ポルトガル、スペイン、イギリスでは反対が多数派である。

以上の2つの世論調査（ユーロバロメータ調査、Euro RSCG調査）の結果から、EU基本権憲章の前文において表明されたEU構成国が共有する価値とされたものが、市民の意識レベルにおいても、おおむね妥当することが確認された。

4　ヨーロッパ市民権概念の新しさ

伝統的な市民権概念

　ヨーロッパ市民権の持つ新しさを確認するために、伝統的な市民権概念と比較してみよう。その前に市民権という語について一言触れておきたい。市民権とは英語では citizenship、フランス語では citoyenneté である。ただし市民権という用語を避けて「シティズンシップ」と英語のまま使用することを選ぶ場合もある[3]。それは日本語の市民権という言葉が、通常ある国家に帰属する国民としての一連の権利や義務という意味で使われ、個人の国家内における地位（国籍）といった意味を十分に意識させないからであろう。さらに市民権の派生した意味としては、国民共同体に帰属する人々の自己の特性認識（Citizenhood）、換言すれば国民性を表すこともできる。こうした多様な意味を含む用語であることから翻訳を避ける傾向があるのかもしれない。

　歴史的に市民権は国籍（nationality）と結びついた概念であった。すなわち憲法によって保障された国民の諸権利を実定法化したものである。フランスにおいては、大革命時に「人と市民の諸権利の宣言」（Déclaration des droits de l'homme et du citoyen、1789年。いわゆる人権宣言）として明らかにされたものが最初である。そこでは人間の自然権として自由、所有、安全、圧制に対する抵抗を挙げ、これが市民権の基盤をなすものとされた。

　T. H. マーシャル（Marshall）の有名な市民権の歴史的発展論を参照してみよう［Marshall, 1992］。マーシャルは市民権を構成する3つの要素はおおむね18世紀から20世紀までの間に発展してきたと考える。それらは、市民的（civic）権利（基本的自由：信教、言論、私的所有など）、政治的権利（参政権）、経済・社会的権利（健康、就労、団結）などからなり、時代とともに順次拡大してきたとする。

　市民的権利は18世紀に獲得されたものである。しかし政治的権利は19世紀を通じて、時には階級闘争の成果として獲得されたものである。確かにフランス革命以来、市民的権利はすべての国民に認められたが、政治的権利は最初からすべての国民に平等に与えられたわけではなかった。例えば革命初期に納税者としての資格において参政権を持った能動市民（le citoyen actif）と参政権

を持たない受動市民（le citoyen passif）との区別がなされている。このことは国民（＝国籍を持つ）と特定の権利を持つ市民との区別がなされたことを意味する。1848年のフランス第2共和制において男子普通選挙権が実現するが、女性の参政権の実現は1944年を待たねばならなかった。

　外国人は国民ではないし、市民でもないが、ヒト一般の権利、人権としての自由や経済的・社会的権利などは時代とともに外国人にも認められていく。1789年の人権宣言の正式名称は「人と市民の諸権利の宣言」とされているように、権利保護の対象となっているのは国民だけではなく外国人も含まれていた。もちろんカバーされる権利は同じではなかったが。とりわけ参政権は今日においてもフランスに居住する外国人には認められていない。とはいえ、第2次大戦後の第4共和制憲法において、経済・社会的権利が大きく拡大し、次第に広く外国人に対しても認められるようになってきている。また自国において政治的迫害を受けたすべての個人に対する庇護権が憲法に明記された。

新しい市民権概念

　ヤスミン・ソイサル（Yasmin Soysal）はEU市民権のことを「国民国家以後の市民権」（postnational citizenship）と呼んだ［Soysal, 1994］。従来の市民権は国籍（nationality）と結びついた概念であったが、EU市民権においては、構成国の国民はEU市民であると規定することで、市民権と国籍との切り離しを行った。欧州連合条約第9条は、「いずれかの構成国の国籍を有するすべての者は連合の市民である。連合市民権は国家市民権に付け加えられるものであり、それに代わるものではない」と規定している。ソイサルの議論は近代国家の出現とともに国籍と市民権との結びつきが生まれたことを前提にしている。フランスとドイツにおけるシティズンシップ（国籍）の比較を行ったロジャース・ブルーベーカー（Rogers Brubaker）は、フランス革命は国家と直接関係を持ち、法的に平等な個人からなる、単一にして不可分の国民を、重複しあう諸団体の特権の中から作り出したと述べた。いわば革命は内的国境（多様な成員からなる）を廃止して、他国民とを隔てる外的国境を形成したと総括している［Brubaker, 2005: 第2章］。

　グローバル化の進行する今日の世界において、従来のような市民と外国人の

二分法を当然とする考え方にソイサルは異議を唱える。脱国家的制度や主張が目立つようになり、ナショナルな市民権に生じている変化や外国人に対する「包摂と排除」の新しい形態が見えにくくなっているからである。すなわち移民の社会統合を進めること（包摂）と国境線の管理と国家主義的イデオロギーの強化（排除）が同時並行的に進んでいると主張する。ソイサルの議論はとりわけ今日のEUを中核とするヨーロッパ社会について妥当すると言えよう。

　ソイサルは同時に個人の文化やアイデンティティに基づく権利の正統性が広く認められるようになってきたと述べ、それが新しい集団的連帯感や人々を動員する力となっていると述べる。そして今日のヨーロッパにおいて進行する3つのパターンについて言及している。第1に社会的規範における人権の強調があり、第2に国民国家は外的なプレッシャーに対して敏感になり、第3に市民と非市民の境界線の曖昧化が進行したことである。そしてこうした現象を説明する概念としてポストナショナルなシティズンシップを提案したのである。彼女は、ナショナルな帰属よりも普遍的な人間性の尊重を強調している。

　クリスチャン・ヨプケ（Christian Joppke）はEUシティズンシップに関連して、EUと移民出身国との間に連合協定がある場合には、移民は明示的なヨーロッパの法的権利を享受できることを指摘している。その権利の享受者は230万のトルコ人、100万のモロッコ人、60万のアルジェリア人、25万のチュニジア人などがそうであるという。ヨプケは、1971年の社会保障に関する（閣僚）理事会規則が2003年には第三国（域外）国民にも拡張されることで、「雇用と福祉の分野では［…］第3国国民は実質的に国民と同等の権利と義務を享受している」と分析している［ヨプケ2013］。

　外国人の参政権についても一言述べておこう。EU市民権の明示的な特徴は、構成国国民をEU市民と定義したことである。その結果EU市民は自国ではなくても、現在居住する国の欧州議会選挙ならびに地方議会選挙に立候補し、投票する権利を持つ。では権利行使の実態はいかなるものであろうか。鈴木規子によれば、EU市民で現在居住する国での選挙人名簿への登録は、EU全体で1994年に6％、99年に9％、2004年に12％にしかならない。フランスに居住するEU市民では94年は3.8％、99年は5.9％、2004年は14％、2009年は20％であった。次第に選挙人名簿への登録者の割合は増えている。2009年の

時点で登録者が最も多いのはポルトガル人、次いでイタリア人、イギリス人、ベルギー人、スペイン人などとなっていた。EU 全体で外国籍市民の居住国での欧州議会選挙への立候補者は 94 年に 53 人（当選は 1 人）、99 年は 62 人（同 4 人）、2004 年は 57 人（同 4 人）、2009 年は 81 人（同 5 人）である。フランスではこれまでに 3 人の外国籍欧州議会議員が生まれている（その内ドイツ人のダニエル・コンベンディトが 1 人で 2 回当選）のみである［鈴木 2012 : 53-55］。ヨーロッパ市民権の付与は現在までのところ、大きな効果を上げていないと言えよう。

　ところで、外国人の参政権についてトーマス・ハンマー（Tomas Hammar）のデニズンシップ（denizenship、永住市民権）論にも簡単に触れておこう［Hammar, 1990］。その理由は今日のヨーロッパにおいて、EU 市民権に基づく参政権とは別の論理により外国人の政治参加を容認することが行われるようになってきているからである。デニズンとは特定国に長期にわたり正規の資格を得て滞在している外国人のことである。その意味で彼らは短期滞在の一般外国人とは違うカテゴリーに属する。同時に彼らは滞在国における正規メンバーとしての国民でもない。彼らは通常参政権を除き、一般国民とは大きく異ならない市民権を享受している。彼らは労働市場に参入し、税金を払い、家族を持ち、社会福祉制度に貢献し、その恩恵にも浴している。ハンマーは自国とは別の新しい国家のメンバーになるために通過する 3 つのゲートについて説明している。第 1 ゲートは、移民規制であり、そこを通り過ぎることで短期の労働と滞在許可証が与えられる。第 2 ゲートは滞在身分に関する規制であり、そこを通過できれば期限を限定しない長期的な仕事と居住許可証が与えられる。第 3 ゲートは、受け入れ国の完全な市民権を得るための帰化である。デニズンは第 2 ゲートを通過した人であり、完全な滞在の権利が得られる。ただし帰化を選んで第 3 ゲートをくぐるデニズンは必ずしも多くはない。帰化のハードルが高い場合もあるし、出身国との絆が切れることを望まない人も多いからである。

　ヨーロッパ、とりわけ EU 諸国における、デニズンの政治参加の状況を見てみよう。一部の例外を除き、外国人の政治参加は国政レベルで認められることはないのでここでは地方議会への参政権に限定して述べる。

　ヨーロッパ市民権は EU 構成国国民に他の構成国における地方参政権、欧州

第Ⅰ部　ヨーロッパ統合の歴史と現在

議会への参政権を認めている。これは伝統的な市民権概念からすれば画期的なことであったことはすでに述べた。しかしマーストリヒト条約発効前から、外国人に対して地方参政権を認めてきたヨーロッパ諸国がある。すなわち、ヨーロッパに対する帰属意識を強めるためというよりは、居住する社会への統合度を高めるという理由からデニズンシップを導入したと思われる。一国の全居住者の中で、政治的権利を奪われた長期居住者の割合が増えることは民主的代表制の視点から見て好ましいことではない。地域政治は国政とは異なり、地域住民の日常生活との関わりが大きい。経済・社会的領域において国民との差がほとんどない永住民の政治参加は地域の政治・行政の円滑な遂行のためにプラスが多いのではなかろうか。帰化を政治参加の条件とすべきか否かは社会の寛容度に関わる問題でもあり、国毎にまた時間の経過とともに変わりうるものであろう。現在EU市民以外にも地方参政権を認めているのはアイルランド、オランダ、スウェーデン、デンマーク、ノルウェーなどの北欧諸国である。

　もう一つEU市民と域外人とを分けるものがある。それはEU市民に認められた域内自由移動の権利である。ところが自由移動の権利についても次第に「長期居住者」、我々が今見たデニズンに対してはできるだけ認めていくことが望ましいとする考え方がEUレベルで広がってきている。

5　EU域内移動の自由と外国人の権利

　EUの共通政策の中でも特筆されるのは域内の人の自由移動を制度化したことであろう。1985年、ついで1990年にEC加盟国の一部の国々、すなわち独仏ならびにベネルックスの5か国間の政府間協力として始められたシェンゲン協定は、①域内国境における出入国審査の廃止、②域内国境を越えた警察・刑事司法協力、③域外国境における管理の強化を目指すものであった。同協定はマーストリヒト条約の第3の柱である司法・内務協力の一環としての移民政策、難民庇護、民事司法協力などとともに、アムステルダム条約（1997年）においてEU条約本体に組み込まれて共同体法の一部となった。第3の柱に残った刑事司法協力は「警察・刑事司法協力」として再編・改名された。またEU市民の安全な域内自由移動と域外国境の共同管理、移民・難民政策の効率

的な運営を目指して「自由・安全・司法領域」(Area of freedom, security and justice)を発展させる必要があるとの認識が共有された。

1999年のタンペレの欧州理事会はヨーロッパ市民権の理念も反映させた「自由・安全・司法領域」強化に努めるための行動計画で合意に達した。これにより、域内国境での検査の廃止（外国人も含めて）にともない、国境の安全のための警察・司法協力を推進することになった(4)。ここにおいて、モノ、カネだけではなくヒトの自由の往来が実現し、「ヨーロッパ社会」の基盤の一端が成立することになったのである。「タンペレ計画」(1999年から2004年)はその後「ハーグ計画」(2005年から2010年)、「ストックホルム計画」(2010年から2014年)に引き継がれてきている。ストックホルム計画はEU市民権と基本権の保護、欧州司法領域の確立、EU市民の域内安全の確保、包括的で柔軟性のある移民・難民庇護政策の促進を掲げている。リスボン条約では三本柱の構造が廃止されることで、アムステルダム条約で分割した司法・内務分野（第3の柱）を再統合した。そして理事会での決定はすでに共同体化されている分野同様に、警察司法協力分野にも多数決制が導入されることになった。なおデンマーク、アイルランド、イギリスなどは適用除外が認められている。

「自由・安全・司法領域」の主たる対象はEU市民である。しかしそこから域内居住の外国人が完全に排除されているわけではない。その理由は、域外出身者であっても、継続的に居住する外国人をEU市民に準ずるものとして遇することにより、EU内への社会統合を強化しようとする戦略があるからである。ちなみに、EU28か国への移民は2014年1月1日現在で、5,140万人であり、その内3,350万人はEU域外出身者であり、1,790万人は域内の他の構成国生まれである。この数字を3年前の2011年のものと比較してみると、EU27か国への移民は4,886万人（EU人口の9.7％）であり、その内域外出身者は3,239万人、域内出身者は1,647万人であった。移民の数は着実に増えている（＋254万人）。他の構成国出身者の伸びの方が域外出身者の伸びを上回っていることが興味深い。ちなみにEU諸国内で外国人の多い国上位5か国は、ドイツ700万人、イギリス500万人、イタリア490万人、スペイン470万人、フランス420万人である [Eurostat, Statistics Explained, 2015]。

「自由・安全・司法領域」計画を開始したタンペレ欧州理事会（1999年10

月）は、その議長報告[5]の中で「庇護ならびに移民分野における共通ヨーロッパ政策」と題する章を設け、①送り出し国とのパートナーシップ、②共通ヨーロッパ庇護制度、③第三国出身者の公平な処遇、④移民の流入管理などに言及している。そして EU 内に合法的に居住する域外出身者に公正な処遇を保障することを構成国に求めている。「第三国出身者の法的地位は構成国出身者の地位にできるだけ近づけられなければならない。いずれかの構成国に一定期間合法的に滞在し、長期の滞在許可証を持つ人は誰でも、その構成国において EU 市民が享受する権利と可能な限り同一の権利の全体を与えられるべきであろう」（上記議長報告Ⅲ－21）。

これを受けて、（閣僚）理事会は 2003 年に「第三国国民の地位に関する指令」（指令 2003/109/CE）[6]を採択した。それによれば、5 年間継続して領域内に合法的に居住する域外出身者に、当該国は「長期居住者」（les résidents de longue durée）という地位を認め、最低 5 か年間有効の滞在許可証を与える（ただし申請者は十分な収入があること、健康保険への加入が義務づけられる）。そうすると他の EU 構成国においても 3 ヶ月を超えて居住する権利が認められることになる。またその国の国民に準じる権利の獲得が可能となる。例えば、雇用および労働条件、社会保障、社会的扶助、社会的保護、一般国民に与えられる財やサービスや住居の取得手続きへのアクセス、結社の自由や労働団体への加盟などの権利である。こうした権利は長期滞在者の家族にも認められる。当該国はそうした権利の享受に対して制限を課すことが認められているが、域外国民の市民的権利は従来の市民権の枠を越えて拡大することになったと言えよう。こうした基本姿勢の背後には、不法移民を抑えつつ合法的移民の社会統合を進めることが、全体として EU 統合の進展のために有益であるとの認識がある。しかしまた同時に、第 2 次大戦後におけるヨーロッパにおける人権レジームの発展が影響していたと思われる。

1953 年に発効したヨーロッパ人権条約（1950 年調印）第 8 条によれば、「何人も、その私的な家庭生活、住居および通信の尊重を受ける権利を有する」とされ、外国人を含む家族の保護を掲げている。また欧州審議会の「ヨーロッパ社会憲章」（Charte sociale européenne、1961・1996 年）は、ヨーロッパ人権条約にはない社会権の保障を補充するために制定された。EU にとっても人権

分野における基本文書の一つである。社会憲章は締約国に居住するすべての人に適用される。第 19 条は「移住労働者とその家族の保護と援助の権利」と題されている。その内容は 12 項目に上るが、その特徴的なところは域外者に対しても EU 市民同様にできるだけ同等の権利を認めていこうという発想である。それは第 19 条の条文中に以下のような表現が散見されることにもうかがわれる。憲章締約国は以下の制約を負うとしている。税金（第 5 項）、司法（第 7 項）において「滞在国の国民に劣らない有利な取扱い」を保証する。また移住労働者の家族結合（regroupement familial）をできるだけ容易にすること（第 6 項）、正規の移住者に対して、当該国の安全を脅かすか、あるいは公序良俗を脅かさない限り追放されることがないことを保証している（第 8 項）。

確かにヨーロッパ市民権は EU 市民を対象にしたものであるが、同時に「自由・安全・司法領域」は域外者の権利にも配慮している。またヨーロッパ人権条約やヨーロッパ社会憲章は域内居住者すべての人の権利として尊重されるべき「規範」ともなっているのである。とはいえ、上記 2003 年の EU 指令は、域外出身の長期居住者の資格申請者に対して、構成国は「（国民）統合条件」を満たすように求めることができるとしている（第 5 条第 2 項）。この点については、他の構成国出身の EU 市民が滞在国（国民）への統合を条件として求められていないのとは異なる。移民は受け入れ社会の基本的規範と価値（民主社会の基本的価値）を尊重し、自己のアイデンティティを断念することなく、統合の過程へと積極的に参加することを期待されている（欧州委員会のコミュニケーション 2003 年）[7]。またタンペレ欧州理事会は、域外国民の滞在国の国籍取得の促進を支持し（上記議長報告Ⅲ-21）、移民の統合が構成国・EU 両レベルの安全にとって不可欠であるとの認識を明らかにした。EU 内における域外出身者の権利保護が進んでいることは事実であるが、いくつかの問題点も指摘できるであろう。「自由・安全・司法領域」の基本的発想は、シェンゲン協定（1985 年、1990 年）の延長線上にあるものであり、域内移動の自由と並行して進められる国境の管理体制の整備（警察協力など）、および域外国境管理の EU レベルでの共通政策化である。国籍法に関する権限、3 ヶ月を超える滞在許可に関する権限などは依然として構成国の権限である。域内国境線の通過が自由になったといっても、モノや情報とは違い、ヒトの移動に対する域

外国境はむしろ高くなる傾向にあることも忘れてはならないだろう。

　ヨーロッパ統合は構成国の中に2つの反応を引き起こした。統合促進のための主権の委譲は主権主義者による批判を引き起こし、国民世論の不満を高めた。しかし同時に、各国の政治エリートたちに対して、政治共同体としてのヨーロッパに対する市民の帰属意識や忠誠心の醸成の必要性を意識させることにもなった。その結果生まれたヨーロッパ市民権は従来の殻を破る新しい市民権概念を生み出すことになったが、同時にそれは域内人（EU市民）と域外人（外国人と移民）との間に共同体レベルでの境界線を引くことにもなった。

　国内における社会的統合を実現するためには外国人に対しても一定の市民権を認めてきたが、ヨーロッパ・レベルにおいても、域内人のみならず域外人に対しても一定の市民権を付与することの重要性が認識された。その点については「自由・安全・司法領域」計画の中で確認された。同時にEU内の人の自由移動の権利は、ヨーロッパ人権条約、ヨーロッパ社会憲章、さらにはEU基本権憲章などにおいて提示された人権思想に裏打ちされたものでもある。その意味で従来の国際関係の枠組みを越える市民権概念が定着してきていると言えよう。とはいえ、フランスにおけるロマ人の強制追放の例（コラム4参照）に見るように、今日においても未だに政策と規範のヨーロッパ化の構成国への適用の困難性は現実のものである。EUは中長期的には、ゆるい形の連邦制に発展していくであろうが、現状は諸国家間の連合体としての性格を強く残していると言えよう。

第Ⅱ部
ヨーロッパ統合とフランス

第Ⅱ部　ヨーロッパ統合とフランス

第3章

フランスのヨーロッパ政策

はじめに

　1944年8月25日、パリが解放され、ドイツとの戦争は実質的に終了した。その後1946年10月に難産の末、第4共和制憲法が成立し、翌年から新しい政治体制の下で、戦後フランスの歴史が始まった。第4共和制は1958年5月のアルジェにおける、アルジェリアの独立に反対するフランス現地軍と入植者によるクーデタの試みに揺さぶられて倒壊した。この危機に当たり、第2次大戦の対独レジスタンスの英雄であるシャルル・ドゴール（Charles de Gaulle）将軍が議会の要請により首相に復帰し、第5共和制が誕生することになった。

　国内政治的には両大戦期から続く国内政治の弱体・混乱（1930年代以後、1内閣は平均6か月で交代）を克服すべく、戦後は新しい第4共和制憲法の下で再スタートを切ったのであるが、期待に反して小党分立の不安定な政治が続いた。そうした弱体な体制にとって、2つの外的要因、一つは脱植民地化問題の処理の困難、もう一つは冷戦状況下における東西対立が国内政治に持ち込まれたことは大きな負荷をかけるものであった。冷戦の激化により、アメリカ政府の圧力もあり、47年5月には共産党閣僚を閣内から排除したが、親ソ的立場のフランス共産党をいわば体制外勢力に追いやることで、第4共和制そのものの打倒を目指す巨大勢力を生み出すことになってしまった。第4共和制は不安定な議会内与党しか持ちえない体制であったが、それに加えて左（フランス共産党）からも右（ドゴール派、プジャード派）からも攻撃を受け、10年余という短命で終焉の時期を迎えることになった。

　しかし冷戦下におけるヨーロッパ政策という視点に立ってみると、第4共和制の10年余は注目に値する時期でもある。戦勝国の一角を占めたとはいうものの、フランスの大戦による被害は大きく、マーシャル・プランの診断によってもフランスの国内産業構造の破壊はアメリカの援助なくしては回復が難しい

ものであった。またドイツの脅威をどのように解消するか、アメリカを中心とする大西洋同盟との関係をどうするかなど、難しい対応を迫られた。そうしたなかで第4共和制政府の打ち出したヨーロッパ政策は、第5共和制期に入るとドゴール外交の一環として再定義され、変化していくことになる。

第2次大戦後のフランスのヨーロッパ政策を扱う本章においては、次の2つの基準を採用する。第1は時期区分であり、次の3つの時期に分割する。第4共和制期（1947〜58年）、ドゴールと後継の大統領期（1958〜90年）、冷戦終焉後（1990年以後）である。第2は分析対象とする要因であり、ヨーロッパ統合政策と同時にドイツとの協力関係、大西洋同盟（NATO）との関係を重視する。

1　第4共和制期のヨーロッパ政策

欧州石炭鉄鋼共同体（ECSC）の設立

1947年、戦後ヨーロッパの復興のためにアメリカからマーシャル・プラン（Marshall Plan）が提案された。マーシャル・プランの考え方の根底にあったのは、国民の貧困は共産主義を生み出す土壌となるので、それを避けるための復興計画を早急に実行する必要があるというものであった。そのためには、対外的支払い能力の限られた西欧諸国に大幅の援助をする必要があった。またヨーロッパの衰退の一因は戦前の関税や数量制限といった貿易保護措置により市場が分断されていたことにあるので、それを克服するためには西欧経済の統合が必要であるというものであった。

こうした考え方に立つマーシャル・プランを受け入れた西欧諸国は、欧州経済協力機構（OEEC）を設立し、アメリカの援助を国別にではなく、参加国全体の再建計画に従って受け入れることになった。このプログラムはその後のヨーロッパの経済統合につながっていくことになった。

ところで、フランスの戦後経済再建計画の中心にあったのはジャン・モネ（Jean Monnet）のグループであった。モネは従来の官僚機構とは異なる経済企画局（Commissariat général au plan）の責任者として、第1次「フランス近代化・装備計画」を立案した。彼はフランス経済の再建のためには、エネ

ギー源としてルールの石炭をフランスが優先的に確保することが重要だと考えていた。しかしマーシャル・プランはむしろドイツの復興を優先的に考えており、フランスによるルール石炭の優先的利用には反対であった。モネを含め当時のフランスの政治リーダーたちは安全保障上の観点から、さらには経済的な理由からもドイツの「弱体化」を望んでいた。しかしその後、ドイツ弱体化政策は冷戦体制の確立の過程で放棄を余儀なくされることになる。

ドイツ弱体化に代わって、フランスはドイツとの協調関係を築く中でドイツの資源を確保することを目指すことになる。その際、独仏間の協力体制を他のヨーロッパ諸国にも拡大することで、ヨーロッパ国際関係の安定とフランスのリーダーシップの回復を考えたのである。

シューマン・プランはフランスの国益に強く規定されていた。プラン発表直前のモネのビドー（Georges Bidault）首相と外相のシューマン（Robert Schuman）に宛てた極秘メモでそれを確認できる。モネの意見書提出の動機は、1949年に成立した西ドイツが急速に経済力を回復しつつあるが、それに対してフランス政府は有効な対策を持っていないと危惧したからである。

> モネは言う。このままでは「ドイツは膨張し、輸出市場でドイツのダンピングが生じ、フランスの工業製品への保護政策の要請が生じ、[…] 戦前のカルテルが再びつくられる」恐れがある。「しかし提案されている解決方法［鉄鋼生産の統合］によって、ドイツの産業支配は消滅するであろう。このような解決方法はむしろ、ドイツやフランス、そしてヨーロッパが共に強くなる工業力を生み出し、支配なき競争を作り出すのだ。」
>
> 「ヨーロッパには、これまで決して存在したことがない［ヨーロッパの］一体性を作り出すものは、評議会（conseils）に寄り集まった主権国家の付属物などではない。我々は、本当の意味でのヨーロッパを作らなければならない。［…］さらには安定をもたらし創造的な思考を継続する自由で平和的な人々の間での新しい共同体のなかで最初の機構を遅延なく構築することが不可欠なのだ。」［遠藤 2008b: 225-230］

1950年5月9日に発せられたシューマン・プランはドイツ、イタリア、ベ

ネルックス 3 国の賛同を得た。1951 年 4 月には欧州石炭鉄鋼共同体（ECSC）条約が調印され、翌年 ECSC は設立された。ここに今日の EU につながるヨーロッパ統合の第一歩がしるされることになった（第 6 章第 1 節参照）。

またシューマン・プランをフランスの戦後復興計画の中に位置づけることもできる。「シューマン・プランはモネ・プランを救うために考案された」とのアラン・ミルワード（Alan Milward）の評価もある［上原・廣田 2012: 125］。それほどまで、シューマン・プランはモネの近代化計画と結びついていたのである。

戦前の部門統合は自由競争を規制・管理することを目的としたカルテルであったが、ECSC の最高機関が担った役割にはフランスの経済計画が持つ混合経済体制の影響が表れている。ルブートゥ（René Leboutte）は「その点で、ECSC はフランスの経済計画の理念を 6 か国に拡大し、フランス流の「指導された資本主義」を制度化したとの評価が成り立つことになる」と述べている［上原・廣田 2012: 127］。

欧州防衛共同体の失敗

1950 年 6 月の朝鮮戦争の勃発は冷戦が熱戦に転換したものとして、東西対立の接点とも言うべき西ヨーロッパ、とりわけ西ドイツの防衛問題を緊急課題とした。英米は西ドイツの再軍備と NATO への加盟により、西側防衛力の強化を考えたが、それはフランス国内において強い反発を招いた。ドイツの再軍備はフランスの安全にとっての脅威と受け取られたのである。とりわけインドシナにおいて植民地戦争を戦い、北アフリカにも部隊を派遣していたフランス軍は本国において弱体であったからである。

ドイツ再軍備問題は 1950 年 9 月半ばのニューヨーク外相会談（英米仏）で浮上した。同会議の席上アチソン（Dean Acheson）アメリカ国務長官は、ヨーロッパ大陸でのアメリカ軍の駐留継続のためには西ドイツの再軍備が前提条件であると述べた。フランス外相のシューマンの反対は、国内世論の反発が強いことを論拠としていた。その後同年 12 月の NATO 理事会において決着するまで、ドイツ再軍備問題は西側同盟内で激しい議論を引き起こした。この問題が交渉中の ECSC 構想の実現を阻害することを恐れたモネは、再び彼の

第Ⅱ部　ヨーロッパ統合とフランス

連邦主義的発想に基づき欧州軍の創設案を用意し、友人のプレヴァン（René Pleven）首相に提案した。モネの意図は、ECSC で示されたフランスの対ドイツ優位とともに、安全保障分野においてもフランスのリーダーシップを追求しようとしたものである。西ドイツのアデナウアー（Konrad Adenauer）首相は事の本質を理解していた。彼はホイス（Theodor Heuss）西独大統領に対して「プレヴァン・プランは、ヨーロッパにおけるフランスの覇権を再び確立するための試みに他ならない」と述べたと伝えられる［遠藤 2008b: 257-258］。

　1950 年 10 月 24 日、ルネ・プレヴァン首相は「欧州防衛共同体」（Communauté européenne de défense, CED、英語では EDC）構想を国民議会で明らかにした。「統一欧州軍は、単一の欧州政治・軍事機構の指揮下に置かれ、多様なヨーロッパ諸国から結集した兵隊により構成されて、人的および物質的な構成員の可能な限り完全なる融合を達成せねばならない」［遠藤 2008b: 255］。

　この案はアメリカによる一方的なドイツの再軍備を阻止するために、モネを中心にわずか数日で作成されたと言われる。CED は ECSC とは違い完全に自立した機構ではなく、NATO の指揮下に統合されたものとなるであろう。CED に対するフランス国内の反対は強かった。フランス共産党のように東側に対抗する西側軍事機構の強化につながるとして反対する立場もあるし、ドゴール派のようなフランスの軍事的主権喪失につながりかねないという危惧の念からの反対もあった。国内の反対意見が強かったことは、フランス政府が条約調印後にも追加的保障を参加予定諸国に求めていたことを見てもわかる。イギリスは大陸に兵力を維持し、常駐代表を置くこと。アメリカは大陸に兵力を維持することなどである。こうした協定を結んでからフランス政府は条約の批准を行うこととした。54 年 6 月就任のフランスのマンデスフランス（Pierre Mendès France）首相はイギリスの参加しない機関には反対であったが、議会に対して批准を求めた。しかし 8 月 30 日の議事において、「先決問題」の手続きにより、条約案そのものの審議を行うことなく否決されてしまった。

　CED 条約失敗を受け、イギリスのイーデン（Anthony Eden）外相が中心になって代替案が用意された。それはもともと対ソ、対独安全保障を目的にしたブリュッセル条約（1948 年）を西ドイツ、イタリアへも拡大して、西欧同盟（West European Union）を創設するというものであった。この案の実現の

ため、イギリスは懸案事項であったイギリス軍のヨーロッパ大陸における維持を認めた。西欧同盟を設立するためのパリ条約は54年10月に締結された。

欧州経済共同体（EEC）の設立

EECを設立するための1957年3月25日のローマ条約が調印されるまでの道のりも決して平たんなものではなかった［廣田愛理 2012: 第5章、遠藤 2008b: 第4章］。1955年3月26日、フランス上院で仮条約が承認されてドイツ再軍備問題が決着したのを受けて、ベネルックス3国外相がベルギーのスパーク（Paul-Henri Spaak）外相のリーダーシップの下に会合を持ち、ヨーロッパ統合の今後について検討した。2つの提案が出されていた。一つはモネの提案に基づくフランスの案で、ECSCを運輸・原子力エネルギー部門へ拡大する案であり、もう一つはオランダの外相のベイエン（Jan Willem Beyen）提案の全般的共同市場案であった。フランスは国内産業の競争力の欠如を自覚し、競争が激化すると思われる共同市場の創設には反対であった。モネは協力者のユリ(Pierre Uri) の助けを得て、「エネルギー・運輸・原子力の分野における部門統合」と「関税・数量制限の段階的撤廃により共同市場を設立する全般的経済統合」という2つの内容を含む文書を用意した。それをもとに、ベイエンとユリの案をまとめた「ベネルックス覚書」が作成され、55年5月にスパーク外相からECSC 6か国あてに提出された。それを受けて55年6月のメッシーナでECSC外相会議が開催された。メッシーナ決議は、共同市場の創設、EURATOM（欧州原子力共同体）の創設、運輸手段の共同開発、欧州投資銀行の設立をうたっている。

決議に基づき設置されたスパーク委員会の報告書が56年4月に公表された。それは共同市場に力点を置くものであり、単なる自由貿易圏構想ではなかった。しかし超国家性については明言を避けている。

56年5月のヴェネチア会議でフランス外相のピノー（Christian Pineau）はスパーク案に賛成を表明した。ただし条件付きの賛成であった。域内貿易自由化とともにセーフガード制度の導入、社会的負担（社会保険、有給休暇、労災手当、家族手当などの企業負担）の調和、海外領土の条約への参加や特恵の維持などについて配慮することなどである。農業部門での共同体による保護シス

テムに関するフランス提案はオランダなどの反対を呼んだ。

なかなかまとまらない交渉を打破したのは仏独の政治判断であった。1956年10月、スエズ運河事件が発生するが、その際フランスは米ソ両国に対する自国の弱さを自覚させられることになり、西欧6か国協力のメリットを強く意識した。EECはフランス経済が貿易自由化の流れに適応するために不可欠な競争条件の調和措置の必要性を認めた。またセーフガードの保障を与え、農民保護を共同体レベルで行うことにも合意した。海外領土については、5年間の連合協定により海外領土に対する開発基金の創設も決まった。EURATOM（ユーラトム）についてはフランスの希望通り、平和利用だけを管理対象とすることになった。このようにフランスの要求の大半は認められることになり、フランスはEEC参加を決めた。ローマ条約は57年3月25日調印され、7月には批准された。

大陸諸国間の共同体構想には一貫して反対してきたイギリスはOEEC内の自由貿易圏構想（FTA）を提案していたが、フランスは受け入れなかった。「フランスがFTAを拒否したのは、自国経済にとってEECの有用性を確信した今、欧州における特恵システムの構築を頑なに拒否し、グローバルな自由貿易を志向するイギリスの態度がローマ条約の崩壊をもたらすと判断したからであった」［廣田愛理 2012: 147］。

第4共和制期のフランスは自国経済の再建を優先するヨーロッパ統合政策を推進しつつ、西側同盟関係の中で自己の地位の回復を模索し続けたと言えよう。

2　ドゴールの挑戦（1958～69年）

1960年代に追求されたドゴールによるヨーロッパ政策は、EECにより成立した統合されたヨーロッパ経済の恩恵を享受しつつ、またドイツに対する安全保障の確保を重視しつつも、新しい挑戦が行われた時期でもある。政策の基本の第1はフランスの国益中心主義である。第2はヨーロッパ統合の連邦主義的な方向への発展を阻止しようとしたこと。第3はアメリカを中心にする大西洋同盟への挑戦を企てたことである。

第3章　フランスのヨーロッパ政策

ヨーロッパ・パワー論

　それはヨーロッパのパワーをフランスのパワーに転換するために利用すること。そして欧州共同体をフランスの国益に奉仕する限りにおいて支持する政策である。一例を挙げれば、ローマ条約（1957年）はフランスの農業とドイツの工業との取引であると言われた。明らかにドイツの優位が予想される工業製品の共同市場を認める代わりに、フランス産業にとって比重の重い農業部門において有利な競争条件を獲得することに努めたのである。EEC 設立後の共通農業政策（CAP）の改革（価格維持や補助金制度など）にあたっても、ドイツはローマ条約調印時のフランスとの合意を尊重していくことになる。またイギリスのEEC 加盟反対の理由の一つは英連邦諸国との農業部門における特恵制度の存在であり、EEC 加盟後もその維持を望むイギリスの政策をフランスとしては認めることができなかった。政権復帰前のドゴールはナショナリスト、主権主義者（souverainiste）として経済統合に反対していた。しかしEEC がスタート（1958年1月）し、政権に復帰（同年6月）してみるとドゴールはヨーロッパ統合の果実をフランスの利益のために活用できると考え、むしろ積極的に統合を推し進める立場に変わっていった。

政府間主義（超国家主義の否定）の手法

　ヨーロッパの共通政策の決定・執行は各国政府間の協力を通してなされなければならないこと。欧州委員会は理事会の決定を補佐し、決定を実行する機関にとどまり、超国家的性格を帯びてはならないこと。これがドゴールの基本的な考え方であった。2つの事例を取り上げよう。

(1) フーシェ・プラン（1960～62年）

　次第に独自の発展を始めた EEC に対して、ドゴールはその統制を図った。フーシェ（Christian Fouchet）・プランと呼ばれた「政治連合」構想は、経済共同体としての EEC の上に各国政府代表からなる政治統合組織を被せることで、超国家的発展を抑えようと意図したものである。同時に EEC に政治的役割を与え、ヨーロッパ安全保障体制を NATO 中心のものから「政治連合」中心のものへと移し代えることを意図した。ドゴールは大西洋同盟からの自立を

他の構成国にも承認させようとしたのである。しかし EEC 内の小国はフランスの野心を警戒し、また大西洋同盟との関係維持を重視し、協議は 62 年 4 月に棚上げされることになり、ドゴールの「政治連合構想」は失敗した［Gerbet, 1994: 264］。

(2) 空席政策、ルクセンブルクの妥協（1965～66 年）

　ドゴールはフランスの国家主権を最重要なものとみなし、統合ヨーロッパ、特に超国家的性格を持つ欧州委員会の独立性や優位を受け入れようとしなかった。EEC の危機は時の委員長ヴァルター・ハルシュタイン（Walter Hallstein）の提案（1965 年 3 月）から始まった。提案の内容は、①関税同盟と共通農業市場とを 67 年 7 月から実施する、②域内関税の撤廃、対外共通関税の実施にともない、課徴金および関税収入を各国から共同体に委譲し、共同体固有収入制度を確立する、③固有財源の実施にともない、財政の民主的統治のために欧州議会に共同体財源の管理権限を持たせる、というものであった。これは連邦主義的な色合いの強い提案であり、国家主権にこだわるドゴールには到底承服できない内容であった。同年 7 月、CAP に関する財政規定を話し合う閣僚理事会は紛糾し、決定できなかった。この機会に、フランスは農業政策における意見の不一致を理由に、欧州司法裁判所を除くすべての EEC 機関からのフランス代表団の引き上げを実行した。EEC 史上最大の危機が勃発したと言ってよい。

　川嶋周一によれば、この危機の原因は従来言われているように、単にドゴールとハルシュタインの連邦主義をめぐる個人的な対立の結果ではなかった。フランスは CAP を積極的に支持しつつも、その発展が早晩共同体固有財源の問題を引き起こすことになることに高い関心を払ってこなかった。そのためフランスは、共同体が「経済的な自律性を帯びることに対し適切な政策を選択できず、撤退というラディカルな抵抗手段に出たのである」［川嶋 2008a: 183］と解釈している。

　危機は 1966 年初めの首脳会議における合意（ルクセンブルクの妥協）によって収束したが、以後理事会における決定は、構成国にとって死活的な重要性を持つ案件については全会一致が必要とされるようになった。

第3章 フランスのヨーロッパ政策

　1966年1月29日の理事会声明は多数決投票手続きについて次のように述べている［遠藤 2008b: 401］。
① 　委員会提案に対して多数決をもって決定が行われる場合で、一つもしくはそれ以上の国家の極めて重要な利害（very important interests）が問題となる時、理事会構成員は、適切な期間に理事会構成員全員が採択できるような決議に至るように努力する。この際、条約第2条に基づき、理事会構成者相互の利害と共同体の利害を尊重する。
② 　前項に関し、フランス代表は、極めて重要な利害が問題となっている際、全会一致で合意が達成されない限り、協議は継続されなければならない、と考える。

　ルクセンブルクの妥協で合意された手続き方法については二通りの読み方があったと言われる。第2項のフランス代表の意見であるが、フランスの解釈は合意が達成されない限り決定はできないとするものであり、他の構成国は合意のための努力はしても、ある段階で多数決での決定を下すことができるというものであった。その後の推移としてはフランスの解釈通りになったが、実際にはそれによって審議が停滞して決定ができないといったことは起こらなかったという。どうしてであろうか。その理由は全会一致の決定が難しいと判断された問題は、そのままの形では採決に持ち込むことが避けられたからである。

大西洋同盟への挑戦
(1) ヨーロッパ人のヨーロッパ

　ドゴールの「大構想」はアメリカを中心とした西側同盟の中にあって、フランスの、そしてヨーロッパの「独立」を達成しようとするものであった。大統領に就任して間もない1959年に、ドゴールは米英中心のNATO運営に対する挑戦として、3国による指導体制（米英仏）への移行を要求するが失敗に終わっている。そして1966年にはNATOの統合指令部からフランス軍を離脱させることを決定し、NATO本部はパリ郊外からブリュッセルに移ることになった。その後NATOへの完全復帰にはサルコジ（Nicolas Sarkozy）政権までの44年間が経過することになる。

　1961年にイギリス、アイルランド、デンマーク3国がEEC加盟を申請する。

第Ⅱ部　ヨーロッパ統合とフランス

3国はもともとイギリスをリーダーとして、60年にEECに対抗して設立された欧州自由貿易連合（EFTA）のメンバー国である。1963年1月、ドゴールは記者会見で拒否声明を発表した。

1967年5月にはイギリスは再度ノルウェーも加えて4か国で加盟申請を行った。同年11月、ドゴールは再び拒否する。結局4か国との加盟交渉は1970年6月、ドゴール引退後のポンピドー（Georges Pompidou）大統領の時に再開され、合意に達した。1973年1月にイギリス、アイルランド、デンマークの3か国がEECに加盟した。ノルウェーは加盟のための国民投票が成立せず加盟を断念した。

2回にわたるイギリスの加盟拒否はドゴールのヨーロッパ観をよく表している。ドゴールにとってイギリスの加盟拒否はアメリカの経済的影響力のヨーロッパへの拡大に対する拒否の表明であった（トロイの木馬論）。

また大西洋同盟内におけるリーダーシップの拡大要求の失敗とフーシェ・プランの挫折は、ドゴールをしてイギリスとの連携をあきらめさせ、さらには大西洋同盟に好意的な他のEEC諸国との連携を再考させ、ドイツ一国との関係強化に向かわせることになった。その到達点がエリゼ条約であった。

(2) エリゼ条約（Traité de coopération franco-allemande または、Traité de l'Elysée）、1963年1月22日締結。

エリゼ条約が目指したことは単なる仏独2国間の友好関係の発展ではなかった。フランスの目指した政治連合がEEC構成国の賛同を得られなかったため、フランスはドイツとの2国間的解決を目指したのである。イギリスのEEC加盟拒否、アメリカ主導の多角的核戦力（MLF）構想の受け入れ拒否による西側同盟内関係の悪化、そうしたなかでのドゴールによるアメリカとの関係に距離を置くエリゼ条約は、ヨーロッパ秩序再編構想の野心を秘めていた。

エリゼ条約の目指した仏独関係の緊密化は政治、軍事、文化など多方面に及ぶものである。たとえ、そのうちの一つがだめでも存在意義が残るものというのがドゴールの考え方であった［川嶋 2008b: 379］。具体的中身は次の通りである。

① 大統領と首相、外相、国防相、文化相などの間の定期協議。協力のため

の各省委員会の設置。
② 外交政策上の重要問題について、決定前にできるだけ類似の立場に立てるように事前に協議を行う。例えばヨーロッパ統合問題、大西洋同盟問題など。
③ 教育分野では相互的語学教育の改善、学位の相互認定規則の制定。学術交流の推進など。

　エリゼ条約はドイツに対して大西洋条約体制よりもフランスとの連携関係を重視するように迫る性格を持っていたために、ドイツ政府は微妙な立場に立たされた。調印前のドイツ外務省の外相あて意見書は、ドゴールに対してイギリス加盟問題について態度変更を迫るべきことを主張し、ただしそれが実現しないからといって本条約に調印しないことにはならないこと。しかしイギリス問題についてのドイツの立場はドゴールと違うことを明確にしておく必要があることなどを強調している。ドイツ側もドゴールの意図をよく理解していたのである。その証拠に、ドイツ連邦議会はエリゼ条約の批准を認める法律（1963年5月15日）に前文をつけた上で承認している。前文において、ドイツの調印した多国間諸条約から生じる権利および義務がこの条約とは抵触しないこと。ヨーロッパとアメリカとの緊密なパートナーシップ維持を今後も強化すること。イギリスおよび加盟意思のある他の国を含めて、ヨーロッパを統一していくこと。独仏協力がすべての諸国民に有益なものとなり、同時に独仏両国民に利益をもたらすものであることなどの注文を付けている［遠藤 2008b: 379, 382-384］。

　エリゼ条約はドイツ議会で変質させられ、ドゴールの意図した仏独の連携による「ヨーロッパ人のヨーロッパ」への方向転換は失敗した。しかし、今日の視点から見ると、エリゼ条約は1960年代に持った歴史的意味を超えて、独仏間の友好関係を発展させ、ヨーロッパの社会的統合を促進することにより、その後のEUの交流事業のモデルを提供したと言える。学生交換のためのEUエラスムス計画はその一例である。また安全保障・防衛面での協力が冷戦終焉後のEUの安全保障・防衛面での統合モデルとなった事実を見ると、その歴史先行的な役割に注目せざるをえない。現在の独仏関係の親密さについて、エリゼ条約を発展させる形で両国の政治エリート間の交流が進んでいる。例えば

2009年には、フランスの大統領のドイツ訪問は7回、首相は2回、大臣は49回、国会議員は43回などであった。またエリゼ条約40周年を記念して、年2回の公式首脳会議を共同閣議にすることが決まった［de Montferrand, 2010］。

3　ドゴール後のヨーロッパ政策（1969〜90年）

　ヨーロッパ・パワー論、政府間主義（超国家主義の拒否）、「ヨーロッパ人のヨーロッパ」などからなるドゴールのヨーロッパ政策の基本理念は、個々のリーダーにより修正を施されつつも、大枠としてはその後のフランスのリーダーたちにも引き継がれていくことになる。独仏の首脳をカップルに見立てて簡単に整理してみよう。

1）ジョルジュ・ポンピドー（Georges Pompidou）とウィリー・ブラント（Willy Brandt）（両者とも政権の座にあったのは1969〜74年）。両者が基盤とした政治勢力は保守の共和国連合（RPR）と左翼の社会民主党（SPD）。
　西ドイツの伝統的な親西側同盟的対外政策はブラント社会民主党政権の下で大きく舵を切られることになった。1970年8月のソ連との武力不行使宣言の調印、同年12月のポーランドとの関係正常化条約（ワルシャワ条約）、1972年の東ドイツとの基本条約の締結などの結果、東ドイツを正式に国家として承認することになった。こうした動きは安全保障の面からは望ましいことであるとは言えても、ヨーロッパ分断の当事者であるドイツが自らリーダーシップを発揮して東側との関係改善を図ることは少なからず波紋を広げることになった。
　とりわけフランスにとってブラントの「東方政策」（Ostpolitik）は不安定化要因と映った。フランスのヨーロッパにおける国益は、冷戦期以来、政治・外交・軍事におけるドイツの「劣位」を前提としたものであり、ドイツのリーダーシップはそれを覆しかねないと見えたからである。ポンピドーはブラント外交に警戒的であり、また同時にフランスの孤立化を恐れ、ドゴール外交を変更してイギリスへの接近を考え、イギリスのEC加盟を支持することになったのである。

2）ヴァレリー・ジスカールデスタン（Valéry Giscard d'Estaing、政権の座にあったのは1974～81年。以下同様）とヘルムート・シュミット（Helmut Schmidt、1974～82年）。前者は中道の独立共和派（Républicains indépendants）、後者は社会民主党（SPD）。

この時期は戦後の国際経済・通貨体制、いわゆるブレトンウッズ体制が終わりを告げた時期に当たる。ニクソン・ショック、石油ショックという2つの大事件により、戦後の国際経済・通貨体制が崩壊し、またOPECの石油戦略の発動により先進国の経済成長にブレーキがかかった時代である。その結果、ヨーロッパにおいてもEC内の経済統合は停滞した。1969年のハーグ首脳会議が目標と定めた1970年代末までに経済通貨同盟を完成し、ECの「完成・深化・拡大」を進展させるとの目標にもかかわらず、石油危機を目の前にして、EC各国は個別的な対応に走り、経済統合体としての共同行動は後退した。

ところが経済統合の停滞とは裏腹に、この時期ECの制度改革は前進したのである。その過程で「独仏枢軸」という呼び名にふさわしい、実務的であると同時に友好的な関係がリーダー間に生まれ、いくつかの制度改革が両首脳のリーダーシップにより実現した。ECの最高意思決定機関となる欧州理事会の設置（1974年）、欧州議会への直接選挙制の導入（1976年）、ユーロの前身である欧州通貨制度（EMS）の導入などである。

3）フランソワ・ミッテラン（François Mitterrand、1981～95年）とヘルムート・コール（Helmut Kohl、1982～98年）。左翼の社会党（PS）と保守のキリスト教民主同盟（CDU）の組合せ。冷戦の終焉とドイツ再統一を実現させたリーダーたちである。

冷戦の終焉とそれに続くドイツ再統一はヨーロッパ国際関係の構造変動の画期であると同時に、独仏関係の分水嶺ともなった。

ミッテランにドイツ統一を受け入れさせたのは3つの要因の積み重ねである。1つ目は1990年3月18日の東独選挙で即時統一派のCDUが勝利したこと。2つ目はポーランドとの国境をオーデル・ナイセ線とすることがドイツにより確認されたこと（90年6月21日）。そして3つ目が90年4月末のミッテラン・コール会談でドイツが経済・通貨同盟への参加を約束したことである。

第Ⅱ部　ヨーロッパ統合とフランス

この最後の要因は統一後のドイツの地位（西欧・ECに錨を下ろし続けること）に対するフランス側の不安感を払拭する効果を持った。

ところでこの時期、フランスの政治エリートの感覚と国民のドイツ観とが遊離していることが明らかにされたことは興味深い。ドイツ統一時のミッテランをはじめとするフランスの政治・行政エリートが抱くドイツ・イメージは基本的には警戒的なもの（伝統的ドイツ脅威論）であり、ヨーロッパの権力構造が短期間で大きく変わることを危惧していた。そこでミッテランは1989年冬から1990年春先にかけて統一にブレーキをかけようとする行動に出たわけである。しかし各種世論調査で見る限り、ベルリンの壁の崩壊が伝えられた時の一般国民の受け止め方は好意的なものであった。それは戦後の西ドイツが統合ヨーロッパの中で果たしてきた役割に対する評価と、1963年のエリゼ条約により、国民各層、とりわけ若者を中心に人的交流が大々的に行われてきたことの成果であったのではなかろうか。

4　冷戦後のフランスの政策（1990年以後）

冷戦後のフランスのヨーロッパ政策は変更を余儀なくされる。それは対ドイツ政策について顕著である。ドイツ再統一前の政策は、ドイツの安全保障・政治面におけるフランスに対する「劣位」を前提にしていた。しかしそうした前提条件は東西ドイツの統一、ベルリン分割の終了、それにともなうドイツ国家の完全主権回復により終わりを告げた。ドイツはより大きな自由を得たのであり、ヨーロッパ政策においても、対仏政策においても、根本的な変化が見られても不思議ではなかった。しかし現実には変化は漸進的であり、次第にドイツの優位が目立つようになるものの、独仏協調の下にヨーロッパ建設政策は継続されてきた。その理由は対仏協調の下での、ヨーロッパ統合政策の推進は、冷戦後＝統一後になっても基本的にはドイツの国益に適うものであったからである。その意味では根本的な変更はないと言えようが、ユーロ危機後、財政規律を主張するドイツと成長との調和を重視するフランスとの対立のような具体的政策レベルにおいては、独仏間の利害の相違が注目されるようになっていく。

1）ミッテラン（第2期目1988〜95年）とコール（統一ドイツ首相1990〜98年）。

　ドイツ統一により、人口規模においても経済規模においてもヨーロッパ随一の「大国」が出現した。その結果冷戦期の独仏関係の基本的性格は徐々に変わっていくことになる。2つの具体例を挙げる。

(1)　スロヴェニア、クロアチア承認問題

　中東欧諸国に対する独仏の政策の相違が明らかになる。フランスは冷戦後のドイツのこの地域（Mitteleuropa）への影響力の拡大を危惧していた。旧ユーゴスラヴィア紛争時の1991年6月、ユーゴ軍侵攻を前にしてスロヴェニアとクロアチアの両国はユーゴスラヴィア連邦からの独立を宣言した。バルカン半島の武力紛争の始まりである。こうした事態を前にして、ドイツとフランスの立場は違いを見せた。コール首相はスロヴェニア、クロアチア両国の独立の早期承認を主張したのに対して、フランスは慎重な姿勢を見せた。1991年12月のEU首脳会議は翌年1月15日に国際的承認をすることで了解にこぎつけた。しかしコール首相はこの約束を反故にして、12月23日に承認してしまった。当然のことながらEU諸国内ではドイツに対する不満が高まり、ドイツの中東欧地域への野心に対する疑惑を強めることになった［Vaïsse, 2009: 145-146］。

(2)　中東欧へのEU拡大をめぐる議論

　フランスの「国家連合案」は中東欧諸国のEU加盟（2004年には実現することになる）をできるだけ遅らせたいフランスの政策の象徴である。フランスの提案では政府間主義的組織が想定されていた。すべてのヨーロッパ諸国に開かれ、環境、運輸、エネルギーといった具体的な政策の各国間調整を役割とするものであった。またヨーロッパに位置する国家であるという理由からソ連の参加も認めるとする一方、アメリカは排除されることになっていた。その結果、フランスの考えた国家連合案には政治的・軍事的性格が含まれないことになった。

　1991年6月12日から14日にかけて開かれたプラハでの国家連合会議はフランスにとって完全な失敗であった。フレデリック・ボゾ（Frédéric Bozo）

も言うように、「中東欧におけるフランスの影響力の限界を垣間見させてくれる」ものとなった［Bozo, 2005: 353］。失敗の原因にはいくつかある。

まず「国家連合」がEU加盟の代替物（たとえそれが一時的なものであれ）として構想されたということは、中東欧の新生国家のEUへの早期・完全な加盟の願望を過小評価することであった。EUはこれら諸国にとって西欧世界への復帰を具体的に示すものであったからである。

次に新たに民主主義となった国々にとって、西欧への復帰とはかつての後見人（ソ連）との間に明確に一線を画することを意味した。

最後に、フランス外交は中東欧諸国がアメリカからはっきりと隔絶した「ヨーロッパ人のヨーロッパ」（ドゴール派の表現）の一部になりたいという気持ちを過大に評価していたことである。1990年代の初め、中東欧諸国は自国の安全保障をアメリカ抜きでは考えられなかったのである［Lequesne, 2008a: 55］。

2）ジャック・シラク（Jacques Chirac、1995〜2007年）とゲアハルト・シュレーダー（Gerhard Schröder、1998〜2005年）。前者は保守の共和国連合（RPR）ついで国民運動連合（UMP）、後者はSPDと緑の党の連立。

シュレーダー政権はドイツでは初めての戦後世代の政権である。その意味で従来の独仏関係が維持されるか否かについては一抹の不安があった。シュレーダー自身「歴史を忘れてはいけない。しかしそれが毎日われわれの肩にのしかかってもいけない」［Colard, 1999 : 62］と述べていた。

これに対するシラク大統領のコメントは、「地政学的な背景は冷戦後に完全に変わってしまったので、これまでの仏独両国の関係は存在理由を失ってしまったのではないかと疑問視する人がいる。私の信念はまさに正反対である」［『ル・フィガロ』紙、1998年9月29日］。このように述べたからといってドイツ統一が独仏関係に何の影響もなかったということではない。

対外政策における独仏の連携は2002年から2003年にかけての国連の安全保障理事会を舞台にしたアメリカのイラク開戦政策に反対する行動の中で見られた。米欧の安全保障関係はヨーロッパの独自性を強調する方向に傾いてきているようだ。ただし対米関係においていわゆる「新しいヨーロッパ」と「古い

第 3 章　フランスのヨーロッパ政策

ヨーロッパ」の対立が浮上し、かつての「ヨーロッパ人のヨーロッパ」をめぐる対立を彷彿とさせた。しかし同時に興味深い現象も見られた。アメリカのイラク戦争支持・不支持において、国別に見れば EU 内に亀裂が生じたが、国民レベルでの反応は必ずしもそうではなかった。アメリカ支持派の英国やイタリアでも世論ベースでは英国で反対 51％、賛成 39％、イタリアでもそれぞれ 81％と 17％であった。その意味では米欧対立は明らかであったとも言える［佐瀬 2006: 70］。

3) ニコラ・サルコジ（Nicolas Sarkozy、2007 〜 12 年）とアンゲラ・メルケル（Angela Merkel、2005 年〜）。前者は保守の UMP、後者は CDU ／ CSU、SPD の大連立。

　ドイツの東方拡大に対するフランスの警戒的反応は、大統領ニコラ・サルコジの登場時にも見られた。EU の東への拡大はドイツを利するという「誤った考え方が残念ながらフランスでは広く受け入れられている」［Lequesne, ibid.: 135］。2007 年 5 月の大統領選挙時から、サルコジは地中海連合（Union méditerranéenne）の創設を主張した。それは 1995 年に合意したいわゆるバルセローナ・プロセスに代わるものとされた。バルセローナ・プロセスとは、EU の東方への拡大政策とのバランスをとるため、フランス、スペイン、イタリアなどの南欧諸国が中心になって、地中海地域の国々との関係を重視した EU のプログラムである。メンバー国は EU 諸国と地中海地域の非 EU 諸国である。この地域の政治・安全保障、社会・文化、人の移動などの 3 分野におけるパートナーシップの発展を目指すものとされた。

　サルコジの地中海連合構想に対してドイツのメルケル首相が反発した。事前の相談がなかったこと、サルコジ構想ではバルセローナ・プロセスとは異なり、参加国が地中海沿岸諸国に限られ、結果としてドイツをはじめとした北のヨーロッパが排除されるといった理由からである。結局サルコジの譲歩により参加国は沿岸諸国に限られないことになり、計画はドイツも含む EU の計画に戻った。2008 年 3 月の欧州理事会でバルセローナ・プロセスの活性化という位置づけでサルコジ提案は修正・了承された。同時に名称も「地中海連合」（Union méditerranéenne）から「地中海のための連合」（Union pour la Méditerranée)に変更された。その後サルコジとメルケルの関係は、「メルコジ」と呼ばれるメルケル優位の下での協力関係が強化されていくことになる。

4) フランソワ・オランド（François Hollande、2012年〜）とアンゲラ・メルケル（2005年〜）。前者は左翼の社会党（PS）、後者はCDU／CSU、SPDの大連立。

　大統領就任以来のオランド政権はユーロ危機に翻弄され、また失業率の高止まりなど、過去との断絶を果たせず弱体化している。そうしたなかで経済の好調を維持し、メルケル首相の強いリーダーシップの下でのドイツの安定ぶりはフランスとは対照的である。フランスは対独劣位に置かれている印象を受ける。

　2014年9月のオランドの記者会見では財政再建を進めつつも、成長と雇用を重視するフランスの政策である「成長に向けてカジを切り替える」（la réorientation de l'Europe vers la croissance）がEU内で支持を集めてきていることを強調した。失業が多く、とりわけ若者が将来に希望を持てない状況ではヨーロッパは存続していけない。財政規律をフランスは守るが、危機にあっては「柔軟性」（les flexibilités）が必要である。フランスは3年間で500億ユーロの予算カットを決め、ドイツが要求する構造改革にも乗り出す決意を示した。モデルはシュレーダー政権時のドイツの改革であり、それでドイツは競争力を回復した。フランスもそれに倣うが、ドイツが10年以上かけたことをフランスが5年間でやることは無理である、などなど。同様の主張は2014年9月のヴァルス（Manuel Valls）首相のベルリン訪問時にも繰り返された。新聞報道によれば、それに応えてメルケル首相は「すごいわね！」（impressionnant!）と述べたとされる。先生と生徒の関係のようである。もはやフランスの財政政策は対ヨーロッパでフリーハンドを持っていないということである。

5　EU統合の将来像——独仏ヴィジョンとフランスの困難

　最後にヨーロッパ統合の現状とその将来像についての独仏の主張の違いを2点だけ指摘したい。

EUの制度的将来像

2000年5月、ベルリンのフンボルト大学での講演[1]で、ドイツ外相のヨシュカ・フィッシャー（Joschka Fischer）は、将来EUを連邦制に移行させるとの問題提起を行った。当時は1995年の政府間会議以来、将来の東方への拡大を視野に入れての制度改革が議論されていた時である。1997年のアムステルダム条約では、一部の国が先行して統合を進められるように柔軟性の原理が導入された。またEUの対外的行動を容易とするために「建設的棄権」の制度を導入するなど、構成国の増加がEUの決定を麻痺させることがないように一定の制度改革を実施した。しかし近い将来に予定される東方への拡大に備える制度改革（理事会での各国の票数、欧州委員会の委員数の問題など）までは手がつけられなかった。結局それはニース条約（2000年）やさらには憲法条約（2004年）の課題とされるのであるが、そうした議論の中で提起されたのが2000年5月のフィッシャー提案であった。

提案は現状の改革案というよりは将来の連邦制ヨーロッパの制度的枠組みの提示とも言うべきものであった。それは以下のようになる。欧州政府は現在の欧州理事会を発展させたものか、あるいは欧州委員会の権限を行使する大統領が直接選挙により選ばれる。次に二院制の議会を設ける。第一院はヨーロッパ市民から直接に選ばれた議員からなる。第二院は構成国を代表する上院議員が上院を構成する。

また連邦と構成国との関係では補完性の原理に基づき、ヨーロッパ、国家、地域の三層構造を想定している。欧州連邦は国民国家の消滅を前提とするものではなく、両者の権限分割は欧州憲法により規定される。

今日の国家間協力（ユーロ、シェンゲン協定、共同体法など）から真の欧州連邦への発展の過程には中間的段階が想定されている。そこでは欧州政府案に賛同する比較的小さいグループが先駆者として統合運動を進める「重力の中心」となる。フィッシャー提案は個人の立場でなされたものではあったが、現職の外務大臣の発言であったし、シュレーダー首相の公の支持もあったので反響を呼んだ。

これに対するシラク大統領の反論（2000年6月のベルリンのドイツ連邦議会における演説）[2]は、ヨーロッパの将来は連邦ではなく国民国家の連合

第Ⅱ部　ヨーロッパ統合とフランス

(Union des Etats-Nations) であるべきことを明確にした。「国民国家の消滅は、その主権の一部を共同で行使することを選択することを否定することと同様に、ばかげたことであろう」。シラクは拡大にともなう制度改革の必要性を認める。EU がさらなる民主化を実現すること。民衆がヨーロッパの主人とならなければならないこと。それはヨーロッパ議会と国家議会を通じて実現されること。補完性の原理を十分に適用してヨーロッパ諸機関の間の権限をはっきりさせなければならないこと。また拡大 EU は統合の推進力を維持しなければならず、そのためには統合を先に進めたい国がそれを望まない国によって妨げられてはならないこと。シラクの主張は以上のようなものであった。

　統合の最終形態についての議論において超国家的「ヨーロッパ国家」の建設を望む人は例外的である。ドイツとフランスの違いは自国の国内政治体制を反映するかのように、ドイツは連邦主義、フランスは中央集権的な国民国家主義にこだわっている。しかし筆者にはこれは決定的な対立であるとは思われない。連邦主義者も国民国家の消滅を主張しているわけではないし、国民国家主義者が主権の共同使用を拒否しているわけでもない。欧州連邦という表現に引きずられることなくフィッシャーとシラクの主張を注意深く検討すれば明らかになるのではなかろうか。そのことは連邦主義的性格を持つ憲法条約の批准失敗の後、それに代わるリスボン条約が憲法条約の骨格部分をそのままにした「改革条約」の形で、独仏の協力により成立することになった一事を見てもわかる。冷戦後の EU の東への拡大は「深化」と「拡大」の対立を生んだが、憲法条約、リスボン条約に至る EU 制度の改革において独仏は密接に協調・協力したのである。

経済・社会モデルの競合

　ヨーロッパ統合を推進していく上で、ドイツは自国の国家・経済社会モデルゆえに有利な適応条件を持っていると言える。それに対して中央集権的国家モデルのフランスは EU 統合への適応力においてハンディを負っているのではなかろうか。欧州中央銀行 (ECB) に対する政府のコントロール保持を主張したフランスの構想はドイツなどの反対にあって挫折したが、その代わり経済財務理事会の前にユーログループの経済財務相会議を開いてユーロ圏内の経済調

整を図るという次善の策でフランスはユーロ圏諸国の合意を取り付けた。

　ドイツの連邦制度はフランスの国家体制と比べれば分権的性格が強い。EU の構成国を代表する EU 理事会と EU の政策形成権限を分有する欧州委員会や欧州議会などの併存状況は、ドイツ型連邦主義の政治文化の中で受け入れられやすい。欧州議会の権限強化や、中央政府と並んで地域の EU 政治過程への参加（地域委員会の設置、理事会への州政府代表の出席など）を求めることはドイツの基本的な考え方を反映したものと言えよう。

　経済の領域でも、ドイツの社会的市場経済は労働、商品、資本などの自由移動の考え方をフランスよりも強調している。中央銀行であるドイツ連邦銀行の独立性は ECB のモデルとなったし、インフレ抑制についての ECB の厳格な態度も、かつてのドイツ中央銀行の姿勢を受け継いでいる。フランスの経済政策の基本は国家と市場との関係において国家介入的色彩が強い。以前から国有企業が多いし、それはフランス産業を引っ張る役割も担ってきた。フランスも銀行業の規制緩和や、航空業界の自由化などで EU の政策を実施してきたが、公共サービスは開放しないという姿勢は貫いている。2006 年 2 月には、エネルギー産業の国外（イタリアの電力会社エネル）からの敵対的買収を防ぐために、フランス政府が介入し、フランス・ガスとエネルギー大手のスエズとを合併させた。EU の自由主義的経済政策は今後もフランス政府の抵抗を受けるのではなかろうか。

　戦後フランスが作り上げてきた経済社会システムが統合ヨーロッパの中で不具合を起こしていることを指摘する者もいる。強い公共部門を含む経済システム、拡大された社会保障システム、コーポラティスト的とも揶揄される労働市場の硬直性などが、新自由主義的傾向を強める EU 経済への適応を困難にしているとの批判である。国民経済の時代は終わったこと、グローバル化は危険もあるが機会も提供すると考えるようなメンタリティーの変化が必要だと論じる意見もある［d'Argenson, 2008: 858-860］。ところがまさにこうした考え方が、失業やグローバル化を恐れる多くのフランス人の思考とぶつかり、FN（国民戦線）をはじめとする反 EU のヨーロッパ懐疑主義者の動きを生む温床となっているのである（第 6 章参照）。

第Ⅱ部　ヨーロッパ統合とフランス

第4章

ヨーロッパ化とフランスの変化

はじめに

　ヨーロッパ統合の深化の結果、多くの政策分野において、構成国の国内政策はEUレベルで決定される政策や規制の影響を強く受けるようになった。リスボン条約のEU機能条約第3条によれば、関税同盟、ユーロを通貨として採用した構成国のための通貨政策、共通漁業政策の枠内における海洋の生物資源の保護、共通通商政策などの分野はEUの排他的権限に属するとされる。また理事会における決定方式も条約改正のたびに特定多数決による分野が拡大している。さらにはEUの共通政策は、ヨーロッパ市民権の導入、「自由・安全・司法領域」による域内自由移動の実現、共通外交防衛政策の分野での政府間協力など、今日のEUはもはや単なる経済共同体の域を越え、政治共同体のレベルに達している。その結果、構成国の国内政治過程はEUの政治過程と一体化し、構成国のヨーロッパ政策はもはや外交政策の対象ではない。また国家主権の漸進的委譲が進み、フランスの場合にも主権国家としてのあり方に大きな変容が迫られていると言えよう。EU政策の国内政治への影響と、その結果引き起こされる変化をヨーロッパ化と呼ぶことにして、ここではフランスのケースを具体的に検討してみよう。

1　ヨーロッパ化とは何か

　ヨーロッパ統合（European integration）の結果が構成国国民の生活に大きな影響を与えるようになった状況を踏まえ、1990年代に入る頃からヨーロッパ化（europeanization）という用語がしばしば使われるようになった。歴史的に見れば、近代以降のヨーロッパの世界各地への進出は、ヨーロッパの経済、政治、社会、科学技術など、あるいはそれとともにキリスト教を基盤とす

る思想・文化の世界的拡大をともなったが、そうした現象をヨーロッパ化と呼ぶことができる。また今日においても、EU 統合の形態をとるヨーロッパ社会の再編は、国際社会においてますます自己の文明論的アイデンティティの主張をともなうものとなり、その意味では世界に対するヨーロッパ社会モデルの主張もヨーロッパ化の一面であると言ってよいであろう。しかしここでは EU 統合の中の国民国家フランスの変容を主題としているため、こうした広義ではなく、もっと狭義での使用法に限定することにする。

　ヨーロッパ化とは EU やその他のヨーロッパ諸機関（例えば欧州審議会など）と、構成国間の政策や規範のアップローディング（uploading）とダウンローディング（downloading）の過程、ならびにそれが引き起こす適応（不適応）、変化の関係を指している［Saurugger, 2009］。アップローディングとは構成国政府、地方自治体、利益集団、NGO などが EU レベルでの政策決定に影響力を行使しようとする行動を指す。構成国の政策に影響を与える決定の多くがブリュッセルで行われることになったことの結果として、その政策決定過程への参加を希求することは当然である。その分析のために、従来フランスの政治分析においては馴染みの薄かったロビーイングの研究なども行われるようになっている[1]。

　ダウンローディングとは、EU の政策が構成国の国内に適用・実施される過程に生じる様々な変化に注目する。従来の EU 研究における研究関心が EU の政策決定過程と、構成国のその過程への関与に向けられてきたのに対して、今日においては EU 立法の構成国の国内政策過程への影響にも関心が向けられるようになってきている。タニヤ・A. ボーゼル＆トーマス・リッセ（Tanja A. Borzel & Thomas Risse）によれば、従来のヨーロッパ統合研究がブリュッセル研究であったのに対して、1990 年代半ばには研究関心に変化が起こり、ヨーロッパ・レベルでの政策決定の構成国国内へのインパクトの分析が強調されるようになった。それは EU「政策の実行」（the implementation of the EU policies）などと呼ばれ、またヨーロッパ化と呼ばれるようになった［Bozel & Risse, 2006: 483-504］ものである。

　本書においては、ヨーロッパ化が国民国家フランスの変容の一因であると考える立場に立つのであるから、ブリュッセル研究中心のアップローディングよ

りもダウンローディングに力点を置くことになる。

パリエ＆シュレル（Bruno Palier & Yves Surel）はヨーロッパ化を次のように簡潔に定義した。「ヨーロッパ建設の結果引き起こされた、制度的、戦略的、規範的適応である」[Palier & Surel, 2009: 39] と、定義の力点をダウンローディングに置いている。さらには構成国間の「模倣」（mimétisme）、すなわち政策レベルにおける相互的影響も含めて考えている。

パリエとシュレルは、ヨーロッパ化の過程で生じる適応（adaptation）は3つのレベルで行われるとする。利害、理念、制度の3側面である。ここでは利害、理念に簡単に触れてから、国家に生じた制度面の変化を詳しく取り上げていくことにする。

利害レベルの適応は明らかである。EUの政策が、それが経済領域のものにしても環境規制といったものにしても、自国に有利なものであるならそれを受け入れ、自国の政策を変更することに問題はない。その逆に現状とのミスフィットが大きく、それゆえに自国の利益を大きく阻害することになると判断される場合には拒否するか、自国に有利な決定になるように変更を働きかける。フランスは伝統的に国家の経済領域への介入が大きい国であるが、その結果、例えば航空業界、金融、あるいは郵便事業といった分野の民営化あるいは規制緩和には大きな困難を覚え、反対した。

理念レベルでの適応例は数多いが、後に取り上げる移民問題やロマ人の強制追放問題の処理は、不適応の最たるものであろう。ヨーロッパの規範がしばしばフランス社会の伝統的な社会統合モデルから逸脱する傾向にあるからである。ヨーロッパ市民権といった従来の国籍と結びついた市民権概念を超える市民権の導入は、いまだに市民意識の中に定着していない。EUにおける市民権概念は長期的には参政権を含む外国人の権利に対するフランス人の意識を変える契機となる可能性はあるものの、今のところ制度的な適応＝受け入れは行われたが、フランス人の市民意識に変化をもたらしたとは言えないであろう。また難民の受け入れや、移民の家族結合といったEUの政策や、ヨーロッパ人権レジームからの要請は従来と比べて、むしろ反対感情が強まっているのではなかろうか。

2　国内の制度的変化

行政府の制度

　制度（institutions）レベルの適応の例として、まず EU 問題を処理するための政府行政組織の改編を挙げておこう。それは EU の政策に対して必要とされる国内的対応を効率的に行うために必要とされた措置である。

　2005 年に「ヨーロッパ問題総合事務局」（Secrétariat général des affaires européennes, SGAE）が設立された。その前身は 1948 年設立の「経済協力問題のための関係省庁委員会総合事務局」（Secrétariat général du comité interministériel pour les questions de coopération économique）であるが、これはもともとマーシャル・プラン受け入れのための政府内意見調整のための組織として生まれたものであった。現在 SGAE は 24 の部門に分かれ、職員は約 200 人の体制である。事務局長は首相のヨーロッパ問題補佐官が兼ねる。年 1400 回の会合が持たれ、部門ごとに各省庁間の政策調整を行う。調整が不調に終わった場合には案件は首相の官房に挙げられ、そこで調整が行われる。また SGAE と同時に関係省庁会議が設置されている。こちらは外務、ヨーロッパ問題、経済財政大臣がメンバーとなるが、事案によっては他の大臣も討議に加わることになっている。政府の EU 政策が省庁間でバラバラにならないように一本化され、対 EU での発言権の強化にも役立つことを狙ったのである [Lequesne, 2012b: 148]。

　ヨーロッパ化の進展はフランス第 5 共和制政治の根幹にも大きな影響を与えている。それは首相の地位の強化である。まず第 5 共和制憲法の規定について、少し補足的な説明が必要であろう。第 5 共和制憲法においては、それ以前の第 4 共和制などにおけるよりも大統領の憲法上の権限が大きく規定され、首相は大統領に従属する地位にある。立法権との関係で言えば、大統領は議会の解散権を持つ。議会は首相の下にある政府を不信任することはできても大統領を辞任させることはできない。また大統領は議会内与党のリーダーを首相に任命するのが慣例であるが、その任免において必ずしも議会の意向に従わなければならないことはない。大統領は首相を通じて議会内与党を統制することができる。通常大統領を支持する多数派と議会内与党とは一致しているが、それが

異なる事態が過去3回起こっている。いわゆるコアビタシオン（cohabitation, 保革共存）である。社会党のミッテラン大統領と、保守のシラク首相の組み合わせ（1986～88年）、ミッテラン大統領と保守のバラデュール（Edouard Balladur）首相の組み合わせ（1993～95年）、シラク大統領と左翼社会党のジョスパン（Lionel Jospin）首相の組み合わせ（1997～2002年）の3回である。コアビタシオン期には、執行権は大統領と首相が分有する「2頭体制」が生じ、両者の意見の相違から政治の停滞が生じることもあった。こうした事態は2000年の憲法改正により大統領の任期と国民議会の任期を5年に揃え、また大統領選挙の1か月後くらいに国民議会の選挙を行うことで、両者を支持する政治勢力を同じものに揃え、コアビタシオンは生じにくい状態が生まれている。

ところでコアビタシオン期以外の時期においては、憲法上の規定にはないものの、大統領と首相との間には伝統的な役割分担が生まれている。大統領は、外交、国防、ヨーロッパ問題、そしてかつては旧植民地問題などを「専管領域」としていた。逆に言えばその他の領域は首相のイニシアティブの下にあったことになる。その意味では第5共和制の大統領の権限は、かつて憲法・政治学者のモーリス・デュベルジェ（Maurice Duverger）が呼称したように「共和制的君主制」（Monarchie républicaine）という表現から想像されるほど絶対的に大きいわけではなく、首相の権限も決して小さいものではなかったのである。

ところでヨーロッパ統合の進展は実に興味深い事態を生んでいると言わざるを得ない。EUの政治過程と国内政治過程との一体化が進んだことにより、今やEU政治は外交政策の対象ではなくなり、EU政策は国内政治過程において調整・実施が行われることになっている。アラン・ギヨマーチ（Alain Guyomarch）は1997年成立のジョスパン内閣を念頭において、EU政策のフランスとしての提案にしても、その国内における実施にしても、国内の多くの省庁間の協力、調整が重要となり、それは上に述べたSGAEを舞台に行われるようになったという。この機関を通じての政策調整は首相（府）のイニシアティブで行われる。単一欧州議定書（SEA、1986年）からニース欧州理事会（2000年）に至る時期にはEUの制度改革が大きな課題とされたが、EU改革

はフランスにおいては制度改革の問題としてよりも、政策形成の問題とされたため、首相の権限内の問題と受け止められたのである［Guyomarch, 2001: 119］。その意味で EU 政策においてはドゴール、ミッテラン時代とは異なり、首相の権限が大統領と並んで大きなものとなったのである。

　大統領と首相の権限関係は法的に明確に規定されているわけではない。そのため、大統領個人の個性や、ある事案が何らかの理由で重大な政治的争点となるような場合には、それがいかなる領域の問題であっても大統領が直接解決に乗り出すことになっている。例えばギリシャ危機に対する解決策においてはオランド大統領とメルケル首相とのイニシアティブが注目されるのである。しかし平常時においては、首相のイニシアティブの下にヨーロッパ政策の多くは決定されるようになったのである。

議会の権限

　フランス第 5 共和制においては、執行権優位の下に議会の役割は限定的なものとされた。何よりも議会の権限の中核ともいうべき立法権が大きく制約された。憲法第 34 条は議会の立法領域を制限的に列挙することにより、それ以外の分野における政府の命令権（デクレ）を広く認めている。また下院におけるEU 政策の審査の体制も弱体であった。憲法上の制約に加えて、EU 法の国内法に対する優位の原則に基づき、議会の立法権は二重に制限されている。失われた立法権が、例えば欧州議会により補われることがなかったため、「民主主義の赤字」が生じていると言われた。しかし弱体な議会と優位に立つ政府とのアンバランスは 1992 年のマーストリヒト条約の批准にともなう憲法改正により一部回復された。憲法第 88 条第 4 項は欧州委員会から理事会に対してなされるすべての提案で、しかも法律分野に属するものは、速やかに議会に伝達することを政府に義務づけた。またすべての欧州委員会提案は SGAE を通して国務院（Conseil d'Etat）に送られ、その内容が法律分野に属するか否かが判断される。ギヨマーチによれば、1992 年から 1996 年までの間に国務院が審査した欧州委員会提案の 44％ は法律領域に入るものであったと報告している［Guyomarch, 2001: 127］。その意味では国民議会の立法権は大きく損なわれたと言えよう。1994 年、バラデュール内閣の下で、政府の議会に対する情報提供

義務が強化され、すべての欧州委員会提案はヨーロッパ問題特別委員会（Commission des affaires européennes）で検討の後、常任委員会に送付されることになった。そして法律分野に属する提案について、議会はその内容を評価する決議（résolution）を出せることになった。こうした一連の動きは、ヨーロッパ統合の基本的原則の一つである、補完性の原理（principle of subsidiarity）に基づくものである。

第5共和制における議会の弱体化に対する批判が高まり、保守のサルコジ大統領による大幅な憲法改正により、執行権と立法権の間のアンバランスは一部改められることになった。EU法の国内法に対する優位が、国内議会の弱体化を一層促進するかと見えたときに、EUの基本原理である補完性の原理が機能して、逆に議会のEU政策に対する監督機能を高める機会を与えたことは興味深い。

地方分権政策

制度レベルでの対応は地方自治体でも起こっている。最初にフランスにおける地方制度の歴史を簡単に振り返ってみよう。

フランスは伝統的に中央集権的政治・行政体制を持つ国家である。フランス革命後、アンシアン・レジーム期の州（province）に代えて、画一的な行政組織である県（département）の制度が導入され、36,000を超える多数の市町村（commune）とともに地方行政体系が組織された。地方政治・行政の要には中央政府任命の強力な県知事（préfet）が置かれ、中央—地方間の垂直的一元的な支配体制が生まれた。その伝統は近年に至るまで続いてきた。

今日の地域圏（région）の成立に至る地方制度改革は、第2次大戦後の経済発展の結果、国土整備計画を円滑に進めるために、県よりも大きい枠組みを必要としたことに由来する。1955年6月30日のデクレ（政令）は「地域行動計画」（programme d'action régionale）について規定し、プラン（経済計画化）と地域整備計画実施のための枠組みを定めた。そして翌年10月28日のアレテ（省令）で22の計画地域（région de programme、その後21になる）を設置した。こうした動きは、テクノクラティックな構想からスタートしたものであるが、経済開発の枠組みとしての地域圏という考え方は長い間疑問視されるこ

第 4 章　ヨーロッパ化とフランスの変化

とはなかった。

　ついで 1964 年 3 月 14 日のデクレにより、地域圏の中で中心都市の置かれた県の知事が地域圏知事（préfet de région）を兼ね、当該地域に対する政府の経済発展計画実施のための責任者となり、地域圏内の県の指導役を務めた。同時に諮問機関として地域経済発展委員会（Commission de développement économique régional, CODER）が設立された。そのメンバーは地方議員と職能代表からなる。

　1969 年、ドゴール大統領は地域圏を真の地方自治体とすること、また上院を改組して、地域圏議会を代表する機関に変えることを盛り込んだ法律を国民投票にかけるが成立に失敗した。その後ドゴールは大統領を辞任することになる。

　地域圏が住民代表機関を備えるようになるのは、1972 年 7 月 5 日法によってである。地域圏は地域圏公施設（Etablissement public régional）という法的地位を得た。そして県会議員や国会議員などからなる地域圏評議会（Conseil régional）と職能団体代表からなる経済社会委員会（Comité économique et social）が付設された。しかしいずれも諮問機関にとどまった。

　今日に直接つながる改革がなされたのはミッテラン大統領の左翼政権によってである。それ以前との断絶とも言える根本的な変化であった。1982 年 3 月 2 日の「地方分権化法」（Loi relative aux droits et libertés des communes, des départements et des régions）は、地域圏を正式に地方自治体と位置づけた。その結果住民から直接に選挙される地域圏議会（Conseil régional）が設置され、地域圏の行政は議会内で選出される議長が担うことになった。県のレベルでも従来政府任命であった県知事に代わり、県議会において選出される県議会議長が県の行政の責任者となった。1986 年以降何回かのコアビタシオンを経験したが、1982 年の左翼政権による地方分権改革は時代の要求に応えるものであり、保守政権においても廃止されることはなかった。その後、中央政府から県ならびに地域圏への権限や財源の委譲が一連の法律により実現していった。

　2002 年は地方分権化においては一時代の終わりを告げるものである。2003 年の憲法改正は「地方分権化第 2 幕」と称される時代の始まりである。改憲は

保守のシラク（Jacques Chirac）大統領とジャン＝ピエール・ラファラン（Jean-Pierre Raffarin）首相の下で行われた。改憲内容の具体化のために、組織法、法律が改正され、地域民主主義の改善が図られた。国内に限定すれば、特区制度（expérimentation）、住民投票（référendum local）制度の導入などが実現した。両組織法は共に憲法院から合憲であると認められた。またその他の組織法として、自治体の財政自立（独自財源）に関するものもある。

2004年8月13日の法律は自由と責任に関して地方に新しい権限を付与するものである。それらは、経済発展、観光、職業訓練、多くのインフラ整備（道路、飛行場、港、社会住宅、教育、歴史遺産）などに関する権限の地方自治体への委譲を定めている。これらは実験的性格を持つこともあり、5年間の期限付きで行う。また相当数の専門家の国家から地方自治体への移動が含まれている。

今日フランスのヨーロッパ政策において中核的役割を果たすことが期待されているのは地域圏である。本土にある92の県のそれぞれはEUの版図においてはあまりに小さい。それは22ある地域圏についても同様である。そこでEUの地域政策に有効に対処するため、地域圏の強化が必要と判断された。2014年11月25日、国民議会はこれまでの地域圏を再編して13に減らすことを決定した。

3　EUの地域開発政策＝構造基金

EUの地域開発政策はこうした内政上の変化に呼応する形で、EU政策の受け皿として地域圏を浮上させ、フランス政治における中央―地方関係の修正をせまっていくことになる。

EUはローマ条約以来、域内の均衡のとれた地域発展を政策目標の一つに掲げていたが、それが具体的な政策とされるには1980年代末を待たなければならなかった。フランスとEUの地域問題に詳しい久邇良子の研究［久邇 2012: 第4章］を参考にして、以下にEUの政策と、フランスへの影響をまとめてみよう。

今日EUの政策において、地域開発政策は農業などと並んで最重要な政策と

なり、EU予算から支出される地域政策のための構造基金は、1986年にはEUの予算全体の17.6％であったものが、92年には25.4％、2006年には37％にまで拡大している。EUからの援助は構成国の地域開発政策にとって重要な財政的手段を提供するものとなっている。援助は4つの構造基金を通じて提供される。「欧州地域開発基金」（ERDF）：インフラの充実、雇用創出、職業訓練、地域開発、中小企業助成など。「欧州社会基金」（ESF）：労働者の雇用促進・保護。「欧州農業指導保障基金」（EAGGF）：農業構造や農村地域のインフラ、農業製品および漁業加工品の輸送、また商品化に関わる条件の改善。「漁業指導財政基金」（FIFG）：漁業近代化などのため。これらの基金を複数組み合わせて行う財政援助は5年から7年にわたる期間に、選ばれた優先地域に対して提供される。

　優先される政策は、持続可能な発展の項目で、研究、開発、教育、エネルギーなどの分野である。また天然資源の保全と管理の分野も重視されている。かつて援助の大きな部分を占めていた農業は総体的に予算を減らしている。

　その獲得のためには、従来のような中央政府経由の政治プロセスだけではなく、フランスの場合には地方自治体である地域圏が直接にブリュッセルに代表事務所を設けて情報収集やロビーイングを行う体制を作り上げてきた。伝統的に政治におけるロビーイングを罪悪視する政治文化を持つフランスであるが、ヨーロッパ化の影響に対する地域の適応例の一つと言えよう。地域のヨーロッパ政治への参加という意味では、EU閣僚理事会への州代表の出席を実行しているドイツの連邦政治に比べて、中央集権的国家体制のフランスは後れを取っている。

　久邇の前掲論文によれば、フランスの地方自治体が構造基金からの援助を獲得する過程は次のようである。構成国はまず国内での利用計画をまとめる必要がある。EUの共同体戦略指針（CSG）に沿って、国家戦略レファレンス・フレームワーク（NSRF）が作られる。NSRFは、国土整備地域開発局（DIACT）、国会議員連盟、関係省庁などとの協議の上で作成される。それがEU委員会の承認を得ると、それに従い具体的な財政計画（OP）が作成される。DIACTはOPの審査を担当し、EU委員、関係省庁の出先機関、地方公共団体などとの調整機関となる。基金の管理にあたるのは中央の行政機関である。

2007年から2013年までの期間をとると、フランスへの助成は144億ユーロである。地域競争力強化・雇用拡大を目標としたものが一番多く、格差是正がそれに次ぐ。EUからの援助にフランス国内の公的および民間からの支援を加えると339億ユーロとなる。EUからの援助は27か国全体では3466億ユーロに上る。OPの準備は国の出先機関、地方公共団体の代表、当該地域の社会・経済界の代表により策定される。EU委員会はOPがCSG、NSRFの優先対象項目や目的に合致しているか否かを審査する。

フランス独自の地域開発は、1982年7月法に基づき「国家―地域圏計画契約」（Contrats de projets Etats-Régions）と呼ばれる行動計画に従い実施される。同計画は中央政府、地域圏、その他の地方公共団体間で7年間の地域開発に関する行動計画として合意したものである。これは国内の行動計画とEUの地域計画とを結びつけるものであり、その中心人物は地域圏知事である。知事は一貫した経済開発と国土整備の実施を望む中央政府からの要請を受けると同時に、EUによる欧州地域開発計画も視野に入れながら計画契約の策定にあたる。この計画契約を基礎に、地域圏知事はEUからの財政援助計画の基礎となるOPを作成するのである。これがDIACTを通じてEU委員会に提出される。

国家―地域圏計画契約に基づくフランスにおける国内の地域開発計画と、その計画を財政面から補完するEUの構造基金とは結びついている。計画契約とOPとの収斂性が顕著になっている今日、国内および欧州連合の地域開発計画策定の双方に関与する地域圏知事の影響力は大きいと言える［久邇 2012: 112］。

1982年の分権化法により、地方自治体の行政権は県議会ならびに地域圏議会の議長に委ねられたことにより、従来の知事の役割は後退すると思われた。しかしながら、自治体の長が政治化し、政党間の取引の対象になることで、国の出先機関の責任者として諸党派から一定の距離を置く知事、とりわけ地域圏知事は地域圏を構成する県と県との間、また諸党派間の調停者、あるいは中央政府との仲介者としてその地位を強化した面もある。とりわけ地域開発を最大の政策目標とする地域圏の責任者として、地域圏知事の影響力は大きくなった。

1980年代以来の地方分権化の動きはEUの地域開発政策と合体することで、フランスの伝統的な中央集権的な中央―地方関係を根底から覆すところまで行

くのであろうか。久邇も結論として次のように述べている。「欧州地域政策をめぐるガバナンスは、地域のアクターたちの積極的関与が求められ続けることで、外見は「多層ガバナンス」の様相を呈しながらも、その実態は EU の欧州委員会と加盟国政府の2者を中心に進められるであろう」[久邇 ibid.: 120]。その理由としては、地方組織の階層間に存在する政治的ライバル意識、地方におけるテクノクラシーの欠如、中央政府と比較した場合の技術的専門知識の不足などが挙げられる[久邇 ibid.: 118-119]。

4　EU 法と国内法

EU とは「法の体系」であると言われる。すなわちアキ・コミュノテール（les aquis communautaires）は基本条約や2次法の規則（regulation）、指令（directive）などからなり、その全体は8万ページにもなると言われる。基本条約に加え、EU が排他的権限を持つ関税同盟、通貨政策、共通通商政策、海洋の生物資源の保護などがあり、さらには共通政策分野として単一市場（4つの自由移動、すなわちモノ、ヒト、カネ、サービス）、共通農業政策、競争政策、環境政策などもある。構成国から EU への権限委譲の範囲が拡大した結果、EU 立法は国家議会の権限を侵食すると批判されるようになった。「10年後には経済、そしておそらくは税制や社会立法の80％は共同体起源のものとなるであろう」。1988年7月、当時 EC 委員長であったジャック・ドロール（Jacques Delors）の欧州議会でのこの演説はサッチャー（Margaret Thatcher）英首相を激怒させたことで知られる（第6章参照）。

EU 法の国内法に対する優位

国内裁判所で係争中の事案で EU 法の解釈が問題になるとき、国内裁判所は欧州司法裁判所の判断を求める（先決判決、preliminary rulings）ことになる。ただし各国憲法は EU 条約に優位するので、基本条約の改定が憲法と抵触する部分があれば、事前にその部分の憲法改正をしなければ批准はできない。1992年のマーストリヒト条約批准のために行われたフランスの国民投票に先立ち、主権委譲の拡大を含む EU 創設を認める憲法改正が行われ、違憲状態を回避す

ることになった。このとき条約受け入れのための憲法改正の妥当性が問われることになった。その事情を以下の辻村みよ子・糠塚康江の『フランス憲法入門』［辻村・糠塚 2012］を参考にまとめてみよう。

1958年に施行された現在の第5共和制憲法は、これまで改正を繰り返し、2008年7月の大改正までで、すでに24回行われている。その内19回は1990年代以降であり、近年増加の傾向にある。欧州統合に関連する条約批准のために憲法が改正されたのは6回ある。マーストリヒト条約批准のための92年6月改正、シェンゲン条約の庇護権をめぐる93年11月25日改正、アムステルダム条約批准のための99年1月改正、欧州逮捕状に関する2003年3月改正、欧州憲法条約に関する2005年3月改正、リスボン条約に関する2008年2月改正。いずれも憲法院の違憲判決が先行して、改正が行われた。

最初のマーストリヒト条約のケースを検討してみよう。憲法院により違憲と判定されたのは、同条約中の欧州連合市民の選挙権（第8B条）、単一通貨・単一為替政策（B、G条）、第三国出身者に対するヴィザ共通政策（第100C条）の3点である。違憲判断については政府の側でも事前にわかっていたことであり、再交渉により条約の規定を修正することで合憲性を確保するのではなく、憲法に第88条を加える修正を行うことで憲法適合性を保持することになった。

条約に違憲性が認められるときには憲法改正をした後でなければ批准または承認できないと定める憲法第54条の規定に基づき、条約批准のために憲法改正を行った。しかし辻村みよ子によれば、その結果あたかも条約の憲法に対する優位が原則であると受け止められ、主権の委譲を承認する憲法改正の無限界性に対する危惧の念が強まることになってしまった。1992年9月2日判決（マーストリヒト第2判決）では、具体的には、「憲法改正による国民（国家）主権の侵害は許されるか」という問いが提起された。しかし、同判決は、憲法改正は憲法制定権力（pouvoir constituant）の発動であると判示した。また「憲法制定権力が主権的で強力な権力であることから、憲法制定権力の名において、憲法制定権者としての主権者が憲法を改正しうることが承認された」のである［辻村・糠塚 ibid.: 110-111］。

第4章　ヨーロッパ化とフランスの変化

指令の国内法への転換

EU法の国内法に対する優位については先に述べたが、フランスにおいては1989年10月の国務院（行政裁判所兼内閣法制局）の判決により法的に確定した。構成国の国内に拘束力を持って直接適用されるのが規則（regulation）であり、指令（directive）は構成国の国内法への転換が義務づけられる。それは構成国に対してEUの政策目標達成のために採用される方法と形態選択の自由を認めるものである。

フランスにおける指令の転換作業がしばしば遅れることが指摘される。例えば、後述する人の移動に関する2004年の指令に対する対応の遅れなどがそれにあたる。フランスはこの分野で劣等生の烙印を押されている［Cole, 2008: chapter 4］。

1989年まで、転換は関係省庁で別々に行われていた。それが遅れの一因であると考えられ、1990年代からは首相、SGAEの権限の拡大もあって、調整はSGAE、国務院、政府事務総局の三者のシステマティックな協調の下に行われるようになっていった。こうした改革がなされたのは、時間のかかりすぎることに対するEUならびに他の構成国からのフランス批判に応えたものである。EEC条約第226条によれば、欧州委員会には転換が正確に行われたかをチェックする権限が与えられている。もし転換が適切に行われないとすると、委員会はそれを政府に伝えて、是正されるのを待つ。もし対応が適切に行われないと、欧州司法裁判所への提訴ということになる。80年代末までフランスは遅れが目立つケースがあり、テレコムの自由化、電力市場の自由化問題などはその好例であった。その後省庁の内部組織に変化が見られ、1989年には数千人が転換の仕事を担当するまでになる。その後もEU政策からのインパクトは増加していった。主要な制度変更としては、特別ヨーロッパ・サービスの設立、ブリュッセルの作業グループに参加する専門家の任命、ヨーロッパ問題担当職員の訓練、ブリュッセルの代表部職員の補助の仕組みなどである。各省庁には研修プログラムが用意され、政府全体としても研修コースが用意された。「行政・公務員総局」（Direction générale de l'administration et de la fonction publique）が首相の下に置かれていて研修を担当する。90年代に入ると国家公務員はすべて「地域行政学院」（Instituts régionaux d'administration）、「国

立行政学院」(ENA)、「ストラスブール・ヨーロッパ研究センター」(Centre d'études européennes de Strasbourg) などでの研修が義務づけられている [Guyomarch, 2001: 132]。今や外務、農林、経済・財政省などの主要な局はヨーロッパ・サービス部門を持っている。

指令の国内法への転換について、フランスは「悪い生徒」とみなされていると述べたが、2007年のフランス国務院 (Conseil d'Etat) の報告書は次のように改善の必要性を指摘している。クリスチアン・ルケンヌ (Christian Lequesne) によれば、「フランスの表明する立場の信頼性は、共同体やヨーロッパからの文書が国内法に転換され、実施されるスピードに一部依存している」。しかし近年改善の傾向あるがうまく進んでいない。すでに2004年9月27日には首相の通達が出されている。「関係省庁はヨーロッパ法の提案を受け取るやすぐに、それが採択され国内法へ転換されるときに予想される変更の大きさを評価できるようにするために、法的インパクトをまとめた簡略版を作成配布しなければならない」[Lequesne, 2012b: 149]。SGAE は作業の遅れている省に対して規律遵守指示書を送り、その省の官房の担当者との間に調整会議を持つこともある。こうした改革努力にもかかわらず、フランスは EU 内で悪い方から数えて5番目であり、EU 平均で34件の遅れがフランスで64件であるという。

5　ヨーロッパは国民国家の権限を侵食するか

ヨーロッパ化と EU 化

通常 europeanization はヨーロッパ化と訳されるが、狭義には EU 化を指している。そのために EUisation といった言葉も作られている [Cole, 2008]。EU 化は共同体法や EU の政策決定が構成国に適用されることを意味するが、その中には欧州司法裁判所の判決も含まれる。EU 法では従来、市民権といった分野については法制化が十分ではなく、いわば法の空白部分があった。それを実際の判例の形で埋めてきたのが欧州司法裁判所であった。各国の憲法の伝統や人権などを積極的に評価する立場からの判決は、EU の基盤を形成するヨーロッパ社会の価値的規範を提示する役割を演じてきた。

第4章　ヨーロッパ化とフランスの変化

　ヨーロッパ化には、EUだけではなく欧州審議会（Council of Europe）などに代表される機関の作り上げてきた規則・規範の体系も含まれる。そして人権に関わるヨーロッパ的規範の背後には国連の世界人権宣言などの影響があることは言うまでもない。EUの構成国は欧州審議会のメンバーでもあることから、事実上EUの生み出した法体系と欧州審議会の作り上げた倫理的、社会的、文化的な広い領域に及ぶ規範は併存し、相補って存在してきた。「EU基本権憲章」に集約されることになるEU市民の権利、あるいは人権、さらには域内に居住するヒト一般の人権は欧州審議会の制定したヨーロッパ人権条約（1950年）や社会憲章（1961年、1996年）などに大きく依存している。こうした状況はリスボン条約によりEUが正式に法人格を得ることで、EUは欧州審議会との間で正式に条約を締結できるようになり、両者は「一体化」したと言ってもよい。

　そうした事情から、ヨーロッパ統合とその構成国への影響に関しては、EUが決定する政策の共通化（EU法の体系）を論じるだけでは不十分となる。それに加えて、「規範創出者」としてのEUの役割にも注目する必要がある。従来EUは価値の体系化には熱心でなく、欧州司法裁判所の判例や欧州審議会や各国の憲法的伝統といったものに依存してきた。しかし今日、EUはそれらの影響を受けつつも、とりわけ市民権の分野においては自らも規範（norms）の創出者・実行者としての役割を果たすようになっている。ヨーロッパ的規範はEU域内において共有化され、「ヨーロッパ社会」の基盤の一部をなすようになっていくであろう。とはいえ、今日EUの法的規範は構成国において、政府レベルにおいても、国民世論のレベルにおいてもすべてがスムーズに受け入れられているわけではない。この点については、フランスにおける移民問題やロマ人の集団追放事件の処理に見ることができる。また新規加盟条件として、EUは1993年に政治的・経済的達成条件からなるコペンハーゲン基準[2]を制定した。そしてトルコのEU加盟交渉において見られるように、民主主義や人権、世俗化といった（ヨーロッパ的）価値基準を持ち出すことにより、EUが共通の価値の基盤を有する共同体であることをはっきりと示すようになっている。

ヨーロッパ化と国民国家

　ステファニ・ノーヴァック（Stéphanie Novak）はEU統合に対する誤ったイメージが流布されていると指摘する。彼女は国家主権の侵食が進んでいるといった類の判断には注意しなければならないという。例えば、「EUは構成国から主権を奪い、政府は自分の意思に反して行われた決定に従うことを強制されている。EU委員会が立法活動を行っている」［Novak, 2014: 51-60］といった発言である。

　政府間主義的立場から言えば、EUの統合を推し進めているのは構成国の意思であり、ヨーロッパ立法は各国政府代表からなる理事会が、構成国市民から選ばれた欧州議会との共同決定の手続きに従って行われている。新機能主義的立場に立てば、統合の過程は構成国政府の意思から離れたスピルオーヴァーのメカニズムによっても起こるものである。またマルチレベル・ガヴァナンスの立場からすれば、EUの政策を決定するのは構成国政府だけではなくEU委員会をはじめとして、欧州議会、法案準備の過程に介入する各種専門家集団や利益集団、さらには政策の準備と実施の過程においては構成国政府の常駐代表部を中核とする閣僚理事会を支える官僚機構などである。EUの政策決定をEUと構成国との間の「抽象的な」機能に単純化してしまうことはできないのである。政策領域、国家の規模などの違いもあり、EUの中での国家の変容をあまり抽象的に捉えても得るところは少ないであろう。

　最近のユーロ危機は国家（政府）の役割を増大させているように見える。ギリシャに対する融資を継続するのか否か。必要な改革案の中身について評価するのは各国政府である。その意味ではEUとは結局構成国が作り上げている国際機関に過ぎないと受け止めることにも一理ある。しかしユーロ危機の処理の方向性は統合強化に向かっていることも知らなければならない。銀行の監視機能を共同体レベルで担うために銀行同盟を作り、欧州中央銀行（ECB）が国債を購入し、構成国の国家予算の内容にEUの監督が及ぶことになりそうである。1970年代の国際経済・通貨危機を受けて困難な状況に置かれたECはユーロにつながる欧州通貨システム（EMS）を発足させた。EUの危機はEUを後退させるのではなく、かえって統合の動きを加速する機会となる可能性も高いのである。

第 4 章　ヨーロッパ化とフランスの変化

　北アフリカ、中東など EU の近隣諸国・地域からの大規模な難民の到来は、直接的当事国であるギリシャ、イタリアなどの一国単位での対応を困難なものとして、EU 全体でその負担を分有せざるを得ない。問題解決のためには EU 移民・難民政策の整備と構成国間での負担の分かち合いのルールで合意する必要がある。EU 政策を外交交渉としてではなく、国内政治過程の一環であるとみなす意識の定着が必要であろう。

Column4　ロマ人追放問題と EU の規範

　フランス政府の移民・外国人問題の処理が EU の規範と衝突し、さらには人権擁護の視点から国際社会の批判を招いた一例として、2010 年夏のロマ人集団追放問題がある。これはヨーロッパ（統合）が共通規範の形成過程にあることの証でもある。

　ロマ人（les Roms）はインドを起源とする民族で、9 世紀頃にヨーロッパに現れたとされ、特に東欧諸国に多く居住している。わが国では「ジプシー」の名で知られている。今日ロマ人はヨーロッパ各地に居住し、欧州審議会の推計によれば、その規模は 1,000 万人から 1,200 万人と言われ、ヨーロッパ最大のマイノリティである。一般的なイメージとは異なり、ルーマニア（185 万人）やブルガリア（75 万人）といったロマ人が多く居住する地域では、彼らの多くは定住しており、社会的にも統合が進んでいる。しかし一部の「目立つ」グループもいて、彼らは移動して暮らし、物乞い、スリなどを働く集団として危険視されている。フランスのロマ人はおよそ 40 万人である。今回の追放の対象となったのは、1990 年代にルーマニアやブルガリアから流入した 1 万 5,000 人から 2 万人のグループである。

　2010 年夏の集団追放は 2 つの事件を背景に起こった。

　1 つ目はグルノーブル郊外のヴィルヌーヴの町で数十人の若者たちによって引き起こされた暴動である。暴動を起こした若者たちのリーダーの一人がいわゆる「シテ」（移民の多く住む大都市郊外の地区）で育ったアルジェリア系移民出身の若者であった。2 つ目はパリ西方のロワール・エ・シェール県のサン・テニョンで起こった。警察の検問を突破しようとしたロマ人の若者が射殺された

ことへの報復として、7月18日に憲兵隊の本部が襲撃され、車が焼かれた事件である。

事件後の7月28日、大統領主宰のもとにロマ人や「旅暮らしの商人や芸人」（les gens du voyage）についての状況把握と対策のための関係閣僚会議が開かれた。そして彼らが設置した違法キャンプ地を順次解体すること、また公共の秩序を破壊する恐れのあるロマ人を即座にルーマニアやブルガリアに送還することが決定された（「ル・フィガロ」紙、2010年7月28日）。ロマ人に対する規制強化・追放が始まったのはその直後のことである。

7月30日、サルコジ大統領の「グルノーブル演説」が行われた。大統領演説はこの2つの事件を受けて行われたのである。もともと移民に対して厳しいサルコジ大統領の移民規制の強化宣言とも言えるものであり、治安回復を図ろうとする「力の」政策の表明であった。その内容は以下の通りである。①非行を犯した少年は将来自動的にフランス国籍を与えられることはなくなる。②外国出身者でフランス国籍を取得したものが警官や憲兵隊員などを故意に殺害した場合、フランス国籍を失効させる。③今日フランスは統合に失敗した過去50年にわたる不十分な移民政策の悪影響を受けている。④3か月以内に、ロマ人の不法キャンプ地の半分を解体する。⑤フランスに入国してくるロマ人にストップをかける政策変更が必要である、などである。

こうしたサルコジ大統領の移民・外国人政策に対して、保守のシラク大統領の下で2005年から2007年にかけて首相を務めたドミニック・ド・ヴィルパン（Dominique de Villepin）は、ロマ人の追放は「フランスの国旗に恥辱の汚点を残すものである」と批判し、政府の「受け入れがたい迷走」に断固反対するように国民に呼びかけた[1]。同じ保守陣営からの批判であった。

ロマ人の追放問題について詳しい説明を求めるメディアに対して、移民・統合・ナショナル・アイデンティティ大臣のエリック・ベッソン（Eric Besson）は2010年の8月25日に次のように釈明した。2010年1月から8月までに8030人のルーマニア、ブルガリア系のロマ人がフランスから追放された。そのうち6739人は自発的退去であり、1291人は強制的であった。そして近日中に新たな追放が行われると付け加えた。大臣は自発的帰国であることを強調し、また違法キャンプの撤去や追放はすでに数年前から行われており、今回の措置が何ら特別のことではないことを強調した（「リベラシオン」紙、2010年8月25日）。

追放問題が国際的関心を集めるようになったのは2010年8月5日の内務省通

達がメディアを通じて知られてからである。同通達は全国の県知事に対して、「3か月以内に 300 の違法なキャンプ地や居住施設を撤去すること。ロマ人のものを優先的に行う」ように指示した。「ル・モンド」紙（2010 年 9 月 12 日）は「ロマ人を標的にしたこの通達の違法性の疑いは濃厚」と報じた。

　問題を複雑化しているのは 2007 年にルーマニアやブルガリアが EU に加盟し、ロマ人が両国の国民であるならば彼らもヴィザなしで EU 諸国に入国でき、自由に往来できるはずだからである。ただし 2010 年の時点においては、EU 内自由移動は両国民に対して 2014 年までは完全には認められておらず、例えば長期滞在のためには滞在許可証や就労証明書の提示が必要とされていた。フランス政府はこの点を強調することで追放措置の正当性を主張した。

　リスボン条約の発効（2009 年 12 月）により、欧州委員会の中に司法・基本権・市民権担当委員のポストが作られ、ヴィヴィアン・レディング（Vivian Redding）が任命された。8 月 5 日の内務省通達の内容が知られると、同委員は 2010 年 8 月 26 日のコミュニケにおいて、フランス政府に対し「一定の憂慮」を表明した。「いかなる人であっても、ロマ人の共同体の一員であるという理由から追放されることがあってはならない」と述べ、「ヨーロッパは単なる共同市場ではない。それはまた価値と基本権（を共有する）共同体である」と付け加えることを忘れなかった。さらにレディング委員はフランス政府の措置を「恥ずべきもの」（「リベラシオン」紙、2010 年 8 月 26 日）と批判した。こうした批判に直面して内務大臣は、9 月 13 日、ロマ人への言及を削除した新しい通達[ii]を出した。

　レディング委員の主張は、フランスの政策は EU 法が保障する EU 市民の域内自由移動の権利に違反すること。また特定民族に対する差別的な法規の適用があったこと。2004 年の EU 指令が認める追放措置は、あくまでも個人に対する処分であらねばならないこと。しかも追放は、その人物の存在が公共の秩序に対する真に、現実的な大きな脅威となることが予想される場合だけである（指令 38/2004、第 22、23 条）。さらには 2004 年の EU 指令がフランス国内法への転換がなされていないことを理由に、欧州司法裁判所への提訴の可能性を指摘した[iii]。これに対し、フランス政府は 2011 年までに法整備を終えることを約束し、EU 委員会は提訴を行わないことになった。

　9 月に入ると EU 諸機関から批判が殺到した。欧州議会内各会派はフランス政府に対し、即座にロマ人の追放を停止するように要請した。そして追放される

ロマ人の指紋採取は EU 基本権憲章違反であると断じた。しかし追放はやまず、9 月 14 日にはマルセイユから 100 人ほどのロマ人を載せたチャーター機がブカレストに向けて飛び立った。

　EU 域外においてもこの問題は波紋を呼んだ。2010 年 8 月 27 日、国連の人種差別撤廃委員会（CERD）はフランスに対して「ロマ人の集団的送還を避けることを要請し、一部の政治家による差別的発言」に対して憂慮を表明した。また「ロマ人の移動の自由、投票権、教育、健康、妥当な住居などの享受を平等の精神に立って保証すること」を要請した（『レクスプレス』誌、2010 年 8 月 27 日号）。

　過去において、イギリス（2001 年）、ドイツ（2008 年）、スウェーデン（2010 年）などにおいてもロマ人の追放が行われたことがあるが、2010 年のフランスほどの反響は呼ばなかった。おそらくサルコジ政権の移民政策が強圧的であるという印象が広まっていたことに加えて、ロマ人のキャンプ地を強制的に撤去して、集団的に国外追放したやり方が国内および EU 世論にとって許し難いものと映ったのであろう。

　この間国内世論の動きはどのようなものであっただろうか。9 月 4 日には全国の主要都市でサルコジ政権に対する抗議運動が繰り広げられた。政党（社会党や緑の党など）や労働組合（CGT, CFDT）、人権団体、各種団体（世界の医師団、ATTAC）などの呼びかけによるものであった。参加者は主催者発表で 10 万人、内務省発表では 7 万 7300 人に上った。デモに際して、社会党の全国書記局は声明を発し、政府の「外国人嫌い、（ロマ人を）さらし者にする政策」はフランスの共和主義的価値に対する国際社会の信頼を失わせるものであると批判した。またヨーロッパ・エコロジー・緑の党は、「犯罪と移民との意図的混同、外国人排斥、国家による人種差別に反対」と叫んだ（「ル・モンド」紙、2010 年 9 月 5 日）。

　ここで注目されることは、フランス国内の議論の論点である。政権批判は人種差別反対、あるいは自由・平等・博愛といった共和主義の理念に立脚した反対論である。またそれに対する政府の反論も犯罪に対する戦いの必要性という治安維持の論理を正面に押し出すものであった。すなわちこれまで幾度も繰り返されてきた国内向けの理念対立の図式の繰り返しであり、ヨーロッパ的規範の視点からの議論は盛んとは言えなかった。とはいえ、EU や国際社会からの批

判を受け、政府はEU法の規範に国内法（移民法）をどのように適応させるのかという課題とも取り組まなければならなくなった。すなわち自国の移民政策（治安維持の視点の優位）とEUの法規範との間の妥協点を見つけていかなければならなかったのである。国民世論のレベルでは、一方では移民・外国人問題はEU法からの視点ではなく、人権、人種差別反対といった共和主義的理念を表面に押し出した政府批判である。しかしまた他方では、生活者の視点に立って、ロマ人に対する不満、不安（土地の違法な占拠、犯罪など）の声もある。この点では政府の移民・外国人対策の強化は支持され、EUの政策、規範に対しては反発が生じることになった。

2010年8月26日の世論調査[iv]の結果を伝えた「リベラシオン」紙は「フランス人のロマ人追放についての意見は割れている」という見出しをつけている。追放賛成は48％、反対は42％、わからないが10％であった。政府の政策について、保守支持者の70％は賛成、左翼支持者の賛成は29％（反対は61％）であり、党派性により左右される問題であることがわかる。しかし全体としては、ロマ人の追放について賛成の国民の方が多かったと言えよう。

2012年5月のオランド社会党大統領の登場は、期待に反して事態の変化をもたらすものではなかった。選挙前には保守のサルコジ大統領の政策を批判し、自分が大統領になれば政策の変更があると述べていたが、変化があったようには見えない。フランス国内政治は複数のアクターと課題が交錯することで複雑化し、移民問題の解決は容易ではないと言えよう。2013年9月25日のアムネスティ・インターナショナルの報告書[v]も、フランスにおいて強制送還が続いているとして、ロマ人の生活環境の改善のための努力が十分でないと批判している。

第Ⅲ部

フランス人とヨーロッパ

第Ⅲ部　フランス人とヨーロッパ

第5章

ヨーロッパ統合とフランス国民意識

はじめに

　1950年代初めのヨーロッパ統合の草創期から1990年代に至る40年間ほど、フランスのヨーロッパ政策は一部のエリートの関心事にとどまっていた。EC（欧州共同体）政策形成に直接的に関わる高級官僚や一部の政治家に加えて、ヨーロッパレベルで活動する企業や経営者団体の連合組織、例えば「欧州産業雇用主団体連合」（UNICE）や「欧州産業経営者円卓会議」（ERT）などは欧州委員会との接触を常時維持しており、ECの政策形成に影響力を行使してきた。またそれに対抗してヨーロッパレベルで組織された労働組合の連合組織、「欧州労働組合連合会」（ETUC）などがある。しかしヨーロッパ統合への関心は政治、行政、経済、労働などの分野の一部の人たちが持っていたに過ぎなかった。その理由の一端は、EC統合のレベルが低いうちは統合の影響が一般国民の実感するところとはならず、また政党の関心も低く、選挙の争点となることも少なかったからである。その意味では、ヨーロッパとフランスの関わりは政府間政治の枠の中に収まるものであり、フランスのヨーロッパ（EC）政策とは基本的にはフランス政府の他の構成国政府やブリュッセル官僚制との外交交渉を意味したと言っても過言ではない。そうした政府レベルでの外交交渉に国民の関与が低かったのは当然であり、その結果ECに国民世論の関心が向けられることも稀であった。

　とはいえ、例外がなかったわけではない。第3章で紹介したように、ヨーロッパ統合問題を含むフランスのヨーロッパ政策が世論の関心を呼んだ例はいくつかある。例えば1952年から54年にかけて、ドイツの再軍備とNATO（北大西洋条約機構）への加盟を阻止するために提案され、失敗に終わったCED（欧州防衛共同体）問題がある。1960年代半ばには、EEC（欧州経済共同体）の超国家性を批判してドゴール（Charles de Gaulle）が仕掛けた「空席戦術」

により、6か月後の「ルクセンブルクの妥協」に至る異常な過程がフランス世論の関心を集めた。また1966年のフランスのNATO統合軍からの離脱も、70年代における二度にわたるイギリスのEC加盟拒否もドゴール一流の「歌舞伎的演出」もあって国民の関心を集めた。

しかしこうした「大政治」的舞台回しの過程において表出したフランス国民のヨーロッパへの関心は長くは続かず、もっと冷静な「小政治」的日常が戻ってくると、それとともに国民のヨーロッパ（統合）問題に対する熱も冷め、無関心に逆戻りしたのである。

そうした状況は1970年代のジスカールデスタン（Valéry Giscard d'Estaing）大統領の時代においても、また80年代の社会党のミッテラン（François Mitterrand）大統領の左翼政権の時代になって統合が深化し、次第に政治統合的性格を強めるようになっても大きな変化はなかった。一般国民の意識は依然としてヨーロッパ政策は政府あるいはヨーロッパ問題の専門家に任せておけばよいという状況が続くのであった。

ところが1990年代初頭を転機としてフランス国民意識は大きく変わったと言える。ヨーロッパ問題はそれ以前の、一部のエリートだけの関心事から市民の日常に関わりのある関心事へと変わっていくのである。その結果国内の政党や利益団体、各種市民団体の関心事ともなり、必然的にヨーロッパ統合問題は国内政治上の争点になっていく。政権の座にある勢力としては自党への支持を調達する機会とし、また野党はヨーロッパ問題を政権批判の道具として利用することが行われるようになった。今やヨーロッパという要因は、フランス政治における伝統的な左右分断構造に加えて、フランス人の投票行動を説明する一要因となり、また政党構造にも影響を与えるようになったのである。

1 国民意識の変遷を見るための時代区分

以下のような時代区分を採用し、その時期に起こったヨーロッパ統合に関係の深い諸事件もまとめてみる。それによりヨーロッパ統合に対する国民世論の変化の背景がよく把握できるであろう。

第Ⅲ部　フランス人とヨーロッパ

1984年から1992年まで

　1951年の欧州石炭鉄鋼共同体（ECSC）を直接的契機として始まったヨーロッパ統合は1970年代の停滞期を挟み、80年代半ばから再び統合の速度を速めることになった。そしてブリュノ・コートレス（Bruno Cautrès）の表現によれば「黄金期」と称される時代を迎えた［Cautrès, 2014: 14-15］。この時代において重要な事象を挙げると、一つは1985年のジャック・ドロール（Jacques Delors）フランス元蔵相のEC委員長への就任である。彼は10年間そのポストに留まり、ヨーロッパ統合の再活性化を成功させた。具体的には1986年に、ローマ条約の初の本格的改正である単一欧州議定書（Single European Act）が実現した。それにより1992年末までに経済統合は完了し、単一の域内市場が完成することになる。また理事会における決定に多数決制が導入されるなど、統合の深化が進んだ。

　1970年代からこの「黄金期」に至る時代の統合の特徴をリンドバーグ＆シャインゴールド（Leon Lindberg & Stuart A. Sheingold）は1970年の著書で「寛容なコンセンサス」と形容した［Lindberg & Scheingold, 1970］。以来この表現（フランス語ではconsensus permissif）はフランスのEU研究者の間で広く使われてきている。その意味するところを要約すれば、「ヨーロッパ問題について限られた情報しか持たない世論は、政治・経済エリートの描くヨーロッパ統合計画に好意的な無関心を示した」ということになろう。こうした解釈はヨーロッパ統合過程を説明する理論である「新機能主義」（neofunctionalism）に通じるものである。統合はヨーロッパ横断的な政治・経済エリートたちの間の相互了解に基づき、とりわけ非政治的な分野における統合を目指して計画され履行される事業である。それは一般市民の関与する国内政治過程とは異なり、エリート間に醸成される相互信頼、相互理解に基づき実行されるものである。それは通常の国内政治が持つ民主的な政策過程を持たず、代わりにECの正当性はいかなる政策上の成果が上がったか（アウトプットの評価）に依存するとされる。いずれにしても、一般市民はECの活動は専門家に任せ、成果が上がっている限り、また自分たちの生活に直接関わりを持たない限り大きな関心を寄せることはないという状況が続いたのである。1973年から始まった、ECの世論調査機関であるユーロバロメータ（Eurobarometer）によれば、第1回

調査では構成国全体の市民の30％は統合に大いに賛成であり、それは85年には35％にまで増えている。ちなみにフランスにおいては23％と38％であった。1985年から1992年のマーストリヒト条約批准前までの時期で見ると、構成国全体で85年には、ECに大いに賛成と、どちらかといえば賛成を合わせると57％になり、それは91年には71％にまで上昇している。

1992年から2005年まで

この時期はマーストリヒト条約締結から憲法条約批准失敗までの時期であり、それ以前とははっきりした断絶が見られた。91年の春から92年の秋にかけて、EU（欧州連合）を創設するためのマーストリヒト条約の批准に関して議論が巻き起こった。従来のような国民の一般的無関心の中で条約の批准が行われた状況とは異なり、国民投票を機会に国内政党が統合問題を争点化したこともあり、国民の関心は盛り上がった。とりわけ初めて政党政治のレベルでヨーロッパ統合に反対する言説が提示され、全国的な条約反対キャンペーンも行われた。反対論の中心的論理は、これ以上のヨーロッパへの国家主権の委譲はフランス国家の衰退を招き、それは伝統的な共和主義的民主政治の危機を招くというものであった。反対論者は主権主義者（souverainistes）と呼ばれ、より一層の主権の委譲をともなう統合の深化に賛成の統合主義者（intégrationistes）との間に対立軸が形成されていく。

主権主義者のヨーロッパ観、EU観はヨーロッパ懐疑主義（euroscepticisme）と呼ばれる。ヨーロッパ懐疑主義はEU構成国のいずれにおいても見られる共通現象である。ここではそのフランス的特徴は対外的な国家主権（独立）に対する強いこだわりに見られるとだけ述べておこう。フランスでは国民共同体における集団的意思の媒介者としての国家の役割が強調される。それ故に国家の機能低下は民主主義に基づく国内政治過程の弱体化に通じると判断される傾向がある。社会に介入する国家の必要性と重要性を主張する考え方はエタティスム（étatisme）と呼ばれる。こうした国民と国家を一体として捉えるという共和主義の理念はフランス革命以来の伝統として、左翼・保守の別なく広く受け入れられているものである。主権主義者が敵対するのはとりわけ連邦主義である。

いずれにしても、1992年のマーストリヒト条約批准のための国民投票を契機として、1970年代以来続いてきた「寛容なコンセンサス」の時代は終わりを告げ、国民世論は主権主義者と統合主義者に分断され、また主権主義者の言説に引きつけられる国民層が広がった結果、政治エリートはそうした国内政治状況に配慮しての言説、政策、運動を余儀なくされるようになった。ホーヘ＆マークス（Liesbet Hooghe & Gary Marcs）は90年代のヨーロッパ統合をめぐる議論の特徴をおおよそ以下のように要約している［Hooghe & Marcs, 2009: 1-23］。90年代初めまでは市民のヨーロッパ統合に対する態度は十分に構造化されていなかった。それは市民が統合問題に対してとるべき態度を決定するためのイデオロギー的な基準を持てなかったからである。ところが主権主義者の台頭により、主権主義と統合主義（連邦主義）という対立軸が示されるようになったのである。

ヨーロッパ統合問題は政党間の競争に強いインセンティブを与え、従来のフランス政治の左右対立の政治構造に重なる形で、統合支持と反対の構図が政党横断的に生み出された。例えば保守ドゴール政党の中からはシャルル・パスクワ（Charles Pasqua）、フィリップ・セガン（Philippe Séguin）、中道からはフィリップ・ド・ヴィリエ（Philippe de Villiers）、左翼社会党からはジャン＝ピエール・シュヴェヌマン（Jean-Pierre Chevènement）などが主権主義者として浮上した。またそれとは別に、以前からヨーロッパ反対派の共産党や、極右の国民戦線などが存在した。

なおこの時期興味深い動きが見られた。コートレスによれば、1973年から93年の間に、自国のEUへの帰属は「良くも悪くもない」との答えは18％から25％へ、94年から97年にかけては26％から30％に増加している。同時に「わからない」も5％から10％に増加している。要するにマーストリヒト条約をめぐる議論以来、親EUと反EUへの世論の二極化とともに、無関心派の増加も見られるようになったということである［Cautrès, 2014: 19］。

2005年から2008年まで

この時期における重要な契機になったのは、2005年の5月（フランス）、6月（オランダ）で行われた欧州憲法条約（2004年調印）批准のための国民投

票をめぐる政治過程である。国民投票をめぐる議論には 2004 年の中東欧諸国への EU の拡大が影を落としていた。東方拡大については、失業を増加させるのではないか、企業移転（délocalisation）を促進するのではないか、異質な文化を持つ国々の参加で EU の運営が困難になるのではないか、といった疑惑が出された。また統合賛成派の中からは、これまでの統合の成果が「希釈」（dilution）されてしまうのではないかと危惧する人々なども現れた。統合そのものに対する賛成・反対以上に、「いかなる統合を目指すのか」というところでの意見の対立も見られるようになった。とりわけ、EU が目指す改革が新自由主義的な経済社会政策であるところから、それに反対して福祉国家としてのフランスの伝統を擁護する意見が強く見られた。この点ではグローバル化をめぐる議論と連動させる形で、ヨーロッパ統合反対論が展開されるようになったことが特徴的である。ヨーロッパ統合はグローバル化に対する「要塞」となるのか、それとも「トロイの木馬」であるのかという問いかけである。2004 年秋のユーロバロメータによれば、企業や雇用の国外移転を心配する意見が強くなっている。EU 平均で 74％、フランスでは 86％、ドイツでは 85％、フィンランド、ベルギーでは 83％、ルクセンブルクでも 80％ が心配と答えていた。

2008 年以降

　憲法条約の不成立が引き起こした混乱は、リスボン条約の成立によりひとまず収まった。しかしその後まったく別種の課題が EU に対して投げかけられることになった。2008 年 9 月のリーマン・ショック以降、アイルランド、ポルトガル、スペインなどのユーロ圏諸国の一部に広がった債務危機や、さらには 2010 年以降のギリシャの財政・債務問題などである。それを契機に EU をめぐる議論は急速に政治化し、EU 内の格差の拡大、ユーロ圏の崩壊の可能性、さらには EU の存続の是非を問う議論さえ行われるようになったのである。EU の「政治の時代」の始まりである。

　こうした議論の中で EU 内「南北問題」、すなわちドイツを中心とした北のヨーロッパと、南のヨーロッパ諸国の「仲介者＝擁護者」たらんとするフランス間の対抗図式が生まれた。財政規律の維持を至上命題とするドイツと、自国も構造的財政赤字を抱えるフランスの立場の違いなどが露呈したのである。そ

うした中で、2008年以降、EUに対する不信は信頼を上回る傾向が見られるようになっている。とりわけ危機の影響を強く受けた国ではEUへの満足度は大きく後退している。不信感はギリシャでは2007年の40％から、2012年の70％へ、スペインでは14％から52％へ、ポルトガルでも37％から66％へと広がりが見られる。ちなみにフランスでは2007年との比較で2011年には信頼感は大幅に低下した（マイナス16％）。この時期、危機を経験していない国においてもEUに対する信頼感は低下しているが、同時に自国政府の危機解決能力についても信頼感を持てないでいる[1]。

2　各種世論調査に見るフランス国民意識の動向

1984年調査

1984年6月の欧州議会選挙に際して、同年3月から5月にかけて実施された、いくつかの世論調査の結果を見てみよう［Sofres-Opinion publique, 1985: 231-251］。5月の「ル・フィガロ」紙調査によれば、ヨーロッパ建設（フランス語でヨーロッパ統合を意味する表現）に賛成のフランス人は85％、反対は8％であった。全体としてみれば国民の各層において親ヨーロッパ的態度は明らかであり、今日とは大きく異なっている。ヨーロッパ統合支持は上級管理職の94％であるのに対して、農民と労働者では81％であった。支持政党別では社会党（PS）は91％、保守のドゴール派（RPR）は86％であるのに対して、共産党（PCF）は70％である。

欧州議会選挙が最初に構成国市民の直接投票により行われたのは79年3月のことであったが、その際行われた「ル・フィガロ」紙によるヨーロッパ統合の是非を問う同様の質問に対し、賛成は70％、反対は13％であった。第1回目より第2回目の欧州議会選挙でヨーロッパ建設の支持が高まってきたことがわかる。ちなみに、1962年のIFOP（世論調査機関）調査によると、ヨーロッパ統合に好意的なフランス人は72％であった。こうした結果を総合すると、統合初期の1960年代から20年間ほどのフランス人の親ヨーロッパ的態度は安定していたことが確認できる。

1980年代に入り欧州経済共同体（EEC）のもたらす利益を評価する傾向が

強まり、同じ1984年の調査（1984年5月）によれば、EEC が無くなるのはフランスにとって深刻な事態であると考える人が71％（非常に深刻は18％、かなり深刻は53％）、そうは考えない人は21％であった。

1984年調査で明らかにされたヨーロッパ統合に対するフランス人の支持の理由を見てみよう。

「ヨーロッパ建設の利点は何だと思いますか」（複数回答可）　（％）

ヨーロッパの平和を保障する	53
効率よく経済危機に対処する	52
ヨーロッパが大国と対等に話しができる	49
ヨーロッパ諸国が自由に暮らせるようにする	29
テロリズムと効果的に闘う	23
世界中にヨーロッパ文化を広められる	15
多国籍企業の力を制御する	10
何も無い	2
無回答	5

（出所）Sofres-opinion publique, L'Europe, p.236.

この結果を見る限り、質問項目の制約もあるかもしれないが、フランス人のヨーロッパ統合に対する期待は、60年代のドゴール時代に提示された「平和、繁栄、大国化に資する」といった図式から大きく踏み出していないように見える。

ところで、ヨーロッパ統合に対する支持を、経済や政治的側面よりも文化的側面に触れる問題として問うと回答は微妙になる。かつて政治社会学者のM・ドガン（Mattei Dogan）は西欧におけるナショナリズムの衰退を主張した［ドガン 1995: 第2章］。しかしもう少し子細に見ると、軍事や政治よりも、文化やアイデンティティといった次元においては、ナショナリズムの衰退は緩やかであると言える。このことは現代の西欧におけるナショナリズムの基盤が非政治的なものにおかれる傾向があることをうかがわせる。ナショナリズムと結びつけてシンボリックな意味を持つと思われることについて意見を求めた結果は以

下のようである。

「あなたは次のことに賛成ですか、反対ですか」　　　　　　　　　　（％）

	どちらかといえば賛成	どちらかといえば反対	無回答
フランス国旗をヨーロッパの旗に代える	16	76	8
フランス・チームをヨーロッパ・チームに代える	19	59	22
フランス軍をヨーロッパ軍に代える	31	51	18

（出所）同上書、p.237。

「フランス人はヨーロッパ建設が自分の日常世界を修正すると思われる時には反対する」［ドガン ibid.: 237］と結論できよう。

1988年〜90年調査

次に政治学者アニック・ペルシュロン（Annick Percheron）の有名な論文「フランス人とヨーロッパ——うわべだけの同意か真の賛同か」[Percheron: 1991] を見てみよう。同論文は1988年から90年にかけて実施された一連の世論調査の結果を分析したものである。分析結果は第3回目の欧州議会選挙（1989年）当時の世論の動向を明らかにすると同時に、90年代以前の状況を最もよく総括していると言えよう。

ペルシュロンは、フランス人が自他ともに認めるヨーロッパ統合賛成派であるという一般的な評価に同意する。しかし同時に、賛成の回答の裏には様々なニュアンスや曖昧さのあることも指摘する。1988年11月には78％のフランス人はヨーロッパ建設に賛成し、89年の11月には66％が単一市場の完成を歓迎している。この89年の数字はドイツ人よりも4％、スペイン人よりも8％、そしてイギリス人よりも20％も多く、フランス人は大いにヨーロッパ賛成派であると判断してもよい。しかしペルシュロンは以下の諸点を挙げてそうした解

釈に修正を施す必要があると主張する。

① 「大いに賛成」と「ある程度賛成」を区別すれば、88年の78%は30%に減ってしまう。
② 社会階層別の違いが大きい。「大いに賛成」と答えた人の50%は上級管理職であり、労働者は23%、農民は18%に過ぎない。
③ 89年の欧州議会選挙の棄権率は51.2%であり、前年に行われた国民議会選挙の棄権率の33.9%よりもはるかに高い。フランス人のヨーロッパ問題に対する関心は低いことが推測される。ただしEC構成国全体の棄権率も41.6%であった。
④ ヨーロッパ建設に賛成といっても、それについての知識は乏しい。78%の人は1993年1月（SEAに基づく単一市場の完成）の期限について何も知らなかった。また共同市場は自分の住む地方にプラスとなるか否かといった質問に対しては無回答が多い。

以上の分析に基づくと、1990年以前のフランス人はヨーロッパ建設に賛成であるとはいっても、その態度はそれほど確固たるものではなく、それ故に、経済的・政治的状況によっては、世論は容易に統合反対に振れることが予想された。

3 1990年代における国民意識の覚醒

ヨーロッパ統合に対する反対論の表面化

フランス国民のヨーロッパ統合に対する「寛容なコンセンサス」とも呼ぶべき一般的な無関心に変化の兆しが見えるようになるのは1990年代に入ってからである。それを準備したのは86年2月に調印された単一欧州議定書（SEA）である。SEAは92年末までに単一の域内市場を実現させるとともに、理事会における決定に部分的ながら多数決制を導入し、欧州議会の権限も強化するなど、統合の水位を高めた。それに加えて、85年にはEC委員長に就任したジャック・ドロール（Jacques Delors）元フランス蔵相が、ミッテラン大統領

やコール首相の後押しを得て強力なリーダーシップを発揮して統合を推進していた。

その後のEUの権限拡大には目覚ましいものがある。「特に法の分野での動きは大きな規範的なインパクトをもって、好むと好まざるとにかかわらず、加盟国をEUの単一かつ垂直的な連邦的政治組織の構成体へと誘導しつつある」[児玉 1997: 94-95] のである。例えば、欧州委員会がSEA発効以前の1986年に行った法案提出件数は430であったのに対して、発効後の88年には4倍の1,830件になっている。現在一年間に出されるEU法は7,000から8,000に上ると言われる [児玉 ibid]。大量に生み出されてくるEU法が一般市民の日常生活に直接的な影響を与えるようになったのである。

そうした状況を受けて、92年9月に行われた「マーストリヒト条約」批准のための国民投票は世論の動向変化の転換点となった。それ以後、ヨーロッパ統合問題は国内政治上の争点の一つとなり、政治エリートたちの間の激しい議論が市民の関心を引きつけるようになる。それとともにEU統合反対の立場の支持者も増えていくのである。

かつて自国産業への国家助成は産業政策のありふれた手段であったが、今やEUの競争法に違反するかしないかが欧州委員会の審査の対象とされ、労働者の雇用維持は委員会の判断に依存することにもなりかねない。また1990年代になると地域開発のための支援総額は増大し、地域のブリュッセルに対する依存は無視できないものになった。あるいはもっと身近なところでも、例えばビールやチーズの品質や製造過程に関するEU法の規制は欧州委員会に対する反発を生み、南西フランスでの渡り鳥保護のための狩猟禁止に対する反発から1989年に「狩猟・漁業・自然・伝統」といった圧力団体が設立された。同運動はその後、反ヨーロッパの立場から政党に発展していくことになる。こうしたEU、特に欧州委員会に対する反感は「国民文化」のアイデンティティ論争まで引き起こしている。

そこで以下においては1990年代以降の国民意識の動向を詳しく知るために、ヨーロッパ統合に関する2つの重要な国民投票を分析してみる。1992年のマーストリヒト条約批准のための国民投票と、2005年の欧州憲法条約批准のための国民投票である。フランスでは基本条約批准のために国民投票という方法が

しばしば採用される。その結果ヨーロッパ統合問題が国民的議論を呼ぶ政治的争点になり、世論の動向を知るために適した機会を提供してくれるのである。

4 マーストリヒト条約批准のための国民投票（1992年9月）

国民投票キャンペーンと主権主義政党の誕生

1992年2月に調印されたマーストリヒト条約（EU設立のための欧州連合条約）はECの基本条約の改正であり、成立のためには構成国12か国すべての批准を必要とした。フランスでは批准のための国民投票は1992年9月に行われ、賛成51.05％、反対48.95％の僅差で成立した。投票率は69.69％であり、有権者の関心は高かった。しかし国民投票実施前にクリアーしなければならない問題があった。すなわちEU条約はフランスの現行憲法の規定との間に適合性が確保されなければならないということである。そこでミッテラン大統領は憲法院への提訴を行い、違憲条項を明らかにしようとした。1992年4月9日の憲法院の判決は、マーストリヒト条約の条文中、以下の3件の憲法違反を指摘した。欧州連合市民の選挙権・被選挙権を認める点、単一通貨・単一為替政策を定める条項、第三国出身者に対するヴィザの共通政策に関する部分である。その結果、マーストリヒト条約批准のためには、まず現行憲法を改正する必要が生じた。それを受け、政府は改正案を議会に提案し、1992年6月23日の上下両院合同会議において賛成592、反対73、棄権14で承認された。この改正により、新たに第88条として「欧州共同体ならびに欧州連合」が追加され、一部主権の委譲を含むマーストリヒト条約の受け入れが可能となった。

当初条約の批准は議会において行うとみられていたが、ミッテラン大統領は国民投票を選択した。その意図するところは野党の保守政党内の対立を煽って弱体化させ、またデンマークでの批准失敗を払拭して統合賛成に弾みをつけ、EC内におけるフランスのリーダーシップ拡大を狙って決断したと言われる。議会での批准であれば、もう少し余裕を持って成立したと思われるが、夏休み期間中の批准反対派の運動が積極化し、また主権委譲反対キャンペーンが効果を上げた結果と言えよう。

反対運動を繰り広げた中心人物は、保守の側からは共和国連合（RPR）の

シャルル・パスクワ（Charles Pasqua）やフィリップ・セガン（Philippe Séguin）、中道のフランス民主連合（UDF）のフィリップ・ド・ヴィリエ（Philippe de Villiers）などが名を連ねた。全体として見れば、保守・中道勢力は伝統的に親ヨーロッパ的であり、マーストリヒト条約に対しても賛成派が多かったが、その中から反対運動が起こったのである。

　また左翼の側においては、共産党（PCF）は一貫して反対の立場に立っている。第4共和制の時代には親ソ連の立場からも、ヨーロッパ資本主義体制反対の立場からも常に反対であった。ただし政党としての共産党の勢力が80年代以降低迷を続けていることもあって、世論に対する訴えかけは必ずしも強いとは言えない。同じ左翼の陣営にあっても社会党（PS）の場合にはその党の立場は影響力が大きい。1981年にミッテランが大統領に就任して以来、長い間政権の座にあり、ECの政治にも慣れていて、自分たちの過去の政策に対しても否定的ではありえない。左翼とは呼んでもその政治的立場は社会民主主義的政党であり、高級官僚を含む多くのテクノクラートを内部に引きつけている。その社会党の場合にも1992年の国民投票を機会に、党の基本路線であるEU統合推進に反対する勢力を生んだ。党内左派のジャン=ピエール・シュヴェヌマン（Jean-Pierre Chevènement）である。彼は92年社会党を離党し、「市民の運動」（Mouvement des Citoyens）を立ち上げた。

　最も強硬な反EC／EUの政党は国民戦線（FN）である。FNは1972年の結党以来、長い間設立者のジャン=マリ・ルペン（Jean-Marie Le Pen）のリーダーシップに大きく依存してきた。とりわけその初期においては、FNの名は反移民と同義語と言えるほどであったが、次第に民衆の立場からヨーロッパ統合政策を批判し、そうした政策を推進する歴代政府（1980年代以降は左翼を含めて）を批判のやり玉に挙げてきた。既成の政権政党に対する批判はいずこにおいても、いつの時代にも存在する。しかし第5共和制においては、1980年代以降3回にわたり（1986～88年、1993～95年、1997～2002年）保革共存政権（cohabitation）を経験した。すなわち大統領の多数派と、首相を支える多数派が異なる状況が生まれ、政権運営の停滞を招いたこともあったが、保守勢力も左翼勢力もともに政権の座を経験し、経済政策やEU政策などに大きな差がなくなった。その結果議会で多数を握る可能性を持つ、保守・中

道連立にしても、あるいは左翼連立にしても、ともに国民の信頼感を失い、また政党政治一般に対する不信感を強めることになった。そこにFNのような批判勢力の台頭を許す原因の一つがあったのである。

　国民投票を通じて最も注目されたことは、1990年代以前から一貫して圧倒的にヨーロッパ統合に反対してきた共産党や国民戦線を別にして、各政党の内部が賛成派と反対派に割れたことである。すなわち保守のドゴール派から中道を経て、左翼の社会党まで横断的に賛成派と反対派が形成されたのである。これは伝統的なフランス政党システムの左右対立の構図を裏切るものであった。正確に言えば、今日においても依然として社会経済面でのイデオロギー的対立により生まれた亀裂（clivages）を基本構造とするフランス政党システムに、重なり合う形で親ヨーロッパ対反ヨーロッパの亀裂が生まれている。そこから保守・親ヨーロッパ、保守・反ヨーロッパ、左翼・親ヨーロッパ、左翼・反ヨーロッパの4つのカテゴリーが構造化されたのである。以後フランス政治には経済・社会政策などに加えて、ヨーロッパという要因が政治を動かすことになるのである（ヨーロッパ懐疑主義については第6章で詳述する）。さらにこうした二重構造に加えて、今日では2014年の欧州議会選挙、同年の市町村議会選挙、2015年の県議会選挙等におけるFNの躍進により、PS、UMP（les Républicainsに改名）にFNを加えた「三党体制」（tripartisme）が生まれたとの指摘も可能であろう。

「10のフランス」

　発表当時話題になった国民投票分析を紹介しよう。デュアメル＆グリュンベール（Olivier Duhamel & Gérard Grunberg）によれば、国民投票は「10のフランス」の存在を浮かび上がらせたという［Duhamel & Grunberg, 1992］。フランスには大革命以来「2つのフランス」（les deux France）が存在すると言われてきた。そして大きな政治的事件に遭遇するたびに、2つのブロック、2つのフランスが出来上がる。ふだんは多様な思想や社会集団も危機にあっては2つのブロックに集合・再分割されるのである。ジャコバン派と王党派、コミューン派とヴェルサイユ派、人民戦線と右翼リーグ、ドゴール派とヴィシー派など、危機にあっては常に2つのフランスが形成されてきた。とりわけ国民

第Ⅲ部　フランス人とヨーロッパ

意識の中において、政治的風景の左右への分裂は自然な認識である。デュアメル＆グリュンベールはそうしたフランスの政治文化を踏まえながらも、ヨーロッパ統合問題の政治的争点化とともに、10 のフランスの形成に注目することの重要性を指摘したのである。ヨーロッパ統合支持と反対には有権者の社会学的背景の相違が反映している。

　「10 のフランス」とは、①恵まれたフランスと貧しいフランス、②中道のフランスと極端派のフランス、③進歩的なフランスと抑圧的なフランス、④都市のフランスと農村のフランス、⑤社会的・キリスト教民主主義的フランスと民族主義的・非宗教的フランスである。そしてそれぞれの組合せのうち、第一のフランス（恵まれたフランスと中道のフランスなど）に条約賛成派が多く、第二のフランスは反対派の主張に敏感であった。

①　社会的・経済的に恵まれた人々の賛成が多い。上級管理職の 70％、中間職の 57％が賛成投票しているのに対して、農民の 71％、労働者の 58％、従業員の 56％は反対投票している。また学歴においても、大卒者の 71％、バカロレア（大学入学資格）所有者の 61％が賛成であるのに対して、中卒者や職業適性証書（BEPC）しか持たない者の 60％、いかなる卒業証書も持たない者の 57％が反対投票している。

②　支持政党別に見ると、賛成したのは穏健派政党の PS（社会党）支持者の 76％、UDF（フランス民主連合）支持者の 59％、エコロジスト（Génération écologique）支持者の 57％など。反対したのは極端派の PCF（共産党）支持者の 84％、FN（国民戦線）支持者の 93％である。穏健派ではあるが、党内に強硬派を持つ UMP（国民運動連合）支持者は 69％であった。

③　進歩的というのは社会習俗についての寛容な態度を意味し、不寛容な態度を抑圧的と呼んだ。例えば政治家は腐敗していると考える人（抑圧的）の 62％、イスラムのヴェールをかぶった女生徒を学校から排除すべきだと考える人（抑圧的）の 57％は反対投票している。

④　都市住民は農村部住民よりも賛成投票をした人が多い。また農村的性格の強い県でも、県庁所在地（都市部）での支持率（56.7％）は県平均値（49.8％）よりも高い。

第5章　ヨーロッパ統合とフランス国民意識

⑤　カトリックの伝統が残り、かつてのMRP（キリスト教民主主義）の影響力の残る地域では賛成が多い。逆に伝統的に非カトリック地域では反対が多い。前者はアルザス、ブルターニュ、イル・ド・フランス、ロレーヌ、ローヌ・アルプ、ペイ・ド・ロワールなどである。後者はコルシカ、ピカルディー、ノール・パ・ド・カレ、オート・ノルマンディー、プロヴァンス、サントル、ラングドック・ルシオン、リムザンなどである。（こうしたデータを2005年の国民投票の結果と対比させて示した表を巻末のAppendix 1に掲げたので参照してほしい。）

1992年以後、ヨーロッパ統合問題はフランス人の投票行動を分析する際の重要な要因となっている。ヨーロッパ支持派は総じて教育レベルの高い、社会的問題に対しても寛容な態度を持つ人々である。高い資格を持っているので自由競争を恐れない。反対にこうした変数において劣位な人々は外国人・移民などに対する寛容度が低く、自由な競争を恐れる。その意味で、極右のFNや、国家の役割を重視する「主権主義者」とヨーロッパ反対派とが支持基盤においてかなり共通するところがある。

20年後の評価

1992年の国民投票を今日の視点から振り返ってみて、僅差で承認した当時の国民の判断は妥当であったか否かを問う世論調査が行われている。興味深いので紹介する（次頁の円グラフ参照）。

2012年9月17日付の「ル・フィガロ」紙に「20年後の今日、フランス人は依然として疑念を抱いている」との記事が掲載された。ユーロ危機に揺れるEUに対する評価を1992年の国民投票にさかのぼって評価し直そうとしたのである。

調査責任者のジェローム・フルケ（Jérome Fourquet）は「フランスは真二つに分断されてしまった。2008年の危機（ユーロ危機）はフランス社会内部の亀裂を拡大した」と述べ、それが特に民衆層におけるユーロ不信、EUの危機対処能力への不信感を生んでいると判断している。ドイツのメルケル（Angela Merkel）首相がユーロ危機の中にあって、一層ヨーロッパ的解決を

「92年の国民投票を今やるとしたらどちらに投票するか？」

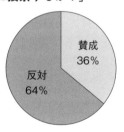

（その原因としてはユーロ危機がある。しかしフランへの復帰に賛成する意見は35％のみ。）

「将来単一ヨーロッパ国家へ各国がその権力を委譲することはありそうか？」

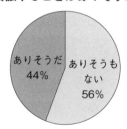

「ギリシャが負債を減らせないとしたら、ユーロ圏から追放することをどう思うか？」

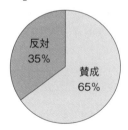

「マーストリヒト条約批准後、EUはどちらに進んでいると思うか？」

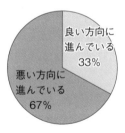

（1999年には良い方向に進んでいるとの回答は53％であった。）

「トルコの加盟をどう思うか？」

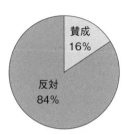

（2005年には賛成35％、反対60％であった。）

「現在の経済危機の悪影響を抑えるためにEUは効果的であると思うか？」

主張するのに対して、「フランスは今後もヨーロッパ懐疑主義的態度を取り続けると思われる」「フランス人はもはやヨーロッパ統合を信じていない。かつて沖合の風から自分を守ってくれる盾であると言われたこともあったのだが」とフルケはコメントしている。

5 欧州憲法条約批准のための国民投票（2005年5月）

国民投票キャンペーン

2005年5月と6月、フランスとオランダで実施された国民投票で欧州憲法案は否決された。フランスのケースを見てみよう。

投票結果（2005年5月29日）を要約すれば以下の通りである。

投票率は69.37％。賛成45.30％、反対54.67％。僅差で成立した92年の国民投票と比べて反対が5.72％増えている。投票率の高さからも、今回の投票ではフランス人は明瞭に反対の意思を表明した。

賛成が多数を占めたのは与党保守のUMP（76％）ならびに中道のUDF（同じく76％）の支持者である。また労働組合のCFDT、マスコミ、経団連などには賛成が多かった。

反対は共産党（95％）、労働組合のCGT（労働総同盟）、FO（労働者の力）などの支持者である。注目すべきは1992年の国民投票では賛成76％、反対24％であった社会党支持者である。彼らが2005年には賛成41％、反対59％へと大きく態度変更をしたことが国民投票不成立の最大の要因であると言えよう（巻末のAppendix 1参照）。また極左、極右（FNの反対は96％）グループもいつも通り反対に回った。過激な反グローバル派のアタック（ATTAC：金融取引課税・市民支援連盟。投機資金の国際移動規制を狙うトービン税の導入を主張）、反リベラリズムの知識人団体のコペルニクス財団、エコロジストなどは反対運動を展開した。

地理的要因としてはマルセイユとリルを除き大都市では賛成が多かったが、海外を含む全土100県のうち84県で反対が多数を占めた。パスカル・ペリノー（Pascal Perrineau）などの分析によれば、1992年との比較で、2005年の投票で反対が大きく伸びたのはフランスを真ん中で東西に分かつアルデンヌ

第Ⅲ部　フランス人とヨーロッパ

とアリエージュのラインの東側である。この地域は極右の FN が 1995 年から 2002 年の時期に支持を伸ばしたところでもある。伝統産業が斜陽で、労働者階級の雇用不安が大きい地域が含まれている。ヨーロッパ統合、グローバル化、産業衰退、文化の混交の影響を強く受け、また、開かれた社会などに対して否定的な地方であると言われる［Perrineau, 2005: 235-236］。

　2005 年のルイス・ハリス世論調査（巻末の Appendix 2 参照）によれば、大都市で賛成が多い。管理職、知的職業従事者の 62％、大卒者の 57％が賛成している。反対が多いのは労働者の 81％、失業者の 79％、従業員の 60％などである。ヨーロッパ支持・反対の分析には社会学的変数の導入が有効であろう。

　国民投票における投票の動機づけはヨーロッパ的要因に限らない。確かに、この時期には 2004 年 12 月にトルコとの加盟交渉開始が決定され、またサービス業の自由化を目指す欧州委員会のボルケシュタイン指令草案が公表されるなど、ヨーロッパに対する不満が高まっていた時期である。しかし同時に国内政治に対する不満も高まっていた。政府に対する不信感の表現として反ヨーロッパ的投票をすることは過去の国民投票や欧州議会選挙などではしばしば見られたことである。経済状況は 2004 年後半から下り坂にあり、2005 年 1 月〜2 月にかけてはバカロレア（大学入学資格試験）の厳格化反対運動が広がり、また財務大臣の高額の住宅手当をめぐる問題などがスキャンダル化していた。

　1992 年の国民投票では国家主権の維持か、ヨーロッパ統合のためにその委譲をさらに進めるかといった対立が見られた。2005 年には主権委譲に対する反対以上に、市場重視・規制緩和・競争重視といった新自由主義を志向する EU は伝統的フランス型社会モデルを危うくするとして反対する社会層を生み出した。ヨーロッパ統合をめぐる対立軸がより一層フランス社会のあり方の選択の問題として提示されるようになったのである。すなわち統合によるフランス政治・社会のヨーロッパ化が世界的規模で進行するグローバル化と重ね合わされて受け止められている。ヨーロッパ化はグローバル化の「衝撃を緩和する盾」なのか、あるいはグローバル化をヨーロッパに引き入れる「トロイの木馬」なのか？

ユーロバロメータ調査に見る国民意識

欧州委員会の実施した2005年の国民投票後の世論調査［Flash Eurobaromètre 171］によれば、「ノン」への投票理由は以下の通りである。

[欧州憲法案反対の投票理由]（複数回答）　　　　　　　　　　　　　（％）

①	フランスにおける雇用状況の悪化、フランス企業の移転、雇用の喪失	31
②	フランスにおける経済状況は悪すぎる、失業が多すぎる	26
③	計画は経済面で自由主義的過ぎる	19
④	共和国大統領、政府、政党に対する反対	18
⑤	社会的ヨーロッパが十分でない	16
⑥	複雑すぎる	12

※10％以上を獲得した上位6位までを示す。

2005年の国民投票で欧州憲法案が否決されたからといって、フランス国民のEUに対する支持が後退してしまったわけではない。ユーロバロメータ72、国別調査フランス（2009年）によれば、EUに対する評価は以下の通りである。

[EU全般に対する評価]

①	「EUへの加盟は良いことだ」という意見に対して： フランス人の賛成は49％。EU全体で約50％。
②	「EUは世界的挑戦に応えるために不可欠の存在である」： 「どちらかといえば賛成」が77％、「どちらかといえば反対」が16％、「わからない」が7％。
③	「EUの拡大は早すぎた」： 「どちらかといえば賛成」が67％、「どちらかといえば反対」が28％、「わからない」が5％。
④	「EU内部でフランスの国益に十分な配慮がなされている」： 「どちらかといえば賛成」が44％、「どちらかといえば反対」が44％、「わからない」が12％。

[世界経済の中のEU]
「EUはヨーロッパの利益を守るために十分な権限と手段を持っている」　（%）

	EU全体		フランス	
	2009年5月	10〜11月	2009年5月	10〜11月
完全に賛成	12	13	11	6
どちらかといえば賛成	54	48	52	49
どちらかといえば反対	19	20	24	26
完全に反対	4	5	5	6
意見なし	11	14	8	13

[EUとグローバル化]
「EUはグローバル化のマイナス効果から我々を守ってくれる」　（%）

	EU全体	フランス
賛成	46	28
反対	37	55
意見なし	17	20

「EUは我々にグローバル化の利点を享受させてくれる」　（%）

	EU全体	フランス
賛成	55	45
反対	28	37
意見なし	17	18

ヨーロッパ統合に対する国民意識：2つの国民投票の比較（Appendix 1）

① 1992年には僅差で承認されたのに対して、2005年には反対多数で否決された。
② 2005年には、男女ともに反対が賛成を上回ったが、女性の方がやや賛成が多い。
③ 年齢の点では、65歳以上の賛成が多いことを例外として、2005年には全年齢層で反対が増えている。
④ 職業を基準にしてみると、両年ともに管理職・知的職業従事者の賛成が多い。反対派は農業従事者や商店主などの独立自営業者に多い。また従業員や労働者といったフランスにおける職業区分において低い層に分類される職業従事者は反対が多い。とりわけ2005年においては労働者の反対が81%と際

立っている。
⑤　高学歴になるにつれて賛成派が反対派を上回るが、2005年にはその差は小さくなっている。
⑥　政党支持との関連を見ると、極右の国民戦線の反対が際立っている。また共産党の反対も恒常的である。保守のUMP、中道のUDFの支持者の2005年の投票結果はともに76％と賛成が非常に大きい。注目されるのは社会党支持者の投票態度であり、賛成が1992年の76％から2005年には41％に急落し、これが憲法条約不成立の主要な原因となったと思われる。それは従来政府内においても、党内にあってもヨーロッパ統合賛成派の中心人物とみられてきたローラン・ファビウス（Laurent Fabius）が2005年には反対に回ったことが大きく影響したとみられる。彼は憲法条約に示された統合の方向性が新自由主義的に過ぎ、「社会的ヨーロッパ」（Europe sociale）が欠如していることを反対の理由に挙げている。簡略化して言えば、マーストリヒト条約の反対論は主権委譲をストップさせることがスローガンとなったが、憲法条約の時にはフランス的社会モデルの危機が反対理由として掲げられたのである。

6　ヨーロッパ化とグローバル化——フランス人の認識

否定的な認識

EUに対する国民の不信は、グローバル化に対する警戒心と重なり合うことにより増幅されている面がある。

フランス人のグローバル化の受け止め方について、別の世論調査［TNS Sofres/Logica, 2009］を参考にしてみる。調査結果は「フランス人、危機ならびにグローバル化」のタイトルで公表された。我々の関心に関わる部分のみ紹介する。

フランス人のグローバル化の受け止め方は、「どちらかといえば良いこと」は33％、「どちらかといえば悪いこと」が49％で、否定的意見のほうが多い。突出しているのは労働条件にとって悪い影響があると考える意見で60％である。また以下の表で見るように、グローバル化の不都合な点についても、西欧

諸国における雇用の危機、企業の国外移転が51％で断然1位である。予想に反して文化の画一化、アングロサクソン文化の優越を理由に挙げている回答者は最下位の3％に過ぎない。

「グローバル化の主たる不都合とは何ですか？」（第1、第2を挙げる複数回答）（％）

	第1回答	複数回答合計
西欧諸国の雇用への脅威、企業移転	51	70
多国籍企業への権力集中	19	48
製品やサービスの質の低下	14	37
輸送機関の増加と環境への影響	8	18
文化の画一化、アングロサクソン文化の優位	3	13
わからない	5	5

（出所）TNS Sofres/ Logica, nov. 2009.

フランス社会モデルの危機

第2次大戦後の30年間（1945〜75年）、フランスにおいては両大戦期の停滞した社会構造を大きく改革する高度経済成長、産業構造の高度化が進行した。高度産業社会フランスは1975年頃に完成したと言われるが、そこに至る時期の成功体験は「栄光の30年」（les Trente Glorieuses）として国民の脳裏に深く刻まれている。

このモデルにおいて中心的な概念は3つあると言えよう。

第1はドゴール主義的なディリジスム（dirigisme）である。すなわち国家が経済産業政策において重要で積極的な役割を果たすこと。第2次大戦後の経済の計画化（planification）は国家による財政的インセンティブを含む積極的な介入の結果、成功をもたらした。また基幹産業の国有化（nationalisation）は国家の経済活動への強い関わり合いを明示的に示す例である。

第2は国家と国民生活との関わり合いの独自性である。戦後フランスの福祉国家政策は国民の国家に対する信頼感と依存を大きくした。福祉政策において、国民の国家の役割に対する期待が非常に大きいため、その改革（縮小）は国民の強い反対を受けることになる。例えば国家財政の赤字改善のために福祉

政策に手を付けることは非常に困難である。労働組合の力が強く、雇用調整のための解雇は難しいため、企業はできるだけ正規職員を増やさないようにする。結果として新卒者の就職の困難さに見るような、労働市場の硬直化が恒常化してしまう［長部 2006］。

　第3はコーポラティスト的とも言われるフランス社会の特徴が市場の自由化を困難にしていることである。国家による福祉政策はフランスにおける職業上の身分、所属する（職業）集団ごとに認められる権利と特権の並存的集合体とも言えるものである。例えば国鉄職員、郵便局員、教員など、職業集団ごとに認められる社会保障上の権利（定年年齢、退職金制度など）の違いは大きい。互いに分断化された職業集団ごとの利益は、集団間のゼロサム的競争を生み、その結果相互不信が生み出される。もしも市場における自由競争はプレーヤー間の信頼関係なしでは成り立たないとすれば、社会集団間の不信感の高まりは、市場における自由競争を難しくすることになる［Algan & Cahuc, 2007］。

　現在のフランスは世界第5位の産業大国であり、フランスの大企業はグローバル化に最もよく対応し、その恩恵をこうむっていると言われる。その意味で、フランスでグローバル化反対が強いことは、少数の大企業の成功の恩恵が一般国民に及んでいないという意識を一般国民が広く共有していることをうかがわせる［Fougier, 2006: 5-6］。2009年のユーロバロメータ調査もその点を確認している［Eurobaromètre 72］。「グローバル化は社会的不平等を増大させる」という意見に対して賛成は75%、反対は15%、わからないは10%である。また「グローバル化は大企業に利益をもたらし、市民は疎外されている」という意見については、賛成76%、反対17%、わからないは7%であった。

　グローバル化は、失業、購買力の低下、環境破壊、格差拡大、社会保障水準の切り下げなどを生み出し、フランス的社会システムの危機をもたらす元凶とみなされ、それに対する反対運動が繰り広げられるようになったのである［Izraëlewicz, 1995］。

　グローバル化とヨーロッパ化との関連性について危惧するフランス国民に対して政治エリートたちはいかなる対応を見せているのであろうか。端的に言って、政権を担う政治エリートたちは、第2次大戦後の国家依存的な社会システムに対する国民の期待に応える形での国内的発言を繰り返しながら、EU内政

治においては新自由主義的政策を実行するという矛盾した態度が見られる（コラム 5 参照）。

7 ナショナル・アイデンティティとヨーロッパ・アイデンティティ

ヨーロッパについての構成国国民の帰属意識＝自己のアイデンティティの認識については第 2 章の「ヨーロッパ市民意識」のところでまとめた。ここではそれを発展させつつ、とりわけフランス人の意識に焦点を当てて分析することにしたい。

最初に 2012 年の調査［Eurobaromètre Standard 77, 2012］によれば、フランス人の特徴を次のように要約できよう。

① フランス人のヨーロッパ人としてのアイデンティティは EU27 か国の平均値 61％ に近いものである。
② アイデンティティ意識は国民毎に異なっている。その違いの一端は国民共同体の歴史的経験に依存するところが大きいと思われる。以下において英独と簡単な比較を試み、フランス的特徴を引き出してみる。
③ EU 構成国国民が共有する価値は確かに存在する。それは多かれ少なかれ EU 基本権憲章の中に明示されていて、世論調査の結果により確認することも可能である。しかし共有度の低い価値もあり、その違いは構成国の経済、社会の特徴とも連動している。

多重的アイデンティティ

上記の 2012 年調査によれば、フランス人で自分がヨーロッパ市民と感じている人の割合は 65％ であり、否定的に回答している人は 33％ であった。2009 年のユーロバロメータ［Eurobaromètre Flash 230, 2009］によれば、自己認識として、自分は①「フランス人であると同時にヨーロッパ人でもある」が 60％、②「フランス人であり、あまりヨーロッパ人ではない」が 31％ である。③「ヨーロッパ人であり、あまりフランス人ではない」は 3％、④「いずれでもないが」5％、⑤「わからない」が 1％ となっている。この結果は 2006 年に行

われた同様の調査の結果とほとんど変わらない。多くのフランス人は多重的アイデンティティを持っており、いずれか一方だけであると自己認識している人は少数派であることがわかる。これはフランス人に特有な現象ではなく、構成国国民は一般的に多重的アイデンティティを持つようになってきていると言える。ヨーロッパ化は自己のアイデンティティを自国からヨーロッパに移す試みであるというのはおそらく正しくない。そこで進行しているのは多重的アイデンティティの形成である。ナショナル・アイデンティティとヨーロッパ・アイデンティティの中から二者択一的に一方を選ばせれば、自分はヨーロッパ人である、あるいはフランス人だけであると答える人は少数になってしまう。

　トーマス・リッセ（Thomas Risse）は複数の社会集団に対する同時的忠誠心を説明する中で、2つのモデルを挙げている。多層ケーキ・モデル（layer-cake model）と大理石模様ケーキ・モデル（marble-cake model）である。前者のモデルによれば、一人（集団的にも）の人は自己の内に多層的アイデンティティの層を持っていて、相手に応じて同じ層のレベルで対応するというものである。例えば、フィレンツェの人がミラノの人に対峙した時には自己のアイデンティティをフィレンツェに感じるが、相手がシシリア人の場合にはトスカーナ人であることを意識するというのである。第2のモデルは、様々なアイデンティティが網の目状に絡み合っている状態を指し、トスカーナ人が自己のアイデンティティについて語ろうとしたときにはヨーロッパの歴史や文化への言及を無視してはできないという意味である［Risse, 2002: 83］。

　筆者の個人的体験に過ぎないが、普段は自分がヨーロッパ人であることを感じないというフランス人であっても、旅行などでヨーロッパという地域の外にあるときには、自己のヨーロッパ的ルーツを感じることはまれではないようだ。いやそれ以上にアイデンティティの多重化が進んでいるのではなかろうか。例えば自分はフランス人であると同時にアルザス人であり、またヨーロッパ人でもあるといった具合である。ヨーロッパ統合が国家＝中央政府を相対化し、国内の地域、あるいは自分の居住する都市のEU政治のアクターとしての重要性が認識されつつある今日、市民のアイデンティティも国レベルに限定されず、多重化してきていると言えそうである。

第Ⅲ部　フランス人とヨーロッパ

ヨーロッパ化の影響

　イギリスは先の2012年のユーロバロメータ調査においても特徴的であるが、際立って自国人意識が強い。自国民意識を持つ人は57％であり、ヨーロッパ人意識は42％にとどまる。歴史的に英国人の大陸ヨーロッパに対する態度は、「イギリスとヨーロッパ」であり、ヨーロッパの中のイギリスではない。同じ島国の一員として日本人の国民意識にも通じるところがありそうである。「日本とアジア」であって、「アジアの中の日本」という意識は低いのではなかろうか。英国人のヨーロッパとの関わりは、戦争直後、チャーチル（Winston Churchill）英国元首相のチューリッヒ演説の中でも示されたように、ヨーロッパの平和は独仏の和解に基づく「ヨーロッパ合衆国」により実現されるべきと述べたが、その構想の中には当のイギリスは含まれていなかった。イギリスは英連邦諸国とともに別のカテゴリーを構成していた。ドゴールが掲げた公式的なイギリスのEEC加盟拒否の理由も英国の運命は大西洋の向こうにあり、ヨーロッパとの強い結びつきを要求されるEECの一員にはふさわしくないとの理由からであった。こうしたイギリス観は英国人の側からの自己のアイデンティティの規定にとどまらず、ヨーロッパ人一般に広く・深く定着したものであった。そのことは、それを意識したサッチャー（Margaret Thatcher）首相がブリュージュのヨーロッパ大学での講演（第6章参照）の冒頭で、イギリスと大陸ヨーロッパとのつながり、またイギリスのヨーロッパ文化に対する貢献をことさらに数え上げていることを見れば明らかである。

　前出のリッセはイギリス人の「イギリスはヨーロッパから半分切り離されている」という態度は1950年代から変わらないと述べ、ヨーロッパは「他者」（the other）であり、ヨーロッパと国民国家の非両立性の一例であると断じている。

　ドイツについてはトーマス・マンの「我々はドイツのヨーロッパを望まない。ヨーロッパのドイツを望む」という言葉に見るように、戦後ドイツは過去の反省に立って再出発し、ナショナル・アイデンティティの再構築を試みた。アデナウアー（Konrad Adenauer）以来すべての連邦政府は強い決意を持って、ヨーロッパ統合政策を不可逆的なものにする政策を遂行してきた。その理由は「統一ヨーロッパはナショナリズムと悲惨な紛争の再現に対する最も効果

的な保障であるから」［Risse, 2002: 87］であった。1960年代から今日に至るまで、党派を超えて連邦制ヨーロッパを目標とすることはドイツの政治エリートのコンセンサスとなってきたのである。

　英独とフランスの違いは、フランスのヨーロッパに対する態度が時代とともに変わったことである。第4共和制期の冷戦と脱植民地化の文脈の中で、フランスのヨーロッパ統合政策は始まった。そしてそれはドゴール大統領時代に成立した。以後冷戦の終焉と、ヨーロッパ統合の深化の中で、フランスは自己のアイデンティティの中にヨーロッパを取り込もうとする戦略を改め、国家中心的共和主義の大枠を堅持しながらも、ヨーロッパ的秩序との協調に向ってきていると言えよう。それはミッテラン大統領による統合積極推進路線の選択に見てとれる。

フランス人のヨーロッパ・アイデンティティ

　2009年5月のユーロバロメータ調査：「いかなるヨーロッパか？フランス人とヨーロッパ建設」から関係する部分を抜き出してまとめてみる。

　　質問「EU諸国は共通の価値を持っている」：
　　　「完全に賛成」は17％、「どちらかといえば賛成」が46％。若者の75％は賛成。
　　質問「その共通の価値の内容をリストから選ぶ」：
　　　「民主主義と人権」が最も多く57％（若者と学生は63％と62％）。ついで「地理」は56％、「市場経済」は55％。「共通の歴史」は38％、「宗教的、精神的遺産」は19％（最後の2つを挙げるのは54歳以上で多い）。
　　質問「自分はフランス人かヨーロッパ人か」：
　　　「両方である」が60％、「フランス人であり、あまりヨーロッパ人でない」は31％。「まずヨーロッパ人である」が3％。「2重のアイデンティティを感じる」人は教育レベルが高い人の68％、学生の67％、大都市居住者では65％である。
　　質問「ヨーロッパ建設はフランス人のアイデンティティにとって脅威である」：

「完全に賛成」、「どちらかといえば賛成」は合計で26％（2006年よりもマイナス5％）。「反対」は72％。「脅威であるとはまったく考えない」は42％である。学生の91％、若者の82％、教育レベルが高い人の80％、大都市居住者の79％は脅威とは考えていない。

以上で明らかにされたように、フランス人のヨーロッパ、さらにはEUに対する意識は1990年代を境に大きく変わったことが確認された。その変化はヨーロッパ化の市民生活への影響が実感されるようになったことを一因として引き起こされた。しかし同時に冷戦後、EUの中東欧諸国への拡大により、EU内の異質化が進み、さらにはユーロ危機にみるような「南北問題」の存在も意識されるようになったことがある。フランス国民の意識もこうしたEUを取り巻く環境変化を背景にして、自己の社会的帰属に応じて、EUに対する態度を変更させてきている。また一般的傾向として言えば、近年国民の中にヨーロッパ懐疑主義的感情の広がりが見られるようである。この問題については次の章で取り扱うことにする。

Column5　グローバル化に関する政治エリートの言説

　フランスの政治的リーダーたちの基本的姿勢は、グローバル化を不可逆的なものとして受け入れ、それに対する対応が必要であると考えるものである。しかし彼らは世論の反発を恐れて、実際には新自由主義的なEUの政策を受け入れつつも、国内向けの発言においては左右を問わず、グローバル化に批判的な発言を繰り返している［ルケンヌ2012］。しかし同時に、グローバル化のマイナス面をそのままの形では容認できないとの意識が彼らにあることも確かである。さらにはアメリカ中心の世界秩序に対する「挑戦」というフランス外交の伝統も見え隠れする。

　最初に1995年から2007年まで大統領を務めたジャック・シラク（Jacques Chirac）の例を取り上げてみよう。彼の考え方が支配的であるとは言えないであろうが、少なくともグローバル化が国民の関心を集めるようになった時期の大

統領であり、フランスの政策に対する影響力は無視できない。なおシラクは保守本流と呼ぶべき政治家であり、60年代以降のフランスの政治イデオロギーを体現したゴーリスト政党のリーダーであった。

シラクの「グローバル化を人間味あるものにする（humaniser）」という発想はすでに2001年7月のジェノヴァでのG8に臨むフランス政府の基本的立場の中で明らかにされている。2001年7月19日の「ル・フィガロ」紙において、シラクはグローバル化の現状を批判して、グローバル化を制御することの必要性を主張している。「G8の目標はすべての人に恩恵をもたらすグローバル化である。競争原理に基づく経済政策と市民の保護と教育を保障する社会政策との間のバランスをどう取るかが問題である。（……）アジア金融危機以来、我々は国際金融改革に取り組んできた。IMF（国際通貨基金）の強化、多角的貿易システムの強化などである。（……）フランス人はグローバル化に反対なのではなく、ジャングルの掟を拒否しているのである」[Fougier, 2006: 60]。

シラクの主張は、大統領個人の発想という以上に、今日のフランスの国民世論を反映するものでもあった。2009年9月13日に公表されたBBC World Serviceの20か国調査［BBC, 2009］（先進国、途上国の双方を含む）によれば、国内経済活動に対する政府の規制強化に対して、調査国全体平均で67％が賛成、23％が反対となっている。フランスにおいてはこの数字は賛成67％、反対22％であり、世界全体の平均にほぼ等しい。ちなみに日本の数字は賛成38％、反対37％であり、フランスとは大きく異なる。ドイツでは賛成65％、反対30％、イギリスでは賛成56％、反対37％である。

グローバル経済に対する国際機関（世界銀行やIMFなど）に現在以上の規制権限を与えることの是非については、20か国の平均では、賛成が55％、反対は37％である。フランスは賛成55％、反対は33％、ドイツはそれぞれ42％と54％、イギリスは53％と38％である。日本は賛成42％で反対は24％であった。

ここから読み取れることは、フランスにおいては国内の経済活動同様に、国際的経済活動であっても、公的な権力による規制強化（グローバル・ガヴァナンス強化）に賛成の世論が強いことである。

大統領のニコラ・サルコジ（2007～12年）もドゴール派の保守政治家であり、同様の志向を持っている。第40回の世界経済フォーラム（2010年1月）での演説で国内・国際市場の規制の必要性を述べている。サルコジ演説の背景には、2001年10月発生のテキサスの総合エネルギー企業エンロンによる不正経理問題

があり、また2008年9月のアメリカの投資会社リーマン・ブラザーズの破綻を契機に世界的金融危機が発生したことに対する批判があった。サルコジいわく「市場が無条件、全面的、無制限に正しいと認められるやいなやグローバル化は暴走を始めた」(ⅰ)。彼は資本主義の存在を否定しないが、我々は、いかなる資本主義を欲しているのかを問うべきであると考える。そして経済活動への国家の規制強化の必要性を主張するのである。

　さらには、グローバル経済以外の分野でも国際的規制強化を主張した。「私にとって決定的な進歩とは、環境法、労働法、健康への権利などを通商法と同等のものとみなすことである。これは世界的法規制における革命であり、専門機関が国際紛争に介入できることを意味する」[Sarkozy, ibid.]。国際社会の運営のためには国家を超えたルールを設けることが必要であり、その実行を保障する組織が必要だということである。こうした主張は先に引用したBBC World Service調査に見られるフランス国民世論によく応えるものであると言えよう。

　左翼の社会党も保守政権同様に金融市場の規制、とりわけ国際的資本移動や金融取引の規制を要求している。2001年当時、社会党内閣の首相であったリョネル・ジョスパンは政治のグローバル化を主張した。「強者のルールだけが幅を利かせ、私的利益が一般利益を損ね、短期の利益追求が社会的公正を揺るがせ、環境を破壊する所ではどこでも、（諸）国家が「ゲームのルール」を決めなければならない」[Fougier, 2006: 64]。

　反グローバリズムの立場に立つ極右の国民戦線（FN）の主張は、EUならびにユーロ、シェンゲン空間（域内の人の自由往来）などに対する反対という形で行われる。マリーヌ・ルペンFN党首の2012年大統領選挙公約では、抽象的にグローバル化反対を言うのではなく、ユーロ批判、移民規制、EU諸条約の再交渉などを掲げている。しかし反EU、反グローバル化の基本的な論理は同一であり、フランスの主権擁護、フランス市場の擁護、国民国家フランスの擁護である。例えば公約の中でユーロに関しては、その導入の利点を全否定している。ユーロを価格高騰、失業、企業の海外移転、債務の増加などを引き起こした元凶として断罪し、ユーロと並行して流通するフランの復活を提案している（2通貨の同時流通）[Le Pen, 2011]。

　広く受け入れられているグローバル化に関する意見は「もう一つのグローバル化」（altermondialisme）主義者の主張である。彼らは反グローバル主義者で

第5章　ヨーロッパ統合とフランス国民意識

はない。彼らは今日の世界では、どこで起こったことでも、その影響は世界中に波及すること、それ故に解決のためにはグローバルな施策が必要になると考える。代表的な運動体であるアタック（ATTAC）は「金融のグローバル化は経済的不安定や社会的不平等を悪化させる。グローバル化は諸国民の選択、民主的な諸制度、一般利益を担う主権国家を迂回し抑制する。そしてその代わりに、多国籍企業と金融市場の利益に過ぎない投機的な論理を採用する」と批判する。こうした認識に立って、投機資金に対する「トービン税」の課税を提案するのである。そして集められた資金は国際組織を通じて、国際社会における不平等との闘い、貧しい国における教育と公衆衛生の向上のため、また食の安全と持続可能な開発のために役立てるべきであると主張している[ii]。

第Ⅲ部　フランス人とヨーロッパ

第6章

ヨーロッパ懐疑主義者の台頭

はじめに

　1990年代初め、とりわけマーストリヒト条約批准のための国民投票をめぐる政治的キャンペーンを契機に、ヨーロッパ懐疑主義（euroscepticism）が明瞭な形をとって出現した。ヨーロッパ懐疑主義には二重の定義が可能であろう。一つ目は超国家機関への国家権力の（過度の）移管そのものを認めないが故に、ヨーロッパ統合に批判的である。それはしばしば連邦主義批判の形をとる。二つ目はヨーロッパ統合の現状に対する異議申し立てである。それ故に後者はEU懐疑主義（EU-scepticism）と呼ぶ方が正確であろう。ヨーロッパ統合に対するフランス国民世論の解明を目的の一つとする本書においては、主として第二の定義に沿った分析に力点を置くことになろう。

　先に見たように、1992年のフランスの国民投票における主要な論点は、国家主権のEUへの委譲をこれ以上続けることを受け入れるか否かに収斂された。その意味では第1の懐疑主義に近い議論である。マーストリヒト条約の批准は、主権主義政党（les partis souverainistes）が国内政治システムに参入する機会を提供したのである［吉田2008］。後で見るヨシュカ・フィッシャー（Joshka Fischer）vs. ジャン＝ピエール・シュヴェヌマン（Jean-Pierre Chevènement）論争の中心的論点である「ヨーロッパ連邦 vs. 左翼国家主義」はマーストリヒト条約批准論争の延長線上に位置するものである。

　2005年の国民投票の主要な争点は、フランスにおいては、EUへの国家主権の委譲の問題から、EU統合の現在のあり方、あるいは統合が向かう方向性をどう評価するかに移ったようである。第2の懐疑主義をめぐる議論である。主権主義者たちにとって、EUへのこれ以上の権限拡大同様に、EUを支える根本的な価値観としての新自由主義は戦後フランスの国家介入的福祉国家モデルに対する挑戦であり、フランスの存在を弱体化させるものであると映った。

そこで本章においては、フランスにおけるヨーロッパ懐疑主義の拡大を、まず主権主義者の典型的主張を連邦主義者と対比させる形でまとめてみる。第1節は1950年代から60年代における、ジャン・モネ（Jean Monnet）とロベール・シューマン（Robert Schuman）に対抗するシャルル・ドゴール（Charles de Gaulle）。第2節は1980年代における、ジャック・ドロール（Jacques Delors）対マーガレット・サッチャー（Margaret Thatcher）の議論である。

それを受けて、今日のフランスにおいて多様な政治勢力間に散らばる主権主義者を取り上げる。第1に1990年代以降におけるジャン＝ピエール・シュヴェヌマン。第2にフィリップ・ド・ヴィリエ（Philippe de Villiers）。第3に1980年代半ば以降に台頭した国民戦線（FN）のジャン＝マリ・ルペン（Jean-Marie Le Pen）とマリーヌ・ルペン（Marine Le Pen）父娘のケースを取り上げる。

1　連邦主義と諸国家からなるヨーロッパ

連邦主義的ヨーロッパ（ロベール・シューマン）

シューマン・プラン（Plan Schuman）：1950年5月9日の宣言（Déclaration Schuman）。

今日のEUへの発展の礎となったのは、欧州石炭鉄鋼共同体（ECSC）の設立を提唱したシューマン・プランである（第1章第2節参照）。同プランはジャン・モネの構想に基づくものであったが、モネは幾多の戦争を体験したヨーロッパに安定的な平和を築くことは、伝統的な同盟や国家間協力などによっては不可能であると考えた。ヨーロッパの平和確立のためには、とりわけ独仏間の平和が不可欠であると考え、そのためには両国間の紛争の火種となってきた、独仏国境地帯であるアルザス、ロレーヌ、ザール、ルールなどの石炭と鉄鋼の国際管理という方式を考え出したのである。

同宣言が述べているように、石炭と鉄鋼の超国家的な国際機関による管理により、もはや戦争は「物理的にも不可能なもの」となるのである。また同機関における共同作業を通じてエリート間の「われわれ意識」が醸成されれば、そ

れは「不戦共同体」の成立につながることになるであろう。また石炭と鉄鋼の共同管理は、ヨーロッパの連邦化に向けた第一歩となることが期待された。

シューマン・プランは地域統合の制度化により各国の相互的利益を実現し、その後のヨーロッパ統合の具体的な一歩をしるすものとして、その重要性は特筆されるべきものである。フランスの提案はドイツ、イタリア、オランダ、ベルギー、ルクセンブルク、さらには当時の西ヨーロッパ安全保障の守護神とも言うべきアメリカの賛同を得て、1952年欧州石炭鉄鋼共同体（1951年設立条約調印）が設立された。以下は宣言の概要である（遠藤 2008: 230の日本語訳を参考にした）。

① ヨーロッパは一瞬にしてできるものではない。また全体的構造体を作ることによってできるものでもない。具体的な成果の積み上げ、まず事実上の連帯を作り上げることにより形成される。ヨーロッパ諸国の結合のためにはまずドイツとフランスの積年の対立が一掃される必要がある。
② フランス政府は独仏の石炭および鉄鋼生産のすべてを共通の高等機関（Haute autorité commune）の下に置き、ヨーロッパの他の国々の参加に開かれた組織とすることを提案する。
③ 石炭と鉄鋼の共同管理は経済発展の共通の基盤を確立し、ヨーロッパ連邦の第一歩を記すことになるだろう。そして長きにわたって武器製造の定めを負わされ、常にその犠牲者となってきた地域の運命を変えることになるだろう。
④ かくして結ばれる生産の連帯により、独仏間のいかなる戦争も考えられないものとなるだけでなく、物理的にも不可能となる（non seulement impensable, mais matériellement impossible）だろう。こうした強力な生産体の成立は［……］経済統一の真の基盤を形成することになるであろう。

（以下省略）

諸国家からなるヨーロッパ（シャルル・ドゴール）

1958年フランスの政権に復帰したシャルル・ドゴールの『希望の回想』よ

り［ドゴール 1971］。

　ドゴールは伝統的な国民国家からなる国際社会を当然のことと考え、国際関係の主体は国家であらねばならないとするイデオロギーの持ち主である。それ故に超国家的なヨーロッパ統合の理念を受け入れることができずに、超国家的統合を目指すヨーロッパ主義者に異を唱える。彼は戦後のヨーロッパ統合の基盤的理念から生まれた欧州石炭鉄鋼共同体、欧州経済共同体（EEC）の超国家性や連邦主義的な理念に激しく反発する。しかし同時に、国家主権にこだわりつつも、ヨーロッパ諸国間の連携協力関係発展の重要性を主張した。その主張の背景には、第2次大戦後に進行したアメリカ主導の大西洋統合に対抗するために利用可能な一手段としてヨーロッパ統合を捉えていたということもある。

　ドゴールのヨーロッパ政策はヨーロッパ大陸内でのリーダーシップ確保戦略とも位置づけられる。それは EEC 設立初期において、ドイツとの関係においてフランスの国益にかなう共通農業政策ならびに対外共通関税制度の導入を強力に主張したことに現れている。ドゴールにとっては西側同盟もヨーロッパ統合も、例えばドイツのように他に選択の余地のない政策ではなく、いずれもフランスの国益達成の手段であるという側面が強いのではなかろうか。政権の座に復帰して間もない 1958 年 9 月、アデナウアー西ドイツ首相との会談の中でドゴールは、敗戦国ドイツが冷戦状況下に西欧の同盟組織（大西洋同盟＝NATO）に依存することの必要性を認めつつも、フランスの状況は異なることを指摘している。「フランスは戦争で、その成果も国家的統一も失わなかった。したがって国家的利益の観点だけに立てば、ドイツとは大きく異なり、西欧の組織化を必要としないというべきである」［ドゴール ibid: 245］。

　ドゴールは超国家的ヨーロッパの組織化に反対して次のように述べた。

　　歴史上、「この地（ヨーロッパ）を掌握したもののいずれもが、被征服国に個性を放棄させることに成功しなかった事実を、なぜ認めようとしないのか」。「［……］欧州の一体化は諸国民の融合ではなく、これらの一貫した接近を通じて実現することができ［……］」、「したがって私の政策は、

諸国民を結ぶあらゆる種類の絆を強化しつつ相互の結束を固めるよう、欧州諸国の協調組織をめざした。そこから出発して前進を重ねるならば、やがては諸国の国家連合（コンフェデラシオン）に行きつくであろう［……］」。［ドゴール ibid.: 237］

「何世紀にもわたり、数限りない努力と苦難を経て形成された欧州諸国がそれぞれの地理、歴史、言語、伝統、制度を持ちながら自己を失い、単一の国家を形成しうるなどと信ずるには、どれほどの幻想と偏見が必要であろうか」。［ドゴール ibid.: 259］

2　EU 中心のヨーロッパ統合とその批判

ジャック・ドロール欧州委員会委員長が行ったストラスブール演説（1988年7月）は二重の意味で興味深い。第1は、EU の発展が当時すでにいかに高いレベルに達しているかを一般市民にまで認識させたことである。彼は「EC は単なる大市場ではありません。それは国境線のない経済的・社会的空間でもあります。それは政治同盟に転換していく資格を持ち、外交・安全保障政策の分野における協力を一層発展させていくでしょう。こうした婚姻契約の諸条項は、いまだそのすべてが実現していないとはいえ、不可分のものです」と述べ、統合の全体像を再確認している。

第2は、その後サッチャー英首相から超国家的、連邦主義的なヴィジョンであるとの批判的受け止め方をされ、大論争のもとになった点である。ドロールは先の演説で次のように述べた。「［……］10年後には経済立法の、そしておそらくは財政や社会立法ですらも、その80％までが欧州共同体（EC）起源のものになるだろう」。この発言がサッチャー首相の怒りを買い、彼女の1988年9月のブリュージュ演説につながったとされる。サッチャーの批判に対する反論としてドロールは翌年89年10月の同じブリュージュのヨーロッパ大学院大学で講演をしている。以下においては、順序を逆にして、ドロールの考え方がよく整理されたブリュージュ演説を先にして、その後にドロールの超国家主義的ヨーロッパ統合に対する批判の典型例として、サッチャーの主権国家中心のヨーロッパ観を紹介する。

第 6 章　ヨーロッパ懐疑主義者の台頭

　ドロールもサッチャーも直接的にフランスの立場について言及したものではないが、フランスにおける EU 統合に対する擁護論―反対論の原型をなすものであると思われるので、ここで取り上げることにする。

連邦主義者の EU 擁護論

　ジャック・ドロール欧州委員長による 1989 年 10 月 17 日、ブリュージュのヨーロッパ大学院大学創立 40 周年記念講演（Jacques Delors, le discours prononcé au Collège d'Europe, Bruges）。

　ドロールは戦後のヨーロッパ運動の思想的担い手の一人であり、強い影響を受けたドゥニ・ド・ルージュモン（Denis de Rougemont）について語ることから始める。ド・ルージュモンは戦後のヨーロッパは米ソいずれの陣営も選択すべきではないと述べ、「したがって我々に唯一開かれた選択肢とは、ヨーロッパそのものを選択することである。ヨーロッパを守る唯一可能な方法とは、ヨーロッパを誕生させ、連邦を形成することである」と強調している［遠藤 2008b: 190-192］。

　ドロールはこのようにド・ルージュモンの主張を紹介しながらも、連邦主義の理念に補完性の原理（le principe de subsidialité）を付け加えることの必要性を強調することも忘れなかった。補完性の原理とは、調和のむずかしいものを調和させる方法である。すなわち国家レベルよりもヨーロッパレベルにおいて実行する方が効率的であることのみ、EC の政策として行うことが肯定されるという原理である。今日の問題解決に必要なヨーロッパ権力と、自分が根を持つ国家や地域に対する愛着との共存を可能にする原理であると考える。

　ドロールは超国家主義者としての側面だけが強調される傾向にあるが、彼の連邦主義の主張は主権国家を否定するのではない。今日のヨーロッパが要請する機能的超国家主義と、依然として存在感を持ち続けている主権国家からなるヨーロッパとを調和させようとするのである。

　ドロールは、ヨーロッパの経済的再生はパートナー諸国を驚かせるような成功であったにもかかわらず、今日においてもヨーロッパは依然として十分重きをなしていないと述べ、その理由を説明している。「我々に欠けているものは

明らかである。それは意図的に保たれている、完全なる主権が存在するというフィクションである。そこから各国別の政策が効果的であるというフィクションが生まれるのである」。ドロールはそれに代えて、「簡単なやり方がある。一つの声で語ることである。これは実際単なる決まり文句ではなく、我々の制度が確固たるものにしてくれる我々のあり方である。また主権の共同使用を受け入れることで成し遂げられた結果がその正しさを明らかにしてくれるものである」。

彼は連邦主義者に向けられる批判に対し次のように反論する。まず連邦主義とはアメリカ合衆国に似たモデルを採用することではないと述べてから次のように説明している。「［……］我々は歴史と個性を持つ古い国家を統合しなければならない。しかし国家・国民に対する陰謀を仕掛けようというわけではなく、誰に対しても正当な愛国主義を捨てるようにとは言わない。私としては、ジャン・モネが望んだように人民を一つにするだけではなく、諸国家を連携させたいのである。共同体が発展するにつれて、市民のヨーロッパを建設することの必要性を我々の政府は強調するようになるだろう。一人一人のヨーロッパ人が第二の祖国とも言うべき共同体に帰属しているという気持ちを持つようになることを望むのは冒瀆であろうか。もしそれを拒絶するならば、ヨーロッパ建設は失敗し、冷酷な怪獣が優位を占めることになろう。なぜなら、我々の共同体は（第二の祖国という）追加的精神や民衆的基盤を持たないことになり、それなしではあらゆる人間的な試みは失敗せざるを得ないことになるからである」。

国民国家論者の反EU論

ドロール批判のマーガレット・サッチャーのブリュージュ演説 'Britain & Europe'（College of Europe in Bruges, on 20 september 1988）。

サッチャーはイギリスが反ヨーロッパであるとの大陸ヨーロッパの持つ疑念を振り払うところから話を始める。そのためイギリスのヨーロッパやECとの関係について述べる前に、まずヨーロッパのアイデンティティそのものについて述べる。ヨーロッパという理念は誰の専有物でもないこと。イギリスは他の

第 6 章　ヨーロッパ懐疑主義者の台頭

国家同様ヨーロッパ文化の遺産相続人であること。歴史的にイギリスはヨーロッパに様々な面で貢献してきたこと。代議制度（議会）、大陸の専制政治の被害者の庇護など。また中世の法の支配の観念を学び、個人の自由、人権に基礎を置くキリスト教の理念などを共有する。植民地化という共通の体験もした。イギリスはヨーロッパが一つのパワーの支配の下に置かれないようにするために戦った国であり、ヨーロッパの一員であることは疑いのないところである云々。

　しかしサッチャーはヨーロッパと現状の EC とを区別する。EC はヨーロッパ・アイデンティティの一つの現れに過ぎないこと、しかしイギリスは孤立を楽しむ国ではなく、我々の運命はヨーロッパの中にあり、EC の一部である。このように述べてから、ドロールの連邦主義的 EC 観に反論する（以下の引用部分は遠藤 2008b: 508-509 の翻訳に基づく）。

　　「私が最も大事にしている指導原理はこうである。つまり、お互いに独立した主権国家が自らの意思で積極的に協力することこそが、欧州共同体を成功裏に建設する上で最善の道となる、ということだ」。
　　「ヨーロッパはフランスがフランスで、スペインがスペインで、イギリスがイギリスであり、それぞれの国が、自らの慣習、伝統、アイデンティティを保つからこそ、強力になるのである。愚かなことは、それらを何かモンタージュ合成のようなヨーロッパの個性に合わせようとすることだ」。
　　「多くの大事な争点において、ヨーロッパ諸国は一つのまとまった声で語るべきだ。もっと緊密に、一国でよりも共同でした方がいいような事柄については協力するようになることを望む」。「しかし、より緊密に共同して当たるということは、なにもブリュッセルに権力を集中させ、選挙の洗礼を受けない官僚機構に決定を任せることではない」。
　　またサッチャーは、ヨーロッパは「単一市場を作るために貿易障壁を廃止しておいて、共同体がより高い外的障壁を設けることは裏切り行為である」と断じている。

　以上見たように、ドロールとサッチャーの対立は単に連邦主義と国民国家中

心のヨーロッパとの対立だけにとどまらない。小さな政府、できるだけ規制を廃止した自由競争重視のサッチャーと、ムーニエ流の人格主義者として「個人が権利だけではなく他者や社会に対する義務を意識しながら、人格を開花できるかどうかと自問し続ける」ことが重要だと考えるドロールとの対決でもある。ドロールは国内では国家の、ヨーロッパではECの利害の調整者としての役割を重視する考え方に立つ。サッチャーの新自由主義的なイデオロギーとの対立が生まれる所以でもある。

3　フランスの主権主義者の伸長（1990年代以降）

ジャン＝ピエール・シュヴェヌマン（左翼共和主義者）

　代表的なFNについては後に詳しく取り上げるとして、ここでは左翼の側からジャン＝ピエール・シュヴェヌマン、中道の側からフィリップ・ド・ヴィリエの2人を取り上げる。Ronald Tiersky, *Euro-skepticism*, 2001 を参考にして、まとめてみる。

　シュヴェヌマンは長期間社会党左派の「社会主義研究教育センター」（CERES）の指導者として重きをなし、何回も閣僚の地位を経験している。しかしヨーロッパ問題、地方分権問題などについては社会党政府の方針と合わず、4回閣僚を辞任している。第1回目は1983年、ミッテラン大統領のフランスはユーロにとどまるという決定に抗議して工業大臣を辞任。1986年には政府の農業政策に抗議して辞任。1991年にはフランスの湾岸戦争参加に反対して防衛大臣を辞任。2000年にはジョスパン（Lionel Jospin）社会党内閣のコルシカ議会に制限的ではあるが立法自治権を認めるという決定に反対して内務大臣を辞任。いずれも政府のフランスの独立や主権維持のための政策が不十分であることに抗議しての辞任であった。また共和主義者として「不可分の共和国」防衛に対する危機感の意思表示でもあった。

　1992年のマーストリヒト条約の批准問題で、批准賛成の党の方針と対立すると、翌年には離党して新しい政党である「市民の運動」（Mouvement des Citoyens）を設立した。その後社会党とは連携を保ちつつも独自の道を歩んでいる。国家主権や中央集権制の強調は近代のフランスではどちらかといえば保

守のイデオロギーであるが、共産党とも近い生粋の左翼の彼がそれを主張しているのである。シュヴェヌマンは伝統的な左翼と保守のイデオロギーとを混合させることをためらわない。共和主義者であると同時にナショナリストであり、中央集権的国家主義者でもある。単なる主権主義者ではなく、フランスの伝統である社会関係の調整機能を担う国家、また国民のアイデンティティを生み出す国家の役割を評価する。そして共和国の不可分性を主張して、地方分権には警戒的であり、国内社会の「共同体主義」(communautarisme) 的分断状況に反対する。

ティアスキーはシュヴェヌマンを次のように評している。「フランスの共和主義的ナショナリストはジョスパン政府のコルシカ・プランに危惧の念を抱いた。なぜなら同法案が多様なフランス市民の存在という考え方を正当化し、多文化的な国民という新奇な考え方を育み、フランスの国民性の伝統的な同化主義の概念が損なわれてしまうからである」[Tiersky, 2001: 196]。

シュヴェヌマンのヨーロッパ懐疑主義はヨーロッパ連邦主義に反対する。連邦主義が国内の地方分権的権力の容認に通じかねないからである。連邦主義と地方分権を志向するヨーロッパ統合はフランスをドイツの国家モデルに近付けることになることを心配する。そのことは冷戦後の EU 改革論としてドイツのフィッシャー (Joschka Fischer) 外相が明らかにした提案にシュヴェヌマンが激しく反論したことを見てもわかる。

フィッシャー提案に対する感情的とも見えるシュヴェヌマンの反論は世論を驚かせた。EU の究極目標についてフィッシャー独外相は 2000 年 5 月 12 日のベルリンのフンボルト大学における講演の中で明らかにした。

講演は「国家連合から連邦へ：ヨーロッパ統合の究極目的について」[Fischer, 2000] である。すでに第 3 章第 5 節で紹介したものを一部繰り返せば以下の通りである（テキストはフランスの元老院によるフランス語訳を参照した）。

　　フィッシャーの提言の核心は統合の最終目標を明確に連邦としたことである。ただし彼は多様な文化と歴史を具現化するものとして国民国家の重要性を認め、国民国家に代わる連邦という考え方を非現実的であるとして退ける。彼はヨーロッパ連邦と構成国家との間の権限の分割（補完性の原

理の尊重）を考え、それは憲法的条約により保障されるべきだと考えた。また具体的制度改革として、直接選挙で選ばれる大統領の下に置かれる欧州委員会、あるいは欧州理事会のいずれかをヨーロッパ政府に発展させる。議会は構成国と市民とを代表する二院制とすることを提案した。そしてこうした改革の推進役として「重心」（Centre de gravité）を考え、その核に独仏両国を置いたのである。

この発言に対するシュヴェヌマンの反応は、いささかヒステリックなものであった。「ドイツが連邦主義的ヨーロッパを望むことは、古き帝国を夢想することの純化された表現である。なぜならばそこにおいてドイツは必ずや支配的存在となるからである」［Tiersky, ibid: 197］。

シュヴェヌマンのドイツ観は以前から知られていた。1993年9月3日に「ル・モンド」紙に掲載されたインタヴューは興味深い。「自由主義的なヨーロッパにおいては、諸国家の民主的な正統性は超国家的カラーで上塗りされ、いわゆるポストナショナルのイデオロギーによってその基礎を掘り崩されることになるだろう。ドイツ民族国家は、その本来的特徴と特別の大きさ故に生き延びることになるであろう。それはフランスには当てはまらない。フランスは実のところ政治的、文化的実在であって、民族的存在ではないからである。フランス国民が存続しうるとするならば、それは共和主義的国家による以外にはないのである」［Tiersky, ibid: 196］。

シュヴェヌマンの反対論は、保守・左翼の違いを超えた共和主義者、ナショナリストのイデオロギーの表明であり、また時として政治指導者の間に見られる対独警心を表している。フランス人エリートの目から見ると、ヨーロッパ（統合）問題の核心には依然としてドイツ問題があることをうかがわせる。

フィリップ・ド・ヴィリエ（中道のナショナリスト）

ド・ヴィリエは保護主義的主権主義者と呼ばれる。1978年、当時大統領であったジスカールデスタンのイニシアティヴで設立された中道政党諸派の連合体である「フランス民主連合」（UDF）出身である。UDFは親ヨーロッパ的伝統を有する政党である。1992年のマーストリヒト条約批准キャンペーンの

第 6 章　ヨーロッパ懐疑主義者の台頭

中でド・ヴィリエの反ヨーロッパ的姿勢が際立つようになり、彼は結局 1994 年には UDF を離れ、「フランスのための運動」（MPF）を立ち上げた。

　1995 年と 2007 年の大統領選挙に出馬するも、それぞれ第 1 回投票で 4.74％、2.23％の得票にとどまり、同じ主権主義者のルペンほどの支持の広がりを見せていない。1994 年の欧州議会選挙では、独自のリストで 12.34％、13 議席を獲得したのを手始めに、1999 年の同選挙には保守の「共和国連合」（RPR）を離れたシャルル・パスクワ（Charles Pasqua）と共同リストの「フランスのための結集」（RPF）の旗印の下で闘い、得票率は 13.05％、13 議席獲得へと躍進した。また 2004 年には同じく欧州議会選挙で MPF は単独で 7.6％、3 議席を獲得した。しかし 2009 年には同選挙をリスボン条約に対する国民投票と位置づけて選挙を戦ったが、成功を収めることはできなかった。

　MPF は同党の倫理観や信念に対する忠誠の誓いとして、MPF への入党希望者に対して同党の憲章（Charte du MPF）への署名を求めている[1]。その中で「われらの闘い：タブーなき真実の精神」という項目のところに同党の基本理念が集約されていると思われるので以下に要約・紹介する。

　　虚偽は暴力に通じ、真実は人々を解放し、平和を樹立する。
　　MPF は「ポリティカリー・コレクト」のタブーを打ち破る。MPF はグローバル主義のエリートに対抗して、世界の安定と人々の平和を保障するものとして諸国家の地位の促進を願う。その実現のため、MPF は新しいヨーロッパ、祖国と人民からなる新しいヨーロッパを提案する。MPF は人間、宗教、文化を対立させることを望まない。フランスを細分化させ、民族集団に分断し、その結果社会秩序の基盤を掘り崩し、人々を根無し草にしてしまう多文化主義に反対する。MPF はフランスへの帰属感情の主要な表現としての愛国主義に愛着を抱く。共和国の統一に気を配る。政治生活を毒する様々なイデオロギー、とりわけ共同体主義とグローバル主義と闘う。「引き裂かれた国土」において企業の国外移転に苦しみ、「共和国の失われた国土」の中で、無統制の移民が社会的絆を破壊し、国家の権威が消失させられているフランスに希望を取り戻させたい。市民優先を回復させたい。気後れすることなく、タブーに囚われずに、また外国人嫌いに

151

陥ることもなく、同胞に誇りと希望を取り戻させたい。フランスを愛することは我々を取り巻く世界を排除することではない。それどころかそれは「フランスは世界がたどる道」であることを理解し、評価するための最良の方法である。

　下線部分（原文ではイタリック）はMPFの思考のありどころを示してくれる。ド・ヴィリエは外からの脅威にさらされるフランス社会を防衛する役割を自己に担わせている。それは彼の用語法にも現れている。多文化主義、共和国の統一、愛国主義、共同体主義、グローバル主義などは、それが自己の信念を述べるためにも、相手を批判するためにも頻繁に使われている。戦闘的な保護主義者・主権主義者の面目躍如たるものがある。

4　反ヨーロッパ政党国民戦線（FN）の台頭

　FNの存在が国民の関心を集めたのは、同党の過激な反移民・治安維持の主張のためであった。フランスにおいて、1973年の石油ショックを契機に新規の労働移民の受け入れが停止されて以来、移民の定住化が進み、それとともに移民の存在が社会問題化するようになった。丁度この時代の1972年、ジャン＝マリ・ルペンによりFNが設立された。以来2011年に娘のマリーヌに党首の座を明け渡すまで、ルペンは長年にわたりトップの座を守り、同党を発展させた。結党時のFNは多くの極右勢力の寄せ集めに過ぎず、将来における発展を予想させるものはなかった。

　FNが全国的な政党として初めて認知されたのは1984年の欧州議会選挙であった。この時の得票率は11.4％であり、極右勢力が5％を超える支持率を得ることはないという伝統を覆すものであり、世論に驚きを与えた。国政における最重要の選挙は大統領選挙とならんで国民議会選挙であるが、後者は小選挙区2回投票制により行われるため、他党からの第2回投票時の選挙協力を拒否されたFNの候補者には当選可能性はほとんどなかったと言ってよい（それでも直近の2012年の選挙では2名当選させている）。その意味では比例代表制をとる欧州議会選挙は、FNにとっては自分たちの力を示す良い機会になってい

る。

　2014年の欧州議会選挙でFNはフランス第1の政党（24.86％、24議席）となった。ちなみに保守のUMP（国民運動連合）は20.81％（20議席）、PS（社会党）は13.98％（13議席）で惨敗した。FNの勢いは2015年3月の県議会選挙にも引き継がれた。第1回投票において保守諸党派の合計得票率は36.60％、左翼諸党派のそれは36.70％であったが、FNは単独で25.31％を獲得し、第1党に躍り出た。ただし選挙協力ができなかったため、第2回投票後の最終的議席数は62にとどまり、UMPの1,080、PSの954には遠く及ばなかった。しかし地方レベルにおいてもFNの影響力が拡大していることは間違いない。確かに、依然としてFNを議会制民主主義の枠外に位置づけようとする既成政党や多くの国民の意思には厳然たるものがある。それは2015年1月7日の「シャルリ・エブド」に対するテロに抗議して組織された「共和主義者」のパリでの大規模デモへのFNの参加が拒否されたことにも表れている。

　ここではヨーロッパ懐疑主義者＝主権主義の台頭について論じることが目的であるので、FNの他の分野の主張はいったん脇において、EUを中心としたヨーロッパ政策についてのみ取り上げることにする（FNの反移民政策については第9章を参照）。

党綱領に見るFNのEU政策

　1992年のマーストリヒト条約批准のための国民投票は反ヨーロッパの主権主義者政党を浮上させる機会となった。FNも従来からの排外主義的傾向を反ヨーロッパ、反EUの方向に向け、移民排斥とともに彼らの主張の中心に据えていくようになる。移民排斥も反ヨーロッパも自国中心的発想への執着の点で共通するものがある。

　FNのEU批判は「人民なきヨーロッパ」「人民に反対するヨーロッパ」などのスローガンに現れているように、エリート対庶民の対立の構図を描き出す。「それ（金融セクター）は危機を好機ととらえて、諸国家を解体して連邦主義への道を強制する。連邦では選挙で選ばれたのではない専門家の手に諸国人民の運命を預けることになる」（マリーヌ・ルペンの「私のプロジェ」Mon Projet pour la France et les Français）[2]。

第Ⅲ部　フランス人とヨーロッパ

　FNの主張において、反EUの主権主義的主張にはどの程度重きが置かれているのだろうか。2012年の大統領選挙のFNの候補者であるマリーヌ・ルペンが自分への支持を呼びかけて公にした「12の約束」(12 engagements de Marine Le Pen) を見てみよう[3]。多くはFNの従来からの主張を並べたものであるが、いくつかの点で興味深い。最初に挙げられているのは「最も低い給与と年金を引き上げる」である。FNが従来の保守層に加えて庶民・労働者層、すなわち社会的弱者、ヨーロッパ化やグローバル化などの恩恵を受けられない社会層への接近を図っていることの証拠であろう。次いで従来からの主張の繰り返しであるが、「移民をストップし、国民優先を確立する」「フランス人の安全を確保する」「公共のモラルを再建し、フランス人民に発言権を与える」など国内秩序の回復を訴えている。対外的側面については、「フランスの産業の再建」「金融市場の支配からの開放」などが挙げられているが、前者は（「国境における妥当な保護による」）、後者は（「負債のスパイラルから抜け出すため」）との補足説明がつけられており、保護主義的な政策を求めている。

　その中でも特に興味を引くのが次の2点である。第1は（政治・宗教的諸要求に対抗して）「共和主義的ライシテ（政教分離）を強制する」と述べ、極右と呼ばれるFNが通常左翼のイデオロギーとされてきたライシテを主張していることである。ライシテとは1905年の「政教分離法」によって樹立された理念である。少々荒っぽい言い方をすれば、ライシテは大革命以来、市民社会に対する影響力を競い合ったカトリック教会と国家の間の対立を妥協的に収めるために編み出されたものである。その後、宗教的実践の自由を「私的な空間」に限定し、「公の場」においてそれを禁じること、と狭義に解釈されるようになっていく（詳細は第8章を参照）。今日、一部のイスラム教徒の側からの公の場における宗教的実践の自由の要求を封じるためにFNはライシテの理念を持ち出すようになっている。FNを極右と呼ぶよりも「ナショナル・ポピュリズム」と呼ぶ方がふさわしいということの根拠の一つになるかもしれない。

　第2の興味深い点は今日、主権主義者の代表とも言えるFNであるが、「12の約束」ではヨーロッパについての直接的な言及は一つしかないことである。それも10番目に挙げられているに過ぎない。（国民主権の回復のために）「ヨーロッパ諸条約を再交渉する」とだけ簡単に述べられている。その意味では反

第 6 章　ヨーロッパ懐疑主義者の台頭

　ヨーロッパ政党の主張としては弱いように見えるが、先に挙げた「移民をストップし国民優先を確立する」「フランス人の安全を確保する」については EU のシェンゲン条約批判が透けて見える。また「フランスの産業の再建」「金融市場の支配からの開放」では、こうした要求によって批判されているのはグローバル化であろうが、FN はグローバル化を助長するものとしてヨーロッパ化を捉えていることから、これらの批判は EU に向けられていると判断してもよいであろう。そのように考えると、ヨーロッパという言葉が直接的には使われていなくとも批判の矛先の多くは EU に向けられていると理解すべきであろう。

　2012 年の大統領選挙のために、マリーヌ・ルペンは一層詳細な公約、「わたしのプロジェ」（Mon Projet）を公表したが、今日（2016 年 1 月）でも党のホームページに載せているので、大統領選挙戦を超えたもっと長期的な FN としての政策の表明であると受け止めてよいであろう。その中から EU に関する部分をピックアップしてみよう。これは先の「12 の約束」に具体的数字を入れて詳しくしたものであるから全体の構造は同じである。EU の政策についての直接言及は①「ユーロ：我々の通貨の自由を取り戻そう」、②「農業と農村：自由意思に基づく農村政策のために」、そしてプログラムの最後に、③「ヨーロッパ条約：自由な国家からなるヨーロッパを目指して」の 3 つがあるだけである。全体で 21 の政策分野、15 ページからなる文書の中で、この 3 つの部分を除いては直接にヨーロッパ（EU）という語は使われていない。以下にこの部分だけを抄訳の形で紹介する。

①　通貨の自由の回復：10 年来単一通貨であるユーロは約束を果たしていない。そのバランスシートは決定的な赤字である。すなわち、物価上昇、失業、工場の海外移転、債務増加を引き起こした。ユーロを唯一の共通通貨とすることをやめ、復活させたフランと併用する。この新しい体制は国民投票を経て導入され、フランスの経済を活性化し、繁栄への道を回復させる。

　　具体的な問題点：ギリシャ、アイルランド、ポルトガル救済のために、フランスはすでに 600 億ユーロの負債を負った。また（債務国救済のため

155

の）欧州安定メカニズム（ESM）のために1,430億ユーロの約束をしたこと。

ユーロにとどまることは、じわじわと死に向かうことを意味する。競争力の回復には2つの方法しかない。一つ目は給与を引き下げ、社会的保護のシステムを破壊してしまうこと。これは保守の国民運動連合（UMP）の政策である。もう一つは緊縮を求める極端な計画を拒否して通貨に手を付けることである。

資本投機の動きを監視するための措置を講じる。預金銀行は部分的に国有化し、銀行の取引を健全化し、フランス人の貯蓄の安全性を高める。

② EUの共通農業政策（PAC）からの脱退：代わって「フランス農業政策」（PAF：Politique agricole française）を実施し、大規模と小規模経営体との間の、より一層公平な発展を目指す。農業者の年金、とりわけ遺族年金改革を実施する。少なくとも最低賃金（SMIC）の85％を保障する。EU予算を削減して、農業再生計画を実施する。

漁業：現在EUと交渉中の漁業政策はフランスの漁業にとって有害である。

狩猟：ユーロクラートの指図を終わらせて、フランスは狩猟の解禁日と禁猟日を自ら決めるようにする。

③ 欧州条約の再交渉。自由な国家からなるヨーロッパに向かって：欧州連合条約第50条に基づき、条約の再交渉を開始する。完全な失敗に陥っている独善的なヨーロッパ建設と決別するためである。そして人民主権、ナショナル・アイデンティティ、言語、文化を尊重するヨーロッパの基礎を築かなければならない。

具体的には、国境に対する統制力を回復しなければならない。この分野の政策としては移民、対外交易、資本移動などに関する同一の見解、利害を有するヨーロッパ国家との自由な連合が優先される。フランスは自国の通貨・通貨政策に対する統制力を回復しなければならない。

イノヴェーションの実現を目指した、ヨーロッパ大のプロジェクトを、希望するパートナーたちと一緒に立ち上げる。その例はすでにアリアンヌ（ロケット）やエアバスの前例に見るように、EC／EUの枠外で実現さ

　　　　　　　　　　　　　　　　　　　　　第6章　ヨーロッパ懐疑主義者の台頭

れたものである。
　（主権国家からなる）汎ヨーロッパ連合の設立を提案する。連合にはロシア、スイスが含まれ、そこでは中立、国内法、各国の税制などが尊重される。トルコはこの計画には加わらない。

　こうしたFNのプログラムから何が読み取れるであろうか。第1に、ユーロはフランスの主権の喪失であり、国際金融資本主義のエゴイズムを国内に持ち込み、庶民の生活に打撃を与えるものである。移民問題とならんで外からの脅威を国内に持ち込むものとされ、対外的保護主義の主張の根拠とされている。
　第2にヨーロッパとEUとは別物であるとの主張である。これは先に紹介したマーガレット・サッチャーやシャルル・ドゴールをはじめとする反EU論者が共通して持ち出す論点であり、伝統的な文明圏のイメージにかなうものでもあり、一部市民の共感を得やすいものである。かつてアメリカの西欧に対する影響力排除のためにドゴールが「大西洋からウラル」という地理的概念を出し、またサッチャーがイギリスのヨーロッパ大陸との歴史的つながりを強調したのは、ヨーロッパ=EUとみなすヨーロッパ像批判のためだった。冷戦後、2004年の旧東欧諸国へのEUの拡大がこれら諸国の「ヨーロッパへの復帰」と表現されたことも西欧市民の感情に訴える効果があったと思われる。
　第3に、いわゆるEUを「トロイの木馬」とみなし、決してヨーロッパを守る「盾」の役割を演じていないことを繰り返し批判し、EU条約の見直しを主張する。さらにはユーロからの脱退を要求する。この点にも見られるように、FNの主張は国内政治とヨーロッパ国際政治とのつながりを強調し、外からの脅威に対してフランスを守らなければならず、それが可能になればフランスの現在の困難は解決されるとの見方を示すのである。そして「グローバル化と経済的・社会的危機を前にして、FNは今日、国民連帯の契約を更新することを提案する。すなわち富の公平な分かち合いである。それは経済的保護主義、フランス国土への後退、「国民優先」の思想に導かれて実現される」[Ivaldi, 2011: 25]。FNには「ナショナル・ポピュリズム」のレッテルこそふさわしいと言えよう。

157

第Ⅲ部　フランス人とヨーロッパ

世論調査に見る FN のイメージ

最近のデータとして、2014年の欧州議会選挙を分析してみる。

本書の冒頭で筆者は「ストラスブールから激震が走った」と書いた。この選挙で各国の反 EU 勢力が大幅に支持を拡大したからである。中でも注目を集めたのは、FN の勝利であった。FN の得票率は 24.86％であり、24議席を獲得してフランスの第1党になった。第2位の UMP は 20.81％、20議席であり、第3位の PS は 13.98％、13議席にとどまった。

欧州議会選挙直前に行われた IPSOS（世論調査）を見てみよう。これは 2014年5月22日、24日の両日に、France Télévision、Radio France、Le Point などの依頼により実施されたものである。市民のヨーロッパ観を支持政党と関連させて聞いたものである。ここでは EU との関連の質問項目に限定し、また支持政党としては FN の他には左翼の社会党（PS）と保守の国民運動連合（UMP）に限定して取り上げる。

(1) 投票において、政党の提案のうちで、①国内問題、②ヨーロッパ問題のいずれを特に考慮するか？　　　　　　　　　　　　　　　　　　　　（％）

支持政党	国内問題	ヨーロッパ問題
FN	58	42
PS	21	70
UMP	42	58

（FN を除く他の政党支持者はヨーロッパ問題を選んでいる。）

(2) フランスの EU への所属は、①良いこと、②悪いこと、③どちらともいえない。　　　　　　　　　　　　　　　　　　　　　　　　　　　　（％）

支持政党	良いこと	悪いこと	どちらともいえない
FN	13	58	29
PS	59	11	30
UMP	49	15	36

（FN が突出して反 EU である。左翼全体の平均では、①は 52％、②が 15％、③が

33％。保守・中道全体の平均でも、①が52％、②が14％、③が34％である。)

(3) 現在直面する問題解決のためには、①ヨーロッパの決定権を強めるのがよい、②国家の決定権を強めるのがよい、③現在の配分を変えないほうがよい。 (％)

支持政党	ヨーロッパ	国家	配分を変えない
FN	6	92	2
PS	31	50	19
UMP	24	63	13

(FNだけが極端に国家主権主義的である。左翼諸政党支持者の平均では、①が30％、②が53％、③が17％であり、PSの値とほぼ同じである。また保守・中道支持者の平均は①が27％、②が60％、③が13％とUMPの値と大きくは変わらない。)

(4) 数年後に、フランスはユーロに、①とどまっていたほうがよい、②離脱したほうがよい。 (％)

支持政党	とどまる	離脱
FN	34	66
PS	87	13
UMP	85	15

(ユーロ離脱論はFN支持者の中で非常に強い。左翼全体の平均で見ても、①は82％、②は18％であり、保守・中道全体の平均でも、①は85％、②は15％である。)

　フランスの親ヨーロッパ的態度は、70年代にははっきりしており、80年代、90年代においてもヨーロッパ諸国の平均に近かった。しかし今日ではEU28か国の中では14番目に後退してしまった。フランスではヨーロッパ懐疑派が51％、親ヨーロッパ派は46％である。ちなみに他の主要構成国においては、親ヨーロッパ派の方が多く、オランダでは69％、アイルランド63％、スウェーデン56％、デンマーク55％、スペイン55％、ドイツ54％などである［Eurobaromètre standard 78, automne, 2012］。

　以上から明らかなことは、EUに関するFNの主張は党の支持者の考え方を

正確に反映したものであり、明らかに主権主義的・ヨーロッパ懐疑主義的であると結論づけることができる。

　FN 研究の第一人者であるパスカル・ペリノー（Pascal Perrineau）は、フランス人と EU との関係を次のように総括している。2014 年春の時点において、「ヨーロッパはローマ条約調印後の 40 年間に、次第にフランスの様々な困難に対する「スケープゴート」にされてしまった。左翼においても保守においても、とりわけその両極端においては、多くの政治勢力はそれ（ヨーロッパ）を政治的武器に使っている。今やヨーロッパは官僚主義、新自由主義、コスモポリタン主義、介入主義などとならんで「悪の象徴」の仲間入りをさせられてしまった」[Perrineau, 2014: 132-33]。

第IV部
フランス国民国家の形成と変容

第Ⅳ部　フランス国民国家の形成と変容

第7章

国民国家の形成

はじめに

　第Ⅳ部の主題は、主としてフランス国内において進行する伝統的国民国家の変容過程を分析することにある。国家レベルでは主としてヨーロッパ統合のフランスに対する影響が問題とされたが、国民レベルにおいては内的要因に起因する社会変動が問題となる。

　本章においては、同質的な国民形成の歴史をフランス革命の時代にまでさかのぼって概観し、革命によって生まれた市民社会の原理、市民の権利、国民形成の理念、共和制・共和主義のモデルなどを抽出する。大革命期に生まれたこうした理念は第3共和制期（1875～1940年）に確立することになる。共和主義は公教育を通じて将来の共和国市民に伝えられ、フランス社会の根幹をなす理念となった。共和主義の中核をなす理念の一つは1905年の政教分離法において確立されることになるライシテ（laïcité）である。ライシテは、第2次大戦後、とりわけ1980年代以降における、国民共同体の同質性を揺るがす「事件」の中で中心的な争点になっていくことになる。

1　国民国家の基本理念

　はじめに国民国家フランスを支える基本的理念についてまとめておこう。その根幹をなすものとして、①1789年の「人と市民の諸権利の宣言」（Déclaration des droits de l'homme et du citoyen）において表明された自然権概念に基づく市民の権利、②国民の理念、③共和国の理念と共和主義、の3つを取り上げることにする。

第7章　国民国家の形成

人権宣言

　周知のように、「人権宣言」はフランス革命期の 1789 年 8 月 26 日に発せられたものであり、近代市民社会を導く理念として最重要なものである。そこで表明された権利および理念は革命後から第 3 共和制期を通してフランス国民意識の中に定着していった。人権宣言は単なる歴史的文書ではない。現在のフランス第 5 共和制憲法の前文において言及されているように、第 4 共和制憲法の前文と合わせて今日においても法的有効性を保つものである。それは憲法ブロック（bloc constitutionnel）概念に基づき、現憲法の一部をなしている。それは例えば、後述するパリテ法の違憲性を判断したとき（1982 年）に、憲法院が判決の論拠として人権宣言の規定を引用していることを見てもわかる。

　人権は人一般の権利としての、永久不変の法である自然権に属するとされる。自然権とは、人が人であるがゆえに生まれながらに持つ権利であり、特定の支配者とか政治体制などから与えられるものではない。すなわち時間と空間を越えて普遍的に存在する権利とされる。1789 年の人権宣言においては、そうした自然権といった抽象的権利は実際には法律の形をとって初めて実効的なものとなるとされた。そのことは議会制定法の優位を強調する論理構成につながっていった。人権宣言においては、「法律は一般意思の表明である。すべての市民は、自ら、またはその代表者によって、その形成に参与する権利を持つ」（第 6 条）とされている。しかし現実には 1791 年の憲法以来、国民の意思はその代表者（議会）を通じてのみ表明されることになってしまった。代議制の原理が優位を占め、直接民主主義の原理は背景に押しやられてしまった。しかしそれは消滅してしまったわけではなく、フランス政治史の様々な局面において、あたかも議会主義の伏流水として、議会主義批判の形をとって噴出するのである。現行の第 5 共和制においては、代表制民主主義に加えて、直接民主主義原理として大統領の直接選挙制度や国民投票制度が導入されている。

　人権宣言では自然権として自由、私的所有、心身の安全、抑圧に対する抵抗の 4 つが挙げられ、革命を推進した勢力の理念と利害とが明確に示されている。ちなみに共和国の標語である、自由、平等、博愛のうち、自由と平等は 1789 年の人権宣言の中に明示されたが、博愛が最初に明記されるのは 1848 年の第 2 共和制憲法においてである。

市民の権利は個人の権利であると規定したことは重要である。革命前のアンシアン・レジーム期においては、人の権利義務は社会的に規定されていたのであり、国家と個人の間に介在する中間団体（le corps intermédiaire：身分、職能団体、都市、教会など）に由来するものとされた。1791年のル・シャプリエ（Le Chapelier）法は中間団体を廃止し、自立した個人である市民が直接に国家と対峙するという社会の構成図式を生み出した。しかしそうした考え方に基づけば、個人は自らを拘束すると同時に自分を守ってくれていた後ろ盾（中間団体）を持たないことになってしまう。それゆえに人権宣言は「国家からの自由」を明確に宣言するために憲法を定め、実定法化された自由権により個人の権利を擁護することになったのである。古典的立憲主義の理念と言えよう。1789年の人権宣言では自由権は非常に広く規定され、「人の自然権の行使は、社会の他の構成員に、これらの同一の権利の享受を確保しなければならないこと以外の限界を有しない。その限界は、法律によってでなければ定めることができない」（第4条）とされている。ここで興味深いことは、国家・社会の中における「人」はあくまで個人と捉えられていることである。それ故に社会の中における人の権利はあくまでも個人の権利であり、社会的集団（人種、民族、言語による）の権利として保障されるべきものではないという、今日の言葉でいう「共同体主義」（コミュノタリスム、communautarisme）の拒否につながる論理となる。

国民（La nation）

フランス革命は国民を生み出した。革命戦争において、フランス軍のケラーマン（François Kellermann）将軍はヴァルミーの闘いで、剣の先に帽子を載せて「国民万歳！」と叫び、この象徴的逸話により国民観念を広めることに寄与したとされる。人権宣言は国民主権を宣言し「あらゆる主権の淵源は、本来的に国民にある。いかなる団体も、いかなる個人も、国民から明示的に発しない権威を行使することはできない」（第3条）とされた。フランス革命後、国民は形成されなければならなかった。1789年8月の「封建的諸特権の廃止決議」（農奴制、領主裁判権、教会十分の一税などの廃止）は、多様な社会的属性によって人々を分断していた「国内国境」を廃止し、単一のフランス社会を

生み出すはずであった。しかし現実の 18 世紀末のフランスは分断された社会であり、地域差は大きかった。言語の違いの話は有名である。革命を推進した国民公会（Convention nationale）はアベ・グレゴワール（l'abbé Grégoire）議員に対して、当時のフランスにおけるフランス語の使用状況についての調査を依頼した。その結果報告[1]によれば、「少なくとも 600 万人のフランス人は、特に農村部では、国語を知らず、ほぼ同数のものが首尾一貫した（フランス語での）会話を行うことができない。（正しく）フランス語を話すものは 300 万人を超えない」というものであった。当時のフランスの人口を 2,300 万人から 2,500 万人と推定すると、国民のほぼ半分はまともにフランス語ができなかったことになる。そうした状況下で革命の偉業を実現していくことは困難であったろうと想像される。国民公会は革命歴 2 年（1793 年）テルミドール 3 日の法律により、公文書はフランス語でなければならないと定めた。

　異質な国民をどのようにして同質的な国民共同体に変えていくのか、共和国フランスに課された大きな課題であった。革命直後には、国民とは革命の理念を支持する人々であるとする独特の定義が採用された。すなわち自己の意思に基づき共和主義の理念を選び取った人々が国民であるという考え方である。その意味では亡命した貴族は国民ではないことになる。国民についてのエルネスト・ルナン（Ernest Renan）による有名な定義がある。それは 1882 年 3 月 11 日のソルボンヌ大学における講演、「国民とは何か」（Qu'est-ce qu'une nation?）の中で与えられた。「国民とは一つの精神であり、精神的原則であり、共生の願い」を意味する。次の表現が特に有名である。国民とは「日々の国民投票である」（un plébiscite de tous les jours）［Renan, 1992: 54-55］。革命後フランスにおいては、こうした意思主義的な定義に基づき国民が形成されていくことになる。フランスにおける独特な国民観は、普仏戦争後の独仏 2 人の歴史家モムゼン（Mommsen）とフュステル・ド・クーランジュ（Fustel de Coulange）の間の論争を見るとよくわかる[2]。普仏戦争によってドイツ領になったアルザスとロレーヌ東部のモーゼルの帰属について、両人はこの地域の自国への帰属は当然であるとの論を展開している。ドイツ人のモムゼンはアルザス・ロレーヌ併合は、この地域の住民の民族的、言語的起源からして、住民の一時の意思にかかわらず当然ドイツ国家に帰属すべきであると主張した。この考え方

は、国民は客観的に文化、歴史、言語などにより規定されると述べたフィヒテ（Johann Gottlieb Fichte）の国民観を反映している（「ドイツ国民に告ぐ」1807 年）。フィヒテのベルリン・アカデミーにおけるこの講演はナポレオン戦争敗北後にドイツ民族の奮起を促した演説として有名なものである[3]。これに対する、フュステル・ド・クーランジュの主張によれば、国籍を決めるのは人種でも言語でもない。住民は自ら選んだ制度により統治され、自らの自由な意思により国家に帰属すべきであるというものであった。

　住民の国家への帰属の問題は、国民を決める基準とは何かという国籍法上の問題として今日まで続き、例えばザールの帰属問題は住民投票により、フランスではなくドイツに帰属することで決着した（1956 年 10 月）。冷戦終焉後、ドイツ人を祖先に持つ旧東欧、ソ連内住民がドイツ国民の資格を持ってドイツへ帰還したのは、ほんの昨日のことである。

共和国（La République）、共和主義（le républicanisme）

　フランス革命は絶対王政を打倒して共和制を樹立し、フランスに独特な民主主義、すなわちジャコバン的共和主義の理念と体制を発展させることになった。対外的には国境線の内と外を明確に分ける主権意識を持ち、独立した強い国家を目指し、ナショナリズムを称揚した。ナシオン（国民）は必然的に攻撃的なナショナリズムを生むものではないが、革命期のフランスを取り巻く国際環境を考慮すれば過激なナショナリズムが現れても怪しむに足りない。ちなみに、フランス語の語感では、通常パトリオティスム（祖国愛）はプラス価値を認められ、マイナス価値を与えられるナショナリスムとは区別される。

　国内的には、「一にして不可分の共和国」（第 5 共和制憲法前文）の自己規定に見られるように、内的統一性を重視して、中央集権的国家構造を採用した。また地域主義やマイノリティの存在に警戒的な同質的国民共同体の神話を強調する。

　また啓蒙主義の流れをくむ共和主義者たちは楽観的な人間観、すなわち人間の理性に対する信頼感を強調した。そこから共和国における市民育成のための教育の重要性、すなわち公教育の役割が評価されることになった。第 3 共和制（1875 〜 1940 年）初期における公教育制度の成立は今日に至るまでフランス

の教育制度の基盤をなしている。

　一般的に共和主義という言葉で何を意味しているのかまとめてみよう。

　第1に「分割不可能な共和国」である。国家の単一的な形態を重視して、領土内のいかなるところにおいても、すべての人に対して同一の法律が適用される。また国民は一体であり、人種、民族、言語などの違いによる公認社会集団の形成は認められない。フランス語を公用語として、公の場ではその使用が義務づけられる。

　第2に民主主義国家であり、法治国家である。国民主権に基づき、国民の直接的・間接的政治参加が認められる。市民は一般意思の形成のために政治に参加する。

　第3に社会的共和国である。市民間の連帯が重視され、教育を通して平等の実現を図る。国家の市民社会への介入が期待され、経済的・社会的権利の保障がなされる。

　第4に思想信条の自由の保障。それに基づきライシテの原則が尊重される。

　おおよそ以上のような内容がフランス共和主義の理念として想定されるであろう。そのように考えると、共和主義こそフランス政治社会の存立理念であり、フランス革命以来、次第に具体化され、今日に至るまで支配的な国民国家原理であり続けていると言えよう。後に見るように、パリテ法、欧州地域語少数言語憲章批准問題での憲法院の違憲判断の基準となったのは、上記の共和主義の原理、とりわけ第1の原理であった。また今日の反EUを表明する主権主義者たちの論理はフランス革命時のジャコバン主義的国家理念を受け継いでおり、国内的には従来左翼が支持してきたライシテの理念を極右勢力が反イスラムの主張に結びつけるなど、今日においても共和主義の理念は現実政治との接点を保っている。

　共和主義モデルの特徴として普遍主義は重要である。それに基づき、義務教育の場である学校においては、すべての人に対して、その出自や社会的条件の相違にかかわらず同等の成功の可能性が与えられるべきであるとされる。またこの普遍主義の名の下に、コミュノタリスム（共同体主義）に対抗する、個人を単位とする共和主義的社会統合の理念が明らかにされる。

第Ⅳ部　フランス国民国家の形成と変容

　フランス革命後、共和政体は過去との断絶が大きかったため、安定するまでに時間がかかった。1889 年にはフランス革命 100 周年を祝うが、この時代に至って初めて代表制的共和政体が一応の安定を見ることになる。しかしその後もフランス政治の底流として反共和主義的潮流が残存し、反議会主義（antiparlementarisme）のエネルギーを噴出させることになる。とはいえ、J＝F・シリネリによれば、それは共和政体に対して決定的な打撃を与えるものではなくなった。第 3 共和制の 1890 年代、「共和主義的信条はフランス人多数派の政治的性向となった。そして 1884 年から 19 世紀末までの時期において、政治体制に影響を与えた 2 つの危機——1889 年のブーランジスム（boulangisme）と 1898 年のドレフュス事件（Affaire Dreyfus）はワクチンの 2 回目の接種同様に、体制を弱体化させるよりも、むしろ強化したのである」[Rioux & Sirinelli, 1999: 125-126]。1870 年（第 2 帝政の崩壊）と 1879 年（議会優位体制の成立）の 2 つの年が共和制を確立した転換点であり、それ故に先の 2 つの危機は共和体制を決定的に揺るがすには至らなかったのである。しかし 20 世紀になっても、フランスは第 2 次大戦下の対独協力政権（ヴィシー政権、1940 ～ 44 年）のような反共和主義的・反議会主義的体制を経験することになる。

　今日、上記の定義を超えて、共和主義は様々な政治的議論を引き起こしている。かつての君主主義者でありナショナリストであった極右は、今日の FN のように共和主義者でありナショナリストである。左翼陣営においても伝統的な共和主義者であり国際主義者である勢力とともにジャン＝ピエール・シュヴェヌマンのような共和主義者でありナショナリストでもあるというグループもある。共通しているのは左右を問わず現実政治のレベルでは、共和主義の広がりは、しばしば EU 統合に対する反対や、イスラム勢力に対する国民の反対感情を強化する理念となる。

　共和主義モデルにおいて、これまで国家は中心的な役割を演じてきた。国家は共和国の名の下に、多様な個人の多様性を消しつつ同質的な国民の中に統合してきたのである。しかし今日多様な住民をフランス社会の中に同化していく国家の能力に疑いがもたれるようになってきている。共和主義的普遍主義が再考を迫られているのである。共和主義の問題はフランス政治の現実だけではなく、政治哲学上も実に今日的テーマであると主張される［シュヴェヌマン、樋口

陽一、三浦信孝 2009]。

Column6　最後の授業

　ストラスブールがあるアルザス地方の名は日本人の古い世代には馴染みがある。かつて国語の教科書でアルフォンス・ドーデ（Alphonse Daudet）の『月曜物語』の中の「最後の授業」の舞台として学んだ記憶があるからである。普仏戦争後（1871 年）にドイツ領となったアルザスの学校では、フランス語に代わってドイツ語を学ぶことになった。村の小学校では担任のアメル先生はいつも以上に厳粛な顔つきで教壇に立ち、フランス語の授業を終えるとき、これが最後の授業であることを告げた。彼は「フランス語は最も美しい、明晰で揺るぎない言葉であること、それを忘れないようにしなさい。たとえ、ある民族が奴隷の身に落ちることがあっても、自分たちの言葉をしっかりと持ち続けている限り、自分たちの牢屋のカギを持っているようなものだから…」という趣旨の別れの言葉を述べる。

　アルザスの歴史を考えると、この話が前提としている、敗戦により自国語であるフランス語を奪われるという話は「フィクション」であることは言うまでもない。アルザスは歴史的にドイツ語文化圏に属しており、当時一部の公文書を除いてアルザス語が使われていた。アルザスの子供たちは小学校入学前にはフランス語の読み書きはできず、彼らの母語はアルザス語であった。その意味で、アメル先生の役割は母語でない「外国語」としてのフランス語を子供たちに教え込むことであったのであり、この点は物語の中では隠されている。

　アルザス語の使用と、小学校入学後にフランス語を学ぶという状況は、第 2 次大戦頃に生まれたアルザス人の友人の話でも同様であった。筆者の体験からしても、1970 年代初め頃にはフランス語のできないアルザス人がいた。また今日においてもフランス語はできてもアルザス語の方が「母語」である老人たちがいるため、看護師の仕事を始めてからアルザス語を学んだという友人もいる。人間誰しも「母の言葉」こそ、心にしみるものということであろう。

　この物語を書いたドーデは南仏出身であったが、普仏戦争に従軍してアルザスに滞在したこともあり、彼がアルザスの歴史を知らなかったことはあり得な

> い。これは筆者の想像であるが、ドーデが普仏戦争直後の時期にパリの新聞にこのナショナリズムを刺激する作品を書いて好評を博したことは、対独「復讐」が言われた当時のフランス政治の雰囲気を背景としてであったのではなかろうか。

2　共和主義的国民の育成

　共和主義的国民の育成はどのようになされたのか。共和主義のシンボルと学校教育の役割という、2つの要因を検討してみよう。

共和主義のシンボル
　フランス革命の遺産を継承し、共和主義の理念を想起させるシンボルがいくつかある。ピエール・ノラ（Pierre Nora）の『場の記憶』［Nora, 1984］に倣って、いくつか検討してみよう。
　大革命を象徴するものとしては三色旗、国歌ラ・マルセイエーズ、日本では巴里祭と呼ばれる革命記念日の7月14日、共和国を象徴するマリアンヌ像などがある。これらのシンボルはいずれも革命後から第3共和制（1875〜1940年）の初期の1890年代頃までに定着し、フランス国民に大革命の理念を集団的記憶（la mémoire collective）として共有させることに貢献した。
　三色旗の起源には諸説があるが、その一つは1789年の7月にパリにやってきたルイ16世が、パリ市庁舎において革命軍司令官のラファイエット（Marie Joseph Paul de La Fayette）と初代パリ市長のバイイ（Jean Sylvain Bailly）を前にして、革命派との和解の「しるし」として帽子の白い徽章の横に赤と青のリボンをつけたことに始まるとされる。国王軍の兵士は白い軍服を着ていたので、その中で革命派の軍人を識別するためにラファイエットが三色の徽章をつけさせたのに倣ったというものである。ちなみに、赤と青はパリ市の色である。また本来カペ王朝を象徴するのは紺碧色を地にした金のユリの花であるが、国王軍兵士の白の軍服の色が革命後は王党派のシンボル・カラーとなっていたのである。三色旗が国旗として定着するのは7月王政期（1830〜1848年）

第 7 章　国民国家の形成

以後であるが、三色旗とフランス革命の狭義の結びつきは次第に薄れ、国民統合のシンボルへと変身していったのである。

　三色旗が国旗として定着する前に普仏戦争（1870～71年）後の第 3 共和制成立に至る過渡期の混乱が待ち受けていた。王党派が多数を占める議会は、ナポレオン 3 世退位後の新しい政体をどうするかを決めかねていた。結局王政復古を図ることにして、国王候補として、シャンボール伯（Comte de Chambord）とパリ伯（Comte de Paris）の 2 人の名前が挙げられた。両者の間の先陣争いがあったものの、前者をまず国王の地位に就けることで妥協が成立した。ところがなんとシャンボール伯はフランスの国旗を三色旗とすることに反対し、白旗を主張した。結局国王の希望は受け入れられることなく、王位に就くことを辞退した。最終的には大統領を上下両院の合同会議で選出するという、「ワロン修正案」が一票差で可決され（1875 年）、共和制が確定することになった。この騒動の中でわかったことは、当時臨時的に大統領の地位にあった王党派のマクマオン（le maréchal de Mac-Mahon）将軍にしてから、大革命後 90 年という時点にあって、それまで三色旗の下でしか戦争を戦ったことがなく、フランスの国旗が三色旗であることは疑いの余地のないところであった、その意味でシャンボール伯の主張はまったくアナクロニックなものであった。もっともシャンボール伯の思惑は別のところにあり、議会の強い影響力の下で王座に就くことを望まなかったとの解釈もある。

　いずれにしても、1830 年代頃から三色旗を国旗とする考え方は国民の間で広く共有されようになっていたと言える。1878 年のパリ万博との関連から、国民の祝日の模様を描いたクロード・モネ（Claude Monet）の有名な絵がある。「サン・ドニ街」である。街路両側の家の窓は三色旗で飾られ、にぎやかな祭りの雰囲気が伝わってくる。同じ絵で「モントルグイユ街」とタイトル付けられたものもあるが、いずれも三色旗が政治的立場を超えてフランス国民の間にしっかりと定着したものになったことをうかがわせる。

　国歌ラ・マルセイエーズも革命期の作であるが、正式に国歌となったのは第 3 共和制になってからである。ラ・マルセイエーズはよく知られているように、もともと「ライン軍のための軍歌」といい、ルージェ・ド・リール（C. J.

Rouget de Lisle) という軍人の作詞作曲で、1792 年にストラスブールで発表されたものである。同年の連盟祭のためにパリに向かうマルセイユ軍がパリに入城するときに歌ったことから評判になり、ラ・マルセイエーズと呼ばれるようになったと伝えられている。最初に国歌と定められたのは 1795 年の国民公会においてであったが、正式に国歌と認められたのは第 3 共和制になった 1879 年 2 月のことである。フランスの苦難の歴史の中で、幾度もフランス人の心を奮い立たせた功労者であろうが、その歌詞はいかにも血なまぐさく好戦的である。時に批判が出ることもあるが、廃止されることはなさそうである。参考のために 1 番だけ紹介しよう[4]。

> いざ祖国の子らよ
> 栄光の日が来た！
> 我らに向って暴君の
> 血にまみれた旗が掲げられた
> 血にまみれた旗が掲げられた
> 聞こえるか戦場の
> 残忍な敵兵のうなり声が？
> 奴らは我らの腕の中まで来て
> 我らの子と伴侶の喉を掻き切る！
> 　武器を取れ、市民たちよ、
> 　隊列を組め、
> 　進もう、進もう
> 　汚れた血が
> 　我らの畑に浸み込むまで

ご覧の通りで、外国人の目からはあまり愉快なものではない。曲だけなら勇ましくていいかもしれないが、というのが筆者の正直な感想である。

革命記念日の「7 月 14 日」はフランス革命 100 周年の 1889 年から毎年定期的に催される国家的祝祭となった。今日でも、毎年シャンゼリゼ大通りを会場

第 7 章　国民国家の形成

に繰り広げられる軍事パレードはフランス人に祖国の偉大さを実感させる機会となっているようだ。先頭を行進するエコール・ポリテクニックの学生たちの凛々しい晴れ姿を目の当たりにし、軍楽隊の軽快で、しかしちょっと物悲しい感じの伴奏に、頭上を三色の帯を描いて飛ぶミラージュ戦闘機の轟音が重なると、フランス人の心はいやがうえにも高鳴り、われを忘れて「フランス万歳！」と叫んでしまうようである。

　フランスを象徴するのは「ガリアの雄鶏」（le coq gaulois）である。フランスのナショナルチームの選手たちのユニフォームにつけられているのを眼にすることができる。
　しかし共和国について述べているのであれば、マリアンヌ（Marianne）を忘れるわけにはいかない。マリアンヌにはフランスのどんな田舎町の市役所に行ってもお目にかかることができる。フリジア帽（赤い布製のとんがり帽子で、わきに三色旗を模した徽章がついている）を被った女性の半身像である。政治史家のモーリス・アギュロン（Maurice Agulhon）によれば［Agulhon, 1989 ; Agulhon & Bontée, 1992］、フリジア帽を被った女性は永遠の美徳である自由と、フランス共和国との二重の寓意である。マリアンヌは聖母マリアとその母アンヌの名前を合体させたもので、革命当時のフランス農村で人気の高い名前であったようである。貴族や上流社会の女性には野暮ったい名前に映ったかもしれないが庶民には好まれた名前であった。革命後マリアンヌの運命は変わった。革命前に国家の擬人化であった国王の肖像に代わる、共和国という匿名的で抽象的な国家を表象する視覚的なシンボルが必要とされた。マリアンヌは共和国の象徴として、市民にとって共和国を血の通った存在とする役目を演じることになったのである。実物を見たければ、パリの元老院に行けばガラスケースの中にぎっしりと詰め込まれているのを見ることができる。これまで実に様々なマリアンヌ像が作られてきた。有名な映画女優のブリジット・バルドー、カトリーヌ・ドヌーブ、歌手のミレーユ・マチューなどがモデルを務めた彫像もあるようであるから、フランスを旅する時にはお目にかかる機会があるかもしれない。

3　第3共和制期の学校における愛国教育

フランス革命後1世紀がたち、立憲君主制、共和制、帝政など、あらゆる種類の政治体制を経験した後の1875年に第3共和制が成立する。第3共和制は、2院制の議会と大統領を持ち、議会優位の体制であり、また政治アクターの中心として政党システムの発展が見られた。大統領中心的な現行の第5共和制の成立（1958年）に至るまでのフランス政治制度の原型を作った政体である。その意味で現代フランス政治の起源を訪ねると、それは第3共和制の成立期にたどり着くことになる。

第3共和制は、大革命後の不安定な政治体制を終わらせ、それと同時に1世紀にわたり続けられてきた共和国による国民形成の努力が完成する時期でもある。第3共和制は普仏戦争（1870～71年）におけるフランスの敗北が契機となって生まれた政体である。戦後、敗戦はフランスのエリート精神の敗北の結果であるとして、その革新を目指す動きが出てきた。名門校の「政治学自由学校」（今日のパリ政治学院）も新しいエリートの育成を掲げて設立されたものである。

国民精神の再建もまた指導者たちの課題となった。特に共和主義者たちにとって、学校は革命精神継承のための最重要の手段とみなされた。1880年頃から1890年頃にかけて、公民教育の必要性が説かれ、学校教育における共和主義的市民精神育成のためのカリキュラムが組まれた。1882年3月28日法は初等教育の内容を次のように定めている[5]。

第1条：教科内容として、道徳と公民教育、読み書き、フランス文学の初歩、地理・歴史、自然科学・数学、美術や音楽などを含む。男子には軍事教練を行い、女子には裁縫を教える。

第2条：日曜日以外に週1回の休日を設ける。その目的は、希望する両親が子供たちに学校の外の施設で宗教教育を受けることができるようにするためである。宗教教育は私立校では選択的に行うことができる。

第3条：1850年3月のファルー（Falloux）法では公立・私立の小学校の監督に司祭や牧師、あるいはユダヤ教の代表などの参加を認めていたが、そ

れを廃止する。
第4条：初等教育を6歳から13歳までの男女児童の義務とする。学校は公立でも私立でもよい。また家庭内での教育も認める。

これらの規定について簡単に補足説明を加えておく。

第1条の教科内容には宗教教育は含まれていない。これは道徳・宗教教育を認めたファルー法第23条の廃止に基づく。その背景には、神という超越的存在なくしては道徳が成り立たないと主張した教会に対して、政教分離派は、いかなる神にも言及しない道徳が存在しうると宣言したということがある。

第2条で規定した休日は、慣例では木曜日とされた。

第3条の規定により、学校教育の現場から教会の影響力を排除しようとした。

ラウル・ジラルデ（Raoul Girardet）の名著『フランスのナショナリズム』[Girardet, 1983] を参考にして、第3共和制期の公教育の内容について具体的に検討してみよう。歴史やフランス語の授業は祖国愛や国民としての義務を教えるための手段として重視された。勤勉、倹約、努力といったブルジョワ的価値への同調に加えて、学校における軍事教練を通してジャコバン的ナショナリズムの涵養が図られた。ジラルデによれば、こうした愛国主義的教育は第1次世界大戦時まで続き、フランス青年の倫理観・道徳観に深い影響を与えることになった。

当時の愛国主義教育の雰囲気を知りたければ、1881年から82年にかけて公教育大臣を務めたポール・ベール（Paul Bert）のフランス青少年連合賞の授与式における演説（1880年5月1日）を聴けば十分である。「まず精神においてフランス人であれ。良識、明晰さ、快活さを忘れないように。［……］国民意識においてフランス人であれ。それが赤であろうが、黒であろうが得体の知れないコスモポリタン精神に誘惑されてはならない。［……］フランス人であれ。我らの高貴で大切な祖国を君たちの全身全霊を捧げて愛したまえ」[Girardet, ibid.: 72]。

当時の代表的な2つの小中学校用教科書を開いてみよう。一つは第2次大戦後になっても広く読み継がれたエルネスト・ラヴィス（Ernest Lavisse）の

『フランス史』（1876年）である。そしてもう一つは新しい共和主義的教育学の典型とジラルデが呼ぶ、ブリュノー（Bruno）の『二人の子供のフランス周遊記』（1877年）である[6]。

　ラヴィスのフランス史は子供用教科書として書かれたものであるため『プティ・ラヴィス』の名で親しまれた。ラヴィスはソルボンヌ大学の教授を務めた共和派の著名な歴史家である。彼には単著のほかに、モニュメンタルとも言うべき2つの編纂書がある。『フランス史：起源から大革命まで』全9巻（1901年）とその続編である『現代フランス史：大革命から1919年の平和まで』全10巻がある。ラヴィスは教員、生徒たちのために多くの教科書も執筆したため、彼には「国民の教師」の尊称がささげられている。

　ラヴィスのフランス史は必ずしも歴史学的厳密さに満足せず、フランス国民の歴史の偉大さを描くことに努めている。例えばアンシアン・レジーム期を描く場合にも偉大なる大革命に至る道筋の途上にあるものとして、フランス革命の成し遂げたものから振り返って過去を再構成するのである。具体的には、共和主義者としては大革命によって打倒されたアンシアン・レジーム期をどのように描いているのだろうか。「歴代の国王は少しずつ侯爵領や伯爵領を自分の領地に加えていった。かくしてフランスの領土が形成されたのである。同じ国王に従い、フランス人たちは自分たちが同じ人民であることを理解するようになった」［Girardet, ibid: 81］。フランス社会の頂点であるフランス革命に至る発展の道筋の中に、国王の時代を位置づけ、彼らが国家統一のために果たした役割を評価しようとするのである。ジラルデによれば、普仏戦争での敗北に打ちひしがれた同胞に対して、「歴史教育により祖国への愛と崇敬に基づいて国民意識を改造することに貢献する」ことがラヴィスの目的であった。フランス革命の偉大さについて次のように書く。「大革命はフランス精神に正義と平等と自由への愛を植え付けた。私たちの父祖たちは、フランスは諸国の民を苦しみから救い出すと信じた。彼らは他の民族に対して歩むべき道を指し示す偉大なる国民であることに誇りを感じていた」［Girardet, ibid.: 80-83］。歴史学以上に一国民の歴史物語といったところであろうか。

　ブリュノーの作品『二人の子供のフランス周遊記』（1877年）は新しい共和

主義的教育学の典型と称される。第3共和制下で最も広く用いられた副読本的教科書で、副題に「義務と祖国」(Devoir et Patrie) とつけられている。20世紀初めまで再版を重ねた、文字通りの大ベストセラーであった。ちなみにブリュノーというのはペンネームであり、男性ではなくオーギュスティーヌ・フイエ (Augustine Fouillée) という女性である。

　内容を紹介しよう。お話としては普仏戦争によってドイツ領となってしまったロレーヌに住む2人の兄弟のアンドレとジュリアンが叔父を探してフランス中を旅するというものである。序文で著者のブリュノーは本書執筆の意図を次のように説明している。祖国は子供たちには抽象的概念であるから、もっと眼に見える存在でないと祖国を愛し、それに奉仕するようにはならない。だからフランス各地の工業、商業、農業などを紹介し、またその発展に尽くした先人たちの偉業を知ることを通して祖国の偉大さを理解してほしかった、というものである [Girardet, ibid.: 73-74]。

　　物語は出発の直前、一緒に行くはずであった大工の父が重傷を負ってしまうところから始まる。死の枕元に呼ばれたジュリアンに対して父は最期の力を振りしぼり、兄弟助け合って生きていくようにと諭します。これに対して、健気にもジュリアンは弟の面倒をしっかりみること、2人とも善良で立派な人になることを誓います。しかし父の目は何かそれ以外のものを求めているようでした。父の口元に耳を近づけると、ため息よりも小さな、かすれた声で「フランス！」という一言がもれ聞こえました。ジュリアンはオウと叫び声を上げ、「お父さん、心配には及びません。私たちは、これからもフランスの子供であることを約束します。［……］私たちはどんな苦難にあってもずっとフランス人であり続けます」。それを聞くと父は安堵したようなため息をもらし、息を引き取るのでした。[Girardet, ibid.: 75-76]

　こうした学校教育の場におけるナショナリズムの発現は、フランスの対外的進出、すなわち植民地の存在を通しても大いに強化された。第3共和制の初め、フランスはすでに海外に広大な植民地を所有していたが、一般国民の植民

地に対する関心は低く、それどころか植民地経営は高くつくと考えられ、厄介視されていた。また植民地への関心は普仏戦争敗北後の対独復讐心を弱めるとして、左翼急進派や王党派は積極的に反対論を展開した。1890年代に至り、ウィルヘルム2世の下、もはやヨーロッパにおいて「飽和国家」ではなくなったドイツの「世界政策」が始まり、モロッコの保護国化をめぐっての独仏対立（1905年のタンジール事件、1911年のアガディール事件）が激化するに及んで、フランスの対外拡大政策と対独復讐政策は収斂し、対外政策上の論争点ではなくなった。

また「オリエンタリズム」の浸透がナショナリズム高揚に一役買った。例えば1855年、67年、78年、89年、1900年に相次いで開催された万国博覧会は格好の国民教育の場となった。特に1889年のパリのアンヴァリッド前広場を会場とした万国博覧会では、世界各地の植民地のパビリオンが並び、フランス国民の自国の文明に対する自信を深めさせる機会となった。イギリスでは「白人の責務」（whitemens' burden）、アメリカでは「明白なる運命」（manifest destiny）と言われたように、フランスでは「文明化の使命」（mission civilisatrice）と呼ばれた。アラブ・イスラム世界を題材にした絵画ではドラクロア（Eugène Delacroix）の「キオス島の虐殺」（1824年）や「サルダナパールの死」（1827年）などに見られるように、ヨーロッパ人（フランス人）の肉欲と金銭欲を刺激し、征服される相手の野蛮性を表現することで自己の文明化の使命を正当化する仕掛けになっていた［服部、谷川 1993］。

次に、共和主義的国民統合を支えたライシテの原則をめぐる争いと、フランス国籍法の特徴を検討してみよう。前者は国民間の価値の共有のための努力であり、後者は国内居住の外国人の社会統合に関わる問題である。いずれも同質的国民共同体形成を実現する上で重視されてきたと言えよう。

4　ライシテの原則とは

公教育の場への導入

ライシテ（laïcité）とは歴史的には、国家の非宗教性のことである。社会制度面から見ればライシテを政教分離と訳すこともできよう。しかし後で取り上

第 7 章　国民国家の形成

げる「スタジ報告」(2003 年) などにも見られるように、最近はライシテという言葉は国家の中立性というだけではなく、もう少し広義に使われ、人権保護の原則と捉えるようになってきている。またライシテの原則はフランス革命以後の 100 年間にわたる共和国とカトリック教会との間の文化的空間の支配をめぐる闘争に解決をもたらした妥協の産物［谷川 1997］であり、共和国フランスの国家存立の根本理念に関わる独特のものでもある。こうしたことから、「フランス的例外」という意味を含めて、ここでは日本語に訳さず「ライシテ」とそのまま使うことにする。

　ライシテの原則は原理的には信教の自由を保障した 1789 年の「人権宣言」にその起源を求めることができる。「何人も、その意見について、それがたとえ宗教上のものであっても、それを表明することが法律の定める公の秩序を乱すものでない限り、これについて不安を持たされることがあってはならない」(第 10 条)。すなわちライシテは良心・信教の自由の制度的保障である。

　ライシテの原則はとりわけ、第 3 共和制期 (1875 ～ 1940 年) における反教権主義 (anticléricalisme) 運動の歴史の中で具体化されていった。特に 1880 年代のジュール・フェリー (Jules Ferry) 首相による公教育の確立の過程とその後を継いだエミール・コンブ (Emile Combes) 首相に代表される共和派政府の政策において実行された。従来初等教育はカトリック教会・修道会が担っていたが、宗教権力から未来の共和国市民を切り離すために公教育制度が整備されたと言ってよい。1833 年のギゾー (François Guizot) 法により、各コミューンに一つの公立小学校が置かれ、各県に一つの師範学校が置かれることになった。師範学校は主として初等教育の教員を養成することを目的としており、師範学校への入学は貧しい家庭の出身者であっても優秀な若者には奨学生への道が開かれていた。師範学校卒業生には、共和国の将来の市民を育成することが使命として与えられ、彼らはいわば「共和主義伝搬の兵士」としてフランス各地に送られたのである。当時 (今日においてもそうであるが)、学校は 3 世代ないしは 4 世代かけて社会的上昇を実現するための手段として期待されるのである。貧しい農民の息子が奨学金を得て師範学校に進み、小学校の先生になる。そしてその息子はさらに高い教育を受けて、社会的な成功の階段を上る機会をつかむ。マルセル・パニョル (Marcel Pagnol) の小説『父の栄光

——子供時代の思い出』（*La gloire de mon père — souvenirs d'enfance*、1957年。映画の日本語題名は「マルセルの夏」）はプロヴァンス地方における小学校教師とその家族、とりわけ優秀な息子マルセルの見た「父の学校」、母の面影、早世する弟の追憶。共和主義者の父と父の妹の夫でカトリック信仰の厚い叔父さんとの心優しい対立などを描いている。共和国の学校と教会という2つの要素を織り交ぜて、第3共和制期フランス社会の一端を垣間見させてくれる楽しい物語である。

1875年に成立した第3共和制の下、1881年と1882年の教育改革により、フランスの公教育の3大原則が樹立された。それは義務、無償、非宗教的（ライック）の原則である。ここでは最初の2つには触れない。最後のライシテの原則に従い、公教育の場からカトリック教会や修道会の影響力を排除するために、歴代の共和国政府は強硬措置をとることになった。反教権主義政策である。1901年には無認可修道会の解散令を含む結社法が成立した。1902年の6月には無認可修道会系の学校3000校が閉鎖され、同年10月には無認可修道会300の閉鎖命令が出された。そして1904年にはすべての修道士・修道女を教育界から追放する「修道会教育禁止法」が成立した。1904年法はその後緩和されるが、公立学校におけるライシテの原則はその後も守られていくことになる。

学校教育におけるライシテの問題は、今日においても克服されたとは言えない。例えば、1984年の社会党政権下における公教育の一元化を目指したサヴァリ（Alain Savary）法は、カトリックを中心とした教育の自由を守ろうとする勢力からの激しい反対を受け挫折した。それとは逆のことも起こった。1994年、バラデュール（Edouard Balladur）保守政権の下で、ファルー法[7]を改正して私学への国家助成に対する制限の撤廃を図るバエルー（François Bayrou）法が提出されたが、左翼陣営からの反対により廃案に追い込まれた。両反対運動では100万人を超えるデモ隊が首都を練り歩き、ライシテ問題の今日性を強く印象づけた［谷川 1997: 11-12］。

政教分離法

ライシテの原則は1905年12月の「教会と国家の分離に関する法（政教分離

法）」（Loi sur la séparation des églises et de l'Etat）において集大成された。革命以来100年以上続いた国家とカトリック教会との闘争の結果であり、またその後現在に至るまで100年以上存続している共和国フランスの存立理念である。本法は長文のものであるが、ここでは以下の点を指摘すれば足りる。

　本法第1条は「共和国は、良心の自由を確保する。それは公の秩序のために以下に定めた制限の下でのみ、礼拝儀式の自由な執行を保障する」と述べ、第2条において「共和国はいかなる教派も認めず、給与を支払わず、補助金を与えない」としている。ここで「認めない」とは「特定の教派を優遇しない」という意味である。ただし例外として、リセやコレージュ、小学校の寄宿舎、救済院、避難所、刑務所などの公共の施設における自由な礼拝儀式の遂行を保障するために、施設付きの司祭に対する支出は認めている。また第27条では「公共の建造物あるいはいかなる公共の場所においても、いかなる宗教的な標章（しるし）や標識を掲げることや設置することは禁止される」としている。

　1905年の政教分離法はカトリックだけではなく複数の教会（プロテスタントとユダヤ教）を想定したものである。また本法では、宗教団体を一般的な組織である信徒団体（association culturelle）と、聖職者を構成員とする修道会に大別する。従来公法人として宗教団体が所有していた教会資産は信徒団体に移管されることになる。またすでにフランス革命後の国有化により国家の所有となっていた聖堂や教会などについても、信徒団体が無償使用権の帰属先とされた。しかし本法執行準備のために行われた教会財産の調査は教会・住民の激しい反対・抵抗を受けることになった。

　政教分離法により特権的な制度としての宗教は解体され、一般のアソシアシオン（団体）と同様の形式をとることが求められた。プロテスタントとユダヤ教はこれを受け入れたが、ローマ教皇ピウス10世の2回にわたる回勅により断罪されたことで、フランスのカトリック教会・信徒は同法に反対した。1906年2月11日の回勅「ウェヘメンテル・ノス」は政教分離法の原則そのものを断罪し、1906年8月10日の回勅「グラウィッシモ・オフィキ」は信徒団体の結成を禁じた［レモン 2010: 85-86］。

　そうすると政府としては、政教分離法が認める礼拝の自由をいかにして保障するのかが問題となった。教会や聖堂の無償使用権の帰属先とされた信徒団体

が結成されなかったわけであるから、礼拝の場所がなくなってしまう。ルネ・レモン（René Rémond）によれば同法適用において、政府側の柔軟な現実主義的な対応があった。政府は教会の資産の所有権と使用権とを分けて考えた。すなわち、1907年1月2日法により、教会の資産は国家ならびに市町村に移されたが、司祭に対して自分の帰属する教会を引き続き使用する権利を認めた。そして1908年4月13日法により、移管された教会関係の建造物の維持管理を市町村の責任において行うことを定めたのである。

「その後一世紀が経過してみると、これはカトリック教会にとって、相当たっぷりと助成金を与えられたに等しい」こと、「今日、司教たちは、昔、先人たちが糾弾したこの政教分離法について、その見直しを求めることはない」。ルネ・レモンはこのように総括した［レモン 2010: 89-90］。

1923～24年のフランス政府とローマ教皇庁との間の外交関係再開交渉により、「暫定協定」が成立し、信徒団体が司教の管轄下に置かれることをフランス政府が保証したために、ピウス11世はフランスのカトリック教徒に対して信徒団体の結成を認めた。とはいえ、レモンの著書の訳者の一人の伊達聖伸によれば、1924年の教皇ピウス11世による司教区信徒団体結成承認は政教分離法の承認を意味しなかった。あくまでも同法によって不安定化した制度の状態を解消することを目的としていたのである。結局カトリック教会がライシテを認めるのは戦後1945年になってからのことであった。そしてカトリック教会はライシテ概念の解釈を大きく4つに分けて、一方を受け入れ、他方を拒否した。受け入れを拒否したのは、唯物論や無神論を説いたり、国家を絶対視したりするライシテであり、受け入れを認めたのは、「地上の秩序において国家が自律し、信教の自由を保障する枠組みになるという意味でのライシテ」である[8]。

要するに政教分離法の原則に従い、国家はいかなる宗教や思想を強制したり、禁止したりすることはない。国家はいかなる宗教に対しても特権を認めず、平等に扱う。また逆に国家に対する宗教の支配を認めない。その結果宗教的儀式に対する国家や自治体の予算支出は禁止される。すなわち国家は宗教に対して中立的な存在となり、宗教は個人の私的生活空間に属する問題とされたのである。

同法により、19世紀のフランスを通じて国家と教会との関係を規定してきたナポレオンとローマ教皇との間で結ばれたコンコルダ体制は破棄されることになった。歴史的には、フランスにおける国家の国内教会に対する優位・支配はガリカニスム（国家教会主義）と呼ばれ、13世紀のフィリップ4世とボニファチウス8世との間の対立の時代にさかのぼるが、直接的には1516年のボローニャ協約に基づくコンコルダ体制により成立した。ボローニャ協約はフランス国王に大司教、司教、修道院長などの高位聖職者の選定権を認めたものである。協約はフランス教会を国王の支配権下に置くと同時に、聖職者の多くは貴族出身者であったため、貴族に対する王権の支配を拡大するものともなった。フランス革命は国家とカトリック教会とのつながりを切断することを試みた。それを決定的にしたのが有名な「聖職者の民事法」(Constitution civile du clergé、1790年7月）であるが、反革命的立場を強める教会を国家の中に取り込むことを狙って、1801年ナポレオンはローマ教皇庁との間でコンコルダを結んだ。その結果、「カトリックはフランス人多数の宗教とされ、司祭は国家からの給与を受け、第1統領であるナポレオンが司教を任命し、教皇が叙任するという形での和解が成り立ったのである。なお同法成立時においてドイツ領であったアルザスとモーゼルには1905年の政教分離の規定は適用されることなく、ナポレオンのコンコルダ体制が継続し今日に至る。

　1905年の政教分離法はフランス革命以来の啓蒙主義的国家と、アンシアン・レジームの社会にあって長い間歴史的・精神的権力であったカトリック教会との間の「文化のヘゲモニーをめぐる闘い」の結果であったと言えよう［谷川1997: 224］。闘争は政教分離法の成立をもって終わったことから、国家の勝利に終わったかのように見えるが、必ずしもそうとばかりは言えない。教会の国家に対する影響力は排除されたとはいえ、長い間ガリカニスム（国家教会主義）の名の下に国家の枠内に閉じ込められていたフランス・カトリック教会は相対的自律性を回復することになったからである。いずれにしてもフランス革命以来続いた共和国とカトリック教会の争いが一応の妥協点を見出した意義は大きい。その意味でライシテの原則とは、ボベロによれば「共和主義的協約」(le pacte républicain) と呼ぶことができるであろう［Baubérot, 2004］。

　こうした「文化闘争」の妥協に至る道筋は決して平坦なものではなく、また

激しい対立をともなったものとして多くの国民の記憶に刻まれることとなった。工藤庸子によれば、「イスラームのスカーフを教室の中へ入れることはできないと主張するフランス人の心性は、自分たちは十字架を教室から運びだしたという記憶によって、今も養われているのではないか。少なくともその記憶が、スカーフ排除は政治的には正しいという実感をささえているのではないか」[工藤 2007: 186]という解釈もありうる。

5 フランス国籍法と移民の法的地位

大革命以来の国民形成の過程を見てきたが、次に社会統合という別の視点から同問題を取り上げる。すなわち、そもそも「国民」とは誰のことか、いかにして国民になるのか、という問題である。そこでフランスにおける国籍法発展の歴史的経過と、今日における法的規定の特徴をドイツ国籍法との比較を通して明らかにしたい。

フランスにおける国籍法成立の歴史

フランスの今日における出生地主義中心の国籍法ができた歴史をブルーベイカー（Rogers Brubaker）やヨプケ（Christian Joppke）などを参考にまとめてみる。

ブルーベイカーはシティズンシップ（国籍）を閉鎖の道具であると規定する。すなわち国籍は国民と外国人とを分けるものであり、近代国家システムの理念に応えるものである。17世紀半ばに成立したウェストファーリア体制下のヨーロッパは、主権国家概念を定着させ、その結果明確な国境線を持つ国家とその域内に居住する国民という概念を生み出して行くことになる。そうした傾向は19世紀初めのウィーン体制下で強められた。ドイツにおいては35の主権を持つ国家と連邦制度を生み出したが、その結果連邦内を移動する大量の移民の処理問題が発生した。移住してくる貧困者を追放すると、その行先になった国を困らせることになる。そこで、2つの原則が生まれた。「国家は別の国家に属している人間だけをその領域へと追放できるということと、国家は自国の成員の入国を認める義務を持っている」との国際的合意ができていった［ブ

第 7 章　国民国家の形成

ルーベイカー 2005: 52]。

　フランスにおいてアンシアン・レジーム下においては、人の権利と義務の決定要因として大切なことは、フランス人か外国人かといったことではなかった。いかなる身分に属するか、すなわち自由都市の市民であるか、貴族か聖職者か第三身分であるか、プロテスタンかユダヤ教徒かといったことが重要であった［ブルーベイカー ibid.: 67］。

　フランス人としての国籍が意味を持った唯一のことは、外国人には財産相続権が認められておらず、フランス人の相続者がいない場合、その財産は国王により没収されてしまうということだけであった。しかしこうした相続に関わる不利も、18 世紀末までには、ほぼ取り除かれたのである［ブルーベイカー ibid.: 71］。

　フランス革命はすべてを変えることになった。革命前には人々は国境を何の問題もなく通過していたが、革命は「内的国境（多様な身分を持った成員）を廃止して、自国民と他国民とを隔てる外的国境を形成した」［ブルーベイカー ibid.: 79-86］。1793 年から 94 年の革命の急進化の時期（ロベスピエールの独裁）にナショナリズムと国境線の強化が亢進したのである。

　フランスにおける出生地主義の採用は 1851 年と 1889 年の国籍法制定を契機としてであった。19 世紀半ばから移民の受け入れを始めたフランスであるが、出生地主義導入の動機は一般に言われるように、軍事的、人口的理由からではなかった。それは兵役の義務を負うようになったフランス人が、国内において増加する外国人が兵役の義務を免れていることへの不満を漏らすようになったことが原因である。1880 年代にフランスでの国民皆兵化が進んでいく中で、移民二世を外国籍であるとの理由から兵役から除外することはイデオロギー的にスキャンダラスと受け止められるようになったのである［ブルーベイカー ibid.: 172］。

　パトリック・ヴェイユ（Patrick Weil）はフランスの出生地主義の起源を次のように説明する。従来血統主義的であったフランスにおいて、19 世紀末ベルギーからの移民労働者が多かった北フランスでは、ベルギー人と結婚したフランス女性がベルギーの法律により夫の国籍を選ぶことになり、子供の国籍も同様となった。その結果国内に住む外国籍の人口が増えていった。ベルギー人

185

家族は実質的にフランス人と差別された生活を余儀なくされたわけではない。しかし法的には外国人であることから、いわば形式的には2種類のフランス人がいることになってしまう。そこから1851年の国籍法を契機にフランスにおいて生まれた子供は出生時においてフランス国籍を取得するという出生地主義が導入されることになったのである［Weil 2002, 2004: chapitre 2］。

　通常、国籍取得の方法として血統主義（droit du sang, jus sanguinis）と出生地主義（droit du sol, jus soli）の2つがある。血統主義とは親の国籍を生まれた子供も継承するということである。すなわち血のつながりを重視し、それを国籍取得の条件とする。出生地主義とは、親の国籍に関わりなく、そこで生まれたという事実そのものにより、居住する国の国籍の取得が可能になる制度である。基本理念としてはこのように分類されるが、現実には2つの原理は融合的に使われるのが普通である。フランスにおいては、フランス人の親から生まれた子供は出生時においてフランス国籍を得る（血統主義）が、フランスにおいて外国人の親から生まれた子供も一定の条件を満たせばフランス国籍を取得することができる（出生地主義）。いわば2つの原則の混合型である。今日いずれの国においても血統主義の原則を認めないというケースは皆無であろうから、国籍付与の問題は出生地主義の原則の適用がどの程度徹底しているのか、あるいは外国人の国籍取得が容易であるか否かという問題である。血統によらずして国籍を得る方法としては帰化（naturalisation）による場合もあるが、これはまた別に論じる必要がある。

　次に出生地主義的なフランスの国籍法を説明するが、その際、長い間血統主義的な伝統を持つドイツとの比較を試みたい。ドイツの国籍法は2000年に入り大きく変わり、従来の血統主義を大きく転換して、出生地主義の原則も採用することになった。その意味でドイツ国籍法は長年の血統主義を大きく転換して融合型に近付いたが、血統主義の名残は今日においても見られる。独仏の国籍法の違いを明らかにするために、まず現行法を比較することにする。

フランス国籍法

　フランス政府（Service public français, direction de l'information légale et administrative, Premier ministre, 2003）が明らかにしている現行の国籍法は

以下の通りである。

(1) いかなる場合に子供はフランス人となるのか？
① 両親の一方がフランス人であること。両親が結婚している必要はない。出生証明書にフランス人の親の名前の記載があればよい。子供の出生後に親がフランス国籍を失っても、それは子供の国籍に影響しない。子供がすでに成人に達しているときに、それまで外国人であった親がフランス人になっても、それは子供には影響しない。
② フランス生まれの子供が出生時においてフランス国籍を得るのは次の場合である。両親の一方がフランス生まれであること。両親の一方が子供の出生時にフランス人であること。両親の一方が1962年7月3日以前にアルジェリアで生まれたこと[9]。
　両親の一方がフランス国籍を獲得した場合、未成年の子供は当然にフランス国籍を得る。

(2) 外国人の両親からフランスで生まれた子供へのフランス国籍の付与
① フランス生まれの子供を持つ外国人の両親は、8歳からフランスに居住する子供が13歳から16歳の間に、本人に代わってフランス国籍を請求することができる。
② 外国人の両親からフランスで生まれた子供は、11歳から連続的あるいは断続的に5年間フランスに居住する場合、16歳から18歳の間にフランス国籍を請求することができる。
③ 外国人の両親からフランスで生まれた子供で、11歳から連続的あるいは断続的に5年間フランスに居住した場合、18歳になった時点で、正当な権利として、また自動的にフランス国籍を取得する。特別に申し立てをする必要はない。ただし成人に達した時点で、身分証明書やパスポート取得の便宜を考えて、「フランス国籍所有証明書」の申請を行うことが望ましい。
④ 18歳になった時点で当然の権利として、また自動的にフランス国籍を取得するための条件を満たす者でも、他の国籍の所有者であることを証明

することを条件に、フランス国籍を放棄することができる。

　外国人の両親からフランスで生まれた子供のケースについて補足的に説明すれば以下の通りである。上の国籍法を注意深く読めば2つのケースがあることがわかる。第1のケースは、一方の親がフランス生まれである場合には、その子供は出生時においてフランス国籍を取得する（二重の出生）。第2のケースは、フランス生まれでない外国人の両親から生まれた子供でも、11歳から5年間フランスに居住すれば成人（18歳）になった時点で、自動的にフランス国籍を取得する。以上でわかるように、フランスの国籍法においては出生地主義の適用条件は緩い。

ドイツ国籍法

　以下は渡辺富久子『ドイツ国籍法の改正』［渡辺 2014］による。
　従来フランスとは対照的に、血統主義の伝統が根強く、外国人の両親から生まれた子供がドイツ国籍を取得することは大変難しかった。また帰化の条件も厳しく、1999年の国籍法および外国人法の改正（2000年1月1日施行）までは帰化申請を行うために必要な滞在期間は15年と長かった。改正により8年に短縮された。それでも5年間のフランスよりは長い。
　伝統的な血統主義に加えて、1999年の国籍法の改正により、出生地主義の要素が付け加えられた。2000年以降にドイツで生まれた外国人の子供は、両親のうちどちらかが8年以上ドイツに合法的に居住し、無期限の滞在許可資格を有する場合にはドイツ国籍を取得できるようになった。ただし、18歳から23歳までの間に、ドイツ国籍あるいは親の国籍のいずれかを選ばなければならない（第29条）。他のEU加盟国やスイス出身者、あるいは国籍離脱を認めないイランやモロッコ出身者の場合には、両親とも外国人であっても従来から二重国籍が認められている（12条）。現在二重国籍を有する人は約430万人に上る。
　外国人の子で、ドイツ生まれの結果ドイツ国籍を持つ人が、国籍を選ばなくてもいいように法改正が図られ、2014年7月に連邦議会を、9月には連邦参議院を通過成立した。デメジエール（Thomas de Maizière）連邦内務大臣は、

第 7 章　国民国家の形成

今回 2014 年の改正の意図は、当該者に対してドイツにおける永続的な職業活動と家族生活のために必要な法的安定性を与えるのみならず、ドイツ社会の結束を強めるためにも有益であると、連邦議会の法案趣旨説明で述べた。

　国籍選択の義務を持たない外国人の要件は以下の通りである。外国人の子で、ドイツで出生することでドイツ国籍を有するものが、満 21 歳の時点で以下のいずれかの要件を満たせば、国籍選択の義務に服さない。①8 年間ドイツ国内に滞在した。②6 年間ドイツの学校に通った。③ドイツ国内の学校を卒業したか、職業教育を修了した。これらの条件を満たす場合、所轄官庁に申し出て、国籍選択の義務に服さないことを確認してもらうことができる。

　このようにドイツの国籍法が緩和されることで、フランスの法制との食い違いは縮小された。その理由としてはドイツにおいても長期滞在の外国人が増加し、彼らの社会的統合を図る方策が要求されるようになったことがその一因である。これはドイツだけに限られず、EU 諸国のいずれにおいても、域外からの移民の流入については制限的であるのに対して、域内外国人の社会統合については積極的に進める政策が採用されるようになったからである。長期滞在の外国人が外国人のままに留まるよりも、居住国への統合を促進することが望ましいと判断された。また EU レベルでの共通政策として、タンペレの欧州理事会（1999 年 10 月）は長期滞在者に対しては構成国国民に準じた市民権を認めることが望ましいとした。

フランスにおける帰化政策の強化

　帰化を希望する外国人に対しては「帰化テスト」が課されるようになった。共和国の諸価値の受け入れを通じて、国民共同体への同化（assimilation）を証明する必要がある。EU レベルにおけるのと同様に、国内における社会統合強化の政策が打ち出されてきた。それは移民国家アメリカを含む西欧諸国において共通の現象である。

　①　フランス語の十分な知識を証明しなければならない。必要とされるレベルは「ヨーロッパ言語」の B1 である。これはかなり高いレベルであり、義務教育修了時の生徒のフランス語力に対応するものであり、聞き取りと会話力が重視される。

② 共和国の根本的原則や諸価値の受け入れ。フランスの歴史、文化、社会に関する十分な知識を所有すること。その内容は『市民手帳』（Le Livret du citoyen）[10]にまとめられたものに見ることができる。

この冊子はフランス政府により、18歳の成人に達した若者たちに対して、「選挙人カード」の公布時に渡されるものである。その内容を簡単に紹介しておこう。

(a) 成人の権利と義務

　選挙権：国政選挙（大統領、国民議会）、地方議会選挙（市町村議会、県議会、地域圏議会）、欧州議会選挙。民法上、結婚上、刑法上の成人。

　市民的権利：選挙権、被選挙権。裁判で弁護人、証人を務めること。

(b) 共和国の基本的諸原則

　共和国はフランスの諸価値を表現するいくつかの重要な文書に基礎を置く。いくつかの文書の主要部分を抜粋で示す：1789年の人と市民の権利宣言、1946年憲法の前文、1958年憲法、2004年の環境憲章、民法典。

(c) 自由、平等、博愛

　これら3つの語は市庁舎の正面に刻まれている。最初の2つは1789年の「人権宣言」において、3つ目は1848年の第2共和制下に表明された。この時代、海外領土において奴隷制は完全に廃止された。

　自由：意見・表現。祭祀。行使する場合の限界。労働組合活動。

　平等：法の前。投票権。両性。機会。

　博愛：共助。家族。ボランティアとして市民的奉仕に参加する。連帯。

(d) 市民の義務

　法律の尊重：市民は間接的にその作成者であるから。組織的な社会生活を可能として、「弱肉強食」のルールを避けるため。

　博愛：他者にたいする市民の義務は法的、道徳的性格を有する。他者の権利を尊重しなければならない。

　納税：納税の原則は1789年の人権宣言で規定されている。

　兵役：国土防衛の義務は市民権と結びつくものである。すべてのフランス人男性は国土防衛のために動員される、あるいはより広い意味で祖

国のために戦う可能性がある。
　フランスにおいては 1997 年 10 月 28 日の法により、徴兵と兵役の制度は改革された。それに代わり、「18 歳の少年と少女のための防衛召集準備の日」が導入された。

そのほかページの余白には、フランス共和国のシンボルである、三色旗、マリアンヌ像、革命記念日、国歌ラ・マルセイエーズ、自由・平等・博愛の標語などの由来と意味が簡単に説明されている。

上記のそれぞれの項目には具体的にその内容を説明する歴史的文書の抜粋が掲げられ、全体を通して読めば、政治共同体としてのフランス共和国の公民の「常識」が提示されている。帰化を望む外国人がこうした常識を習得することは社会統合を促進するためにも有効・必要と判断されたものと言えよう。

ドイツにおける帰化政策

山口和人「『ドイツ』帰化申請者に対する「テスト」と「講習」の実施」[山口 2008] によれば、現行の「帰化テスト」導入ならびにその内容については次の通りである。

1999 年の国籍法および外国人法により、帰化申請に必要な滞在期間を 15 年から 8 年に短縮した。2005 年か 2006 年にかけての移民とドイツ社会との摩擦を示す事件を受けて、移民の統合についてのコンセプトの変更を求める声が高まった。それを受けて、2006 年 5 月の各州の内務大臣会議が、帰化の要件として、連邦共通の帰化テストの導入を決議した。帰化申請の要件として、「ドイツにおける法秩序、社会秩序および生活事情についての知識を有すること」（第 10 条第 1 項 2 号）が 2007 年の国籍法改正で加えられた。60 分以内に 33 問に答えて、17 問以上正解する必要がある。問題の内容はドイツの歴史や政治についての知識を問うもので、必ずしも易しくない。すべてドイツ語で出題される。問題の性格を理解するためにいくつかの項目を紹介しよう。

・ドイツで政府に公然と反対する発言が許されるのは、
　a) 宗教の自由があるから、b) 人々が税金を払っているから、

c) 人々が選挙権を持っているから、d) 言論の自由があるから（正解は d）
・ドイツ憲法の名称は、
　　a) 国民法、b) 連邦法、c) ドイツ法、d) 基本法　　　　（正解は d）
・政治的意見のゆえに自国で迫害され、ドイツに逃げてきた人が申請できるものは、
　　a) 歓迎金、b) 庇護、c) 失業手当、d) 年金　　　　　　（正解は b）
・クラウス・シェンク・フォン・シュタウフェンベルク伯爵は、
　　a) 1936年のオリンピックで金メダルを獲得したことで知られている。
　　b) 帝国議会の建物を建築したことで知られている。
　　c) 国防軍を創設したことで知られている。
　　d) 1944年7月20日にヒトラー暗殺を企てたことで知られている。
　　　　　　　　　　　　　　　　　　　　　　　　　　　　（正解は d）
・ドイツの復活祭で慣わしとなっていることは、
　　a) カボチャを玄関の前に置く、b) モミの木に飾りをつける、
　　c) 卵に色を塗る、d) 花火を打ち上げる　　　　　　　　（正解は c）

　山口によれば、帰化テストの前に、連邦内務省のホームページで、出題が予定される問題が公表され、また帰化テスト受験準備のための「帰化講習」のカリキュラム大綱も併せて公表された。しかしテストの内容について、賛否の意見が巻き起こった。ショイブレ（Wolfgang Schäuble）連邦内務大臣は「帰化テストはドイツについての最小限の知識を前提とするものである。テストは相応なもので誰に対しても過大な要求をするものではない」と説明したが批判を浴びた。欧州議会の開催場所や事務局の所在地、ローマ条約などに関する質問の妥当性に疑問が投げかけられたという。

　さて本章の話の終わりとして、フランス国民国家形成の特徴をもう一度簡単にまとめ直しておこう。フランス国民国家の伝統的モデルはフランス革命以後の創造物である。強度の主権意識に裏付けられた中央集権国家はヨーロッパにおいてイギリス、ドイツなどと覇権を争い、大国を指向してきた。その野心は完全には実現することはなかったが、大国意識はフランス国民意識の中に厳然

として残存している。客観的には中級国家と位置づけられるようになった第2次大戦以後においても、国民意識においては、フランスは単なる中級国家ではないとの自負心につながっていると言えよう。

　また国民統合の基本理念も近年に至るまで大きな変化に晒されることはなかったと言えよう。1789年の人権宣言の精神を受け継いだ現在の1958年憲法の第1条は共和国の基本原理として以下のように述べている。「フランスは、不可分の、非宗教的、民主的かつ社会的な共和国である。フランスは、出生、人種または宗教による差別なしに、すべての市民に対して法律の前の平等を保障する」。「一にして不可分の共和国」の理念は「平等な市民からなる国民共同体」の理念とともにフランス国家・社会の根底をなす理念となっている。そこでは共和国の理念と同質的国民の理念との両者の融合が作り出す公共空間は、あらゆる内外からの異物を濾過し、同質化し、統合することに成功したと言われてきた。しかし今日こうした伝統的国民国家モデルはいまや変化の波に翻弄されるようになってきているようである。

　以上フランス国民の形成の歴史を概観し、その核心には同質的国民共同体の理想があり、それを支える理念として共和主義があることがわかった。またそうした国民共同体への加入資格としての国籍法の歴史と現状、ならびに帰化の要件を整理した。近年に見られる帰化要件の強化は、社会統合促進の必要性に対応するものであり、それはフランスに限られないことをドイツの例を見ることで確認できた。

第8章

国民国家の変容（1）問われる共和主義

はじめに

　本章において取り上げる問題は、同質的国民共同体（神話）を誇ってきたフランス社会が、第2次大戦後に経験しつつある異質化の現状である。「一にして不可分の共和国」、「権利平等を享受する市民からなる共和国」という伝統的な共和主義の理念の相対化の現象がうかがえる。

　ここでは次の3つのサブ・テーマに分けて考えていく。一つ目は、1970年代半ば以降における女性の社会進出にともない、非権威主義的な社会関係が広まったこと。その結果の一つとして伝統的な「婚姻に基づく家族」形成の理念に変化が見られるようになった。「民事連帯契約」法（PACS）からいわゆる「すべての人に開かれた結婚」法（Mariage pour tous）成立に至る過程を取り上げる。こうした動きは、同質的とされてきた国民共同体の内部で異質化が進行していることを明らかにするであろう。

　二つ目は、フランス女性の社会進出が進んだ割には、他の先進国との比較において政治参加の遅れがはなはだしかったが、それに対して、いわばアファーマティヴ・アクションとして「パリテ法」が導入され、それが今日具体的成果を上げつつあることを紹介する。それは一方では女性の社会参加意識を改善することで社会統合を促進すると同時に、フランス社会内に性別による2つの「集団」を想定することで、伝統的な市民権概念に悪影響を及ぼしているとの批判を引き起こすことになった。

　三つ目として、欧州審議会（Council of Europe）の定めた「地域語少数言語憲章」の批准問題を取り上げる。フランスは同憲章に調印したものの、これまでのところ批准に失敗しているが、それはなぜなのか。「不可分の共和国」フランスの理念が足かせになって批准を阻んでいる様子を見ることにする。

第 8 章　国民国家の変容（1）問われる共和主義

1　フランス社会の自由化と価値の多元化

豊かな社会の実現

　戦後フランスの 1945 年から 1975 年の時期は「栄光の 30 年」と呼ばれる。この表現は 1830 年の 7 月革命の「栄光の 3 日間」(les Trois Glorieuses) から借りたものである。7 月革命の様子はルーブル美術館に飾られているドラクロワ (Eugène Delacroix) の絵、「民衆を導く自由」(1831 年) にも描かれている。復古王政を終わらせたパリの民衆革命を題材としたものである。

　戦後 30 年間は戦後復興が進み、産業が再建され発展した時期であり、社会生活上にも大きな変化が生じた。両大戦間期以来人口の実質減の続いていたフランスでは、第 2 次大戦後は他の先進国同様にベビーブームが到来した。その結果人口の若返りが起こり、1946 年には約 4,000 万人であった人口は 1980 年までには 5,500 万人に達した。ちなみに 2013 年現在の人口は 6,600 万人である。人口増加は第 4 共和制ならびに第 5 共和制歴代政府の人口増加奨励政策、すなわち家族手当、社会保障、子供の多い家族への手厚い援助などの政策が功を奏したからである。社会の若返りは、1950 年代、60 年代の高度経済成長期に必要とされた労働力の供給に貢献することになる。

　またこの時期、外国人労働者の確保を企業任せにしないで国家政策としても行うことになった。1945 年 11 月、国立移民局 (Office national d'immigration) が設立され、海外領土ならびに外国からの労働者の導入に努め、高度経済成長を支える労働力を確保した。1954 年には 176 万人であった移民労働者数は 1974 年までに 344 万人に達した。その後 1974 年からは、前年の石油ショックの影響で経済成長に急ブレーキがかかると、新規の労働移民の受け入れは停止されることになった。

　戦後のフランスは経済の計画化 (planification) と国有化 (nationalisation) を実行した。計画化は経済企画局 (Commissariat général au Plan) が担い、5 か年計画の形をとった。自由な市場経済に任せるのではなく、特定の分野を急速に発展させるため国家が計画 (plan) を立て、5 年間特別に資金をつぎ込んでその分野を育てようとした。経済の領域への国家の積極的な介入があったということである。

195

第Ⅳ部　フランス国民国家の形成と変容

　国有化は第2次大戦直後と1981年のミッテラン（François Mitterrand）社会党大統領誕生時の2回、広い分野で行われた。戦争直後の国有化は石炭、電気、ガス、銀行、証券など多岐にわたった。国有化された企業は公企業（les entreprises publiques）と呼ばれ、公務員とならんで多くの雇用を提供した。1947年の時点では公企業の従業員は120万人で労働人口の5.8%を占めていた。ちなみに1994年には150万人で6.0%と安定している。1947年以降1981年までは大きな変動はなかった。しかし1981年にミッテラン社会党政権が成立すると、公約に基づき再び国有化の波が襲った。以後、政権が保守に移ると再民営化されるなど、（公営）国有企業は政治に翻弄されるようになった。しかし国有化─民営化の問題については、次第に左右の政党間で一応の妥協ができていったようである。1997年のジョスパン（Lionel Jospin）社会党政権においては、前の政権で行われた民営化はそのままに、財政危機ゆえに再国有化は行われなかった。また2002年の保守政権になっても、バブル崩壊を受けて民営化はスピードダウンされるようになった。
　国有企業は効率が悪いというのが我々日本人の抱く一般的イメージであり、それが故に日本では民営化を受け入れやすいと思われる。ところがフランスの場合にはむしろ逆で、過去に国有化された企業は産業近代化のために先導的な役割を果たしたとの評価も高かった。とはいえ時間の経過とともに経営の非効率性が指摘され、国際競争上の理由から、またEUの新自由主義的政策を受け入れて民営化したエール・フランスやフランス・テレコムのような例もある。
　戦後の経済成長の結果、生活様式にも変化が見られた。農村部にも電化製品が普及し、ジャン・フラスチエ（Jean Fourastié）が『栄光の30年』の中で描いたように、農村部の生活の質が大幅に改善された。その間、農村人口は1946年の600万人から1975年の100万人へと激減した［Fourastié, 1979］。
　アンリ・マンドラス（Henri Mendras）は『第2のフランス革命』（1988年）の中で、1960年代に進行した経済成長の結果、フランス社会の都市化が進み、生活様式にも変化が見られるようになったと言う。核家族を中心にした生活が重視され、週末に家族で出かけるために安くて便利なルノーの4CVやシトロエンの2CVといった小型車が人気を博した。高等教育への進学率は爆発的に増加し、大学生人口は1950年には12万8,000人であったものが、1963年には

25万人、それが1968年には50万人まで急拡大した。こうした状況変化に大学の受け入れ能力は追いつかず、それが68年の大学紛争、いわゆる「5月革命」の一因ともなったのである。

1960年代半ばを過ぎる頃から、戦後のフランス社会が経験した「成功物語」にも陰りが見えるようになる。ベビーブーム世代は消費社会の現状を批判し、大都市のサラリーマン生活を「メトロ・ブロ・ドド」（地下鉄に乗って仕事に出かけ、家では寝るだけ）と揶揄するようになった。しかしまた同じ頃、1973年の石油ショックとともに経済成長は減速し、完全雇用の時代は終わりを告げた。人々はそれまでの生活のあり方、文明のあり方に疑問を持つようになった。そうした人々の意識変化を促した一つの要因が1968年に勃発した大学紛争であった。それは労働者も巻き込む大きな社会運動に発展していった。60年代末から70年代初めにかけてアメリカ（バークレー）、ドイツ、そして日本でも学生運動が多発した。ハーバート・マルクーゼ（Herbert Marcuse）が『エロス的人間』（1955年）や『一次元的人間』（1964年）において展開した現代資本主義社会批判はフランスの若者たちの間でもブームとなった。

フランスではパリ大学のナンテール校で紛争が始まった。ナンテールは労働者の町で伝統的には大学のキャンパスを置くような場所ではなかったと言えようが、そこが大学紛争の発端の地となった。パリ大学のナンテール・キャンパスが出来たのは1964年であるが、上記のアンリ・マンドラスはこの事実をフランスの高等教育が広い社会層に広がったことの象徴と捉えた［Mendras, 1988］。いわゆる高等教育の大衆化、民主化である。しかし大学の設備、教員の意識などは旧態依然たるものがあり、かつてのエリート教育の器に大量の学生たちが流れ込んできたのである。大教室では席がなくて階段に座って授業を受けるといったことも珍しくなかった。そうした状況の中で紛争が起こったのである。

女性の社会進出と新しい「結婚」

フランス社会における自由は、1968年の「5月革命」を受けて、70年代半ば以降に大いに拡大していった。大学内はもとより、一般社会においても人間関係はずいぶん非権威主義的なものに変わった。男女の関係も以前よりも自由

で平等なものになり、家庭内の親子関係も次第に友達関係のようになり、それが現代家族の標準になった。

とりわけ1970年代半ば以降の女性を取り巻く社会的規制の自由化は男女間の平等を志向する動きに大きな刺激となった。例えば、ジスカールデスタン（Valéry Giscard d'Estaing）大統領時代（1974～81年）にシモーヌ・ヴェイユ（Simone Veil）厚生大臣の下で実現した妊娠中絶の合法化（国民議会における議論で、反対論のあまりの激しさに大臣が涙したと伝えられた）、ピル処方への健康保険の適用、協議離婚制度の法制化などは、フランス女性の社会進出を大きく進展させる一歩となったと言われる。

長い歴史的経過の中で出来上がった社会的慣習を変えていくことは容易ではない。そうした場合フランスではしばしば一気に上からの改革を試みることが起こる。同性間の結婚いわゆる「すべての人に開かれた結婚」法（Mariage pour tous、2013年5月18日法）[1]の採択に至る過程がそれにあたる。この制度はフランスには世界で14番目、ヨーロッパで9番目に導入されたものである。そこに至る過程はフランス社会における1970年代以降の家族関係の変遷の延長線上に位置するものである。その変化は権力政治的にはそれほど重要性を持たない現象のように見えるが、同質的国民共同体の基盤を掘り崩しかねないと世論から受け止められた。浅野素女『同性婚、あなたは賛成？反対？』（2014年）を参考にして簡単に振り返ってみよう。

1970年代、80年代から従来の婚姻制度が揺らぎ、フランス社会における家族と結婚との結びつきに大きな変化が生じた。すでに70年代初めの国勢調査の項目には既婚、未婚などとならんで、同棲（concubinage）という項目が設けられていた。同棲は社会的に公認された男女関係となっていたということである。同棲が長期化すると事実婚（union libre）と呼ばれるようになる。現在では事実婚を何年か続けて2人の関係が安定してから出産、そして結婚に至るケースと、結婚しないままにパートナー関係を続けるケースの両方がある。90年代半ばから、2人に1人の子供は結婚していないカップルから生まれている。今日のフランスでは結婚していてもいなくても社会的に特に問題はない。

1999年のパックス（Pacte civil de solidarité、民事連帯契約法）の成立は重要な一歩をしるすものであった。同性間、異性間のいずれであっても利用でき

る制度である。2010年には契約数は同性間で9,143件、異性間で19万6,415件である。2人の自由意思に基づく契約で、裁判所で契約手続きをするだけで法的関係が生まれ、いつでも一方的に契約の解消ができる。税金の申告や健康保険といったことでは結婚している夫婦と同じ権利を享受できる。ただし事実婚同様、相続は自動的ではなく、遺言書などの作成が必要である。また養子をとることは認められていない。

　2013年5月に成立した「すべての人に開かれた結婚」法（Mariage pour tous）は同性婚を認めたものである。異性間だけではなく同性間での結婚が法的に認められることになった。すべての法的権利において通常の結婚と同じになった。同性婚に賛成する人は、「差別のない社会を、すべてのフランス人の平等を」、「フランスにとって、すべての家族が同じ権利を持つための法的枠組みを作るときが来ている」と主張し、自由と平等の権利の名の下に同性婚の承認を要求した。反対派は「父と母がいて子供がいる」という社会規範が失われることを嘆いた。また同性愛者が結婚後に養子を取るとか、人工生殖なりの方法に基づき子供を得て親子関係を築くことは認められるべきではないと主張した。両者は激しく対立したが、長い間フランス社会の安定性を担保してきた異性間の婚姻に基づく家族関係という考え方を受け入れない人々が一定の力を持ち、立法化を推進したのである。浅野素女は人工生殖技術や代理母の合法化の要求まで出ている現状に対し、同性婚をめぐる議論は社会の亀裂が経済的、社会的なものにとどまらず、文化的のものにも進んでいると述べている。そして、「差別は良くないから同じ権利を、という見地だけからではなく、いのち（子供）を迎え入れるとはどういうことなのか、という見地からこの問題はもっと掘り下げられるべきだったのではないか思う」と、こうした動きを批判している［浅野 2014: 179］。この法律は現オランド（François Hollande）大統領の選挙公約であり、国民的合意が得られないままに採択されたことを付言しておく。

2　パリテ（男女同数）法の導入

フランス女性の政治参加の遅れ

　女性の社会進出は1970年代に進んだが、女性の政治参加は遅れた。男性の普通選挙権が認められたのは1848年であるが、女性の場合はそれより遅れること100年の1944年であった。ちなみにニュージーランドは1893年、北欧諸国は第1次大戦前、イギリス、ドイツは1918年、アメリカ、ベルギーは1920年、インドは1921年、トルコは1934年に実現した。最近フランスではどの政権においても女性大臣の数が多く（2012年のオランド大統領の政府では半数が女性）、しきりにテレビをはじめとするマスメディアに現れるので、フランスでの女性の政界進出が進んでいると錯覚するが、事実はまったく逆で、ごく最近まで非常に遅れていた。第5共和制は大統領制に近い体制であるため、閣僚や政府のメンバーへの任命には必ずしも政治的キャリアーは必要とされない。大臣任命時に国会議員である必要もない。特定分野での専門家であり、大統領や首相を含めた閣僚の補佐官的役割を果たすことができ、かつまた何らかの話題性があれば女性であっても任命されることは十分考えられる。その意味では小選挙区制での選挙で選ばれてくる国会議員になる方が女性にとっては難しいかもしれない。もっとも1958年成立の第5共和制の歴代政権においても女性大臣の数はきわめて少なく、はっきり目立つようになるのはごく最近のことである。例えば1958年から1969年までのドゴール大統領時代、女性閣僚はゼロであり、主要大臣の管轄権限の一部のみを担当する大臣補佐（Secrétaire d'Etat）で見てもわずかに2名のみであった。

　その意味では1974～81年にかけてのヴァレリ・ジスカールデスタン大統領時代は特別であった。先に見たように、60年代から70年代にかけてフランス社会は豊かになり、女性の教育レベルも高くなり、仕事をする女性の割合も増えた。明らかに女性の社会的進出と政治的進出の間のギャップが大きくなり始めていた。ジスカールデスタン大統領は多くの女性を政府メンバーに起用した。以後女性閣僚の割合は増えていくことになる。

　しかしその後も女性国会議員の割合は低迷を続けた。1981年からのミッテラン大統領の14年に及ぶ長期政権下においても、ジスカールデスタン大統領

の時代と比べて大きな差はない。1981年には5.5％であったが、1988年にも5.7％にとどまった。1995年就任の保守のシラク（Jacques Chirac）大統領の社会党とのコアビタシオン政府時代の1997年における比率は10.9％であった。

　今日ではどうか。2014年、列国議会同盟（IPU）によれば、EU15か国（西欧諸国のみ）における女性下院議員の比率はフランスが26.2％で13位であり、後に続くのはイギリス（22.6％）とギリシャ（21.0％）のみである。ちなみに日本の国会議員の女性比率は衆議院が8.1％、参議院が16.1％であった。

　ところでフランスの女性下院議員の比率は1997年には10.9％でEU15か国中14位であり、最下位はギリシャの6.3％であった。今日の26.2％という数字を見ると、フランスでは急速に改善がなされたことがわかるが、その理由は何であろうか。2000年に導入された「パリテ法（la parité）」（憲法改正は1999年）が大きく寄与したことは明らかである。パリテ法とは政治参加において男女同数の達成を目指す法律であり、フランス版「アファーマティヴ・アクション」である。フランス語では積極的差別（discrimination positive）と呼ぶ。憲法学者の辻村みよ子は「ポジティヴ・アクション」という呼び名の方がよいとしている［辻村 2012］。

　服部有希の調査［服部 2014: 25］によれば、パリテ法の導入効果は絶大であった。導入前（2000年以前）と後の女性議員の割合は国民議会（下院）選挙では10.9％から26.9％（2012年）、元老院（上院）選挙では5.3％から22.1％（2011年）、地域圏（レジオン）選挙では27.5％から48％（2010年）、欧州議会選挙では40.2％から44.4％（2009年）へと増加している。

1999年の憲法改正

　パリテ制度の導入は基本的には1999年の憲法改正と、2000年のパリテ法の制定により行われた。憲法改正に至る道筋を簡単にまとめてみよう。1982年、女性の政界進出を促すことを目途に「コミューン（市町村）議会選挙の名簿は同一の性の候補者を75％以上含んではならない」との条項を含む改正選挙法が国民議会で採択された。それに対して国民議会議員60人が憲法院に対して、人口3,500人以上の市町村議会選挙に名簿式2回投票制を導入することは違憲であると提訴した。しかし憲法院は職権により、提訴理由には含まれないが上

記の改正法には含まれていたクオータ制を審査し、それが違憲であるとの判断を下したのである。憲法院の判決の根拠は、人権宣言の第6条や現在の憲法の第3条により、すべての市民は同一の参政権が与えられていることに基づくものであった。それを受けて当時の政府は、議会の多数派同様に、女性の政治参加を促す法的措置の導入に賛成であったため、憲法院による違憲判決を避けるためには憲法改正が必要であるとの判断に傾いていくことになる。

当時欧州レベルにおいても、女性の社会参加の遅れを是正することの必要性が認識されてきていた［辻村 2013］。1976 年の男女均等待遇指令（EC 指令）や 1984 年の欧州理事会はポジティヴ・アクション導入を勧告している。EC 諸国では公務分野において、法律によるクオータ制が採用され、ノルウェーなどの北欧諸国、あるいはドイツではほとんどの州で、当該部署での進出が遅れている「性」に属する人を優先的に採用するクオータ制が導入された。また 1997 年のアムステルダム条約では、第 141 条第 4 項において、はっきりと進出が遅れている「性」に対して特定の優遇措置を講じることを認めている。こうしたヨーロッパにおける状況を背景にしてフランスにおけるパリテ導入の議論が行われることになったのである。

1994 年の欧州議会選挙にあたり、社会党のロカール（Michel Rocard）書記長は同党の候補者リストの作成には完全なパリテ方式を採用すると発表した。これに共産党、市民の運動、緑の党などの諸党も同調した。1995 年の大統領選挙において、保守の共和国連合（RPR）候補のジャック・シラクは自分が当選した暁にはパリテを導入することを公約に掲げた。当選後、シラク大統領は「男女間のパリテ監視委員会」を設置し、97 年 1 月には同委員会から報告書を得た。報告書はパリテを目標とする立法化の必要性を進言した。政府から意見を求められた国務院は 82 年の憲法院判決がパリテ導入の障害となっているので、憲法第 3 条の改正が必要であると回答した。こうした経過を経て、1997 年シラク大統領の下にあった社会党のジョスパン政府（コアビタシオン）は 98 年 6 月 18 日に憲法改正案を国会に提出することになった。下院の国民議会での大勢は憲法改正に賛成であったが、上院においては候補者選定を行う政党に女性候補者を増やすことを促す改正にとどめるべきであるとの主張が強かった。その結果上下両院の間を何回か修正案が行き来したが、最終的には上院の

側が折れる形で、1999年7月8日の上下両院合同会議（コングレ）において憲法改正が成立した。

憲法改正の内容は以下の2点である。第3条第5項に「法律は、選挙によって選出される議員職と公職への男女の均等なアクセスを促進する」が加えられた[2]。ならびに第4条第2項に「政党および政治団体は、法律の定める要件に従って、第3条最終項（第3条第5項）で表明された原則の実施に貢献する」[3]が挿入された（2008年の憲法改正で第3条第5項は、第1条第2項に移される）。

パリテ法の成立

憲法改正を実施に移すためのパリテ法は2000年6月に成立した。同法は各政党に対して選挙時の立候補者数を、①男女同数にすることを命じ（従わないリストは受理されない）、また②達成されない政党に対してはペナルティが科されることになった。そしてその後パリテは2007年1月法、2013年5月法などにより強化されていく。前者は人口3,500人以上のコミューン（市町村）議会選挙に拘束名簿式投票を導入し、候補者名簿への登録は男女交互にすることを義務づけた。また後者は県議会選挙に関するものであり、小選挙区2回投票制を維持しつつ、2015年3月に行われる選挙から、実に興味深い方法を導入することになった。従来の2つの選挙区を1つにまとめた上で、立候補者は男女2人が一組になり、勝利を収めたカップルは両方が当選になる。この方式ならば、県会議員の数は自動的に同数になる。しかもカップルを組む基準は特になく、同一の政党所属でなくても構わないとされたので、ベテランの男性議員に新人の女性を組み合わせるといったことが行われやすくなり、政治的経験の少ない女性でも立候補しやすくなったと評価された。

現在の制度をパリテの基準で整理すると次のようになる。

①厳格なパリテ規制：人口1,000人以上のコミューン（市町村）、レジオン（地域圏）、欧州議会、県議会選挙に適用。名簿登録順を男女交互にする。県議会選挙については上記ルールを適用。守られていなければ県庁に提出された名簿は不受理となる。

②緩やかなパリテ規制：国民議会。守らない政党には政党助成金の減額を行う。
③パリテ規制なし：人口1,000人以下のコミューン（以前は3,500人以下）、上院の定数2以下の選挙区が対象。

前掲の服部有希の論文によれば、各選挙に対するパリテ規制はパリテの論理を具体化するためにいろいろな制度設計が試みられた。2011年9月現在では、国民議会のように小選挙区制をとる場合には、各政党は候補者数が男女同数になるように努めること。しかしそれが守られない場合には政党助成金が最高75％まで削減されることになった。多くの選挙では拘束名簿式比例代表制が採用されているが、その場合には各政党は候補者名簿登録順を男女交互にすることになる。パリテ法により各政党は候補者の数を男女同数にしなければならなくなり、その結果女性の政界進出が大幅に改善することになったのである。

パリテ法の成立過程における議論

それはいかにもフランス的なもので、狭い意味での法律論争の枠をはみ出し、共和国存立のための理念論争の形をとった。

まずクオータ制を違憲とした1982年の憲法院判決に戻ってみよう。違憲判決の法的根拠は主として以下の2つの条項である。憲法第3条「国民主権は人民に属し、人民はその代表を通じて、および人民投票の方法によって、主権を行使する。人民のいかなる部分も、いかなる個人も、主権の行使を自己のために独占することはできない」。人権宣言第6条「すべての市民は法律の前に平等であるから、その能力にしたがって、かつ、その徳行および才能以外の差別なしに、等しく、すべての位階、地位、および公職に就くことができる」[4]。

憲法院判決は「市民という資格は、年齢や法的無能力や国籍を理由とする除外、また選挙人の自由や選出された議員の独立性の保護を理由とする除外のほかは、すべての人に同一の条件で選挙権と被選挙権を与えていること、これらの憲法的価値を有する諸原則は選挙人や被選挙人のカテゴリーによるあらゆる区別に対立する」[5]とした。

男女の政治参加上の不平等を正すためのポジティヴ・アクションとしてパリ

第8章　国民国家の変容（1）問われる共和主義

テ導入の正当性を主張する人に対して、それを批判する立場の人は伝統的共和主義的市民の権利観を持ち出す。1789年の人権宣言第1条「人は自由、かつ権利において平等なものとして生まれ、生存する」とされ、1958年憲法は第1条において「フランスは出生、人種、宗教による差別なしに、すべての市民に対して法律の前の平等を保障する。フランスはすべての信条をも尊重する」と定め、出生、人種、宗教に基づく差別を禁止している。また共和国フランスは、マイノリティや民族集団などに特別の法的ステイタスを認めていない。あくまでも個人としての平等な市民の存在を想定し、その権利を尊重する。そうした立場からすると、性別の違いに依拠して市民を二分し、女性に差別的な権利を付与することは認められないとするのである。

　特に議論が盛んであったのはフェミニストの間であった。糠塚康江の研究（『パリテの論理』［糠塚 2005: 70-74］）によれば、一方は普遍主義者（les universalistes）と呼ばれ、他方は差異主義者（les différencialistes）と呼ばれた。双方とも女性の政治的地位の遅れを認め、その改革の必要性を認めつつも、その解決手段においては対立するのである。エリザベット・バダンテール（Elisabeth Badinter）に代表される普遍主義者は国民の不可分性や普通選挙の伝統を主張して、パリテ法は女性を特定の社会集団とみなすとして反対した。そして、過去において「差異」の名において社会統合がなされたことはなかったし、逆にその名において女性は排除されてきたと主張した。そして差異主義は女性の世界と男性の世界とを二分する古い社会観を復活させると批判した。

　それに対して、差異主義者と呼ばれるグループは、普遍主義者たちの男女間の差異を無視する態度そのものが歴史に由来する男性の優位、女性差別を許してきたと批判した。差異主義者として知られることになったジョスパン首相夫人のシルヴィアヌ・アガサンスキー（Sylviane Agacinski）は、「女性は代表者を選出するのみならず、同胞の男性市民と同じ資格で、人民を代表することができなければならない」［糠塚 ibid.: 71］と主張した。パリテ法をめぐる論争を激しくしたのは「積極的差別」といった考え方がいわゆるジェンダー論と結びつき、単なる憲法論、法律論の枠を飛び出してしまったからであろう。

　議論を複雑にしているのは、「権利における平等」「形式的平等」といったものを実体としての不平等の立場から批判する立場からの議論とは別に、例えば

性別、民族あるいは言語などによる市民のグループ分けは、「共同体主義」（コミュノタリスム）につながると危惧する人々がいるからであろう。市民の権利は個人を単位としたものであり、集団の権利ではない。これこそが人権宣言以来の伝統を踏まえたフランスにおける社会的権利承認のための基本理念（共和主義）である。その点が、民族的、言語的、宗教的集団の差異と、それに基づく権利を公に認め、共同体単位での社会的編入（同化を求めない）により社会統合を図ろうとするオランダ・北欧モデルなどとの違いである。

　フランスにおいて、女性議員の数が少ないことは事実であり、それは他の分野における女性の活発な社会進出を考えると是正されるべき事態である。そこでまず憲法改正により「法律は、選挙によって選出される議員職と公職への男女の均等なアクセスを促進する」とすることで、パリテ法が違憲となることを事前に防いだ。しかし問題はそこでは終わらない。1999年の憲法改正が注目に値するのは、従来のように、性別、民族、言語といった個別的属性をそぎ落とした「中性的な個人」からなる社会を想定することで、市民間の法的地位の相違を認めなかったことを改め、現実に存在する「性別」という基準で個人を規定することを認めたのである。ただし憲法改正は女性集団という政治的「マイノリティ集団」の存在を認め、その集団的権利を認めたということではない。

　とはいえ、その後、事態は徐々に前に進み始めたのではなかろうか。2008年7月8日の憲法改正を見ると、共和主義的伝統にも変化の兆しがうかがわれる。パリテは単に政治参加の領域に対してのみ適用される原理ではなくなり、広く経済・社会的分野にも拡大されることを容認するようになった。従来のパリテ条項と統合させて憲法第1条第2項が新設され、「法律は、選挙によって選出される議員職と公職、ならびに職業的および社会的責任ある地位への男女の均等なアクセスを保障する」と定められた。そしてこの規定の具体化法は「取締役会・監査役会内部における男女の均衡ある代表と職業平等に関する法律」（2011年1月27日法）となった。今や伝統的に説明されてきた共和国の理念といったものは絶対的ではなくなり、男女平等といった人権に関わる価値とのバランスが問われるようになってきているのではなかろうか。

第8章　国民国家の変容（1）問われる共和主義

3　欧州地域語少数言語憲章の批准問題

　欧州地域語少数言語憲章（Charte européenne des langues régionales ou minoritaires. 以下、言語憲章と略記）は1992年欧州審議会（Conseil de l'Europe）で採択された。憲章の目的は、ヨーロッパにおける歴史的地域語ならびにマイノリティの言語を保護し優遇することにある。定義によれば、地域語とは一国内の特定地域で話されている言語。例えばブルターニュのブルトン語、コルシカのコルシカ語、アルザスのアルザス語などがそれにあたる。いずれも地域の文化と密接に結びついた言語である。少数言語とは、一国内に居住する民族的マイノリティにより話される言語である。例えばデンマークのドイツ系マイノリティが話すドイツ語などがそれにあたる。なお、ここでいう少数言語には、近年非ヨーロッパ諸国から来た移民の言語、あるいは方言などは含まれない。

　フランスが同憲章に調印したのはそれから7年後の1999年5月になってからであり、批准は今日に至るまで成功していない。他のEU主要国の大半は批准を済ませている。早いところでオランダは1996年5月、ドイツは1998年9月、スウェーデンは2000年2月、スペインが2001年4月、イギリスも2001年5月などであった。なぜフランスでは調印までにそれほどの時間がかかり、また批准されないのか。

　言語憲章の目的の背景には、文化的多様性を尊重するEUの理念がある。現行のリスボン条約に組み込まれた「EU基本権憲章」（もともとは2000年12月のニース欧州理事会での声明）でも、その第22条において「（欧州）連合は文化的、宗教的、言語的多様性を尊重する」と謳っている。また文化や教育などがEUの政策領域に含まれるとされたのはマーストリヒト条約（1992年）の128条からである（その後リスボン条約では第167条として受け継がれている）。それによると「連合は、共通の文化的遺産を強調しつつも、各構成国の国家的、地域的多様性を尊重し、各国の文化の開化に貢献する」とされている。フランスが言語憲章に調印し、それが憲法院により違憲と判断された時期（1999年）までには言語を含む文化の多様性の理念はすでにEU域内で広く受け入れられており、フランス政府もそれを支持する立場にあった。一体フラン

207

スが言語憲章を批准しなかったのにはいかなる理由があったのか。

言語政策をめぐる議論

　最初に言語憲章採択後のフランスの対応を見てみよう。1992年6月25日、欧州審議会の閣僚委員会において憲章は採択された。憲章前文において、「そのいくつかが時の流れの中で消えゆこうとしているヨーロッパの歴史的な地域語・少数言語を保護することは、ヨーロッパの文化的伝統と豊かさを維持発展させることに貢献する」、「私的生活および公的生活において、地域語・少数言語を使う権利は時効にかからない権利である」と憲章制定の目的を明らかにしている。

　ところで、その同じ1992年6月25日に、フランスではマーストリヒト条約の批准を可能とするための憲法改正が行われた。同条約中のEUに対して主権の一部委譲を認める条項（ユーロの導入、ヨーロッパ市民権など）が違憲となることは明らかであり、それを避けるために条約批准に先立って憲法改正が行われることになった。議会での審議過程で、当初の政府案には含まれていなかった、EUへの主権委譲とは直接関係のない言語条項が保守派議員の要求により改正案に挿入されることになった。それは憲法第2条第1項に、「共和国の言語はフランス語である」という文言を追加するものであった。第2条は国旗や国歌、あるいは共和国の標語「自由、平等、博愛」などを定めたところであり、ナショナル・アイデンティティを明らかにしたところである。その後この条項が言語憲章違憲判決の根拠の一つになるのであり、言語憲章成立と憲法改正が同じ日であったことは不思議な符合である。

　安江則子は「この改正は、EUへの権限集中に対する国家主権擁護派からの抵抗に対して、少なくとも文化・言語に関する主権は国家にあることを確認することで、強硬な反対派に対する説得材料の一つとして行なった」〔安江 1995: 61〕と解釈している。また山元一によれば、その際、「フランスの地域言語ならびに文化を尊重しつつ、フランス語を共和国の言語にする」という別の修正案を退けて採択されたところからして、憲法第2条第2項の改正は、「地域言語政策の促進に対して消極的な意味合いを持ちうるものであった」〔山元 2014: 24〕と述べている。

第8章　国民国家の変容（1）問われる共和主義

　改憲の結果、フランス語は憲法上、公用語としての地位を得たことになる。確かにフランスにおいては、歴史的にフランス語使用を義務づける政策が繰り返されてきた。古くは1539年のヴィレール・コトレの勅令（Ordonnance de Villers-Cotterêts）でフランス語を「王国における唯一独自の言語である」ことを認めて以来、国内統合を強化するための手段として言語政策が実施されてきた。大革命後、とりわけ第3共和制期の学校教育におけるフランス語教育の強化（学校での方言使用追放のための罰札制度—le symbole と呼ばれた—の導入はよく知られている）を経て、フランス語の「国家語」としての地位は確定していった。

　しかしそうした動きが例外的に一休止したことがある。第2次大戦時のヴィシー（Régime de Vichy）政権においては、フランス革命や共和主義の理念に対して「地域主義」が対峙された。小学校においては、地域方言（les parlers locaux）の授業が選択科目として認められた[6]。しかしこうした政策は第2次大戦後、ヴィシー体制は共和国の理念に対する「反動」であると断罪される中で、学校における地域語の存在も忘れられていった。

　第2次大戦後においても、フランス人、フランス国家のフランス語に対する関心は非常に大きいと言えよう。有名な2つの言語法がある。1つ目は1951年制定のディクソンヌ法（loi Deixonne）である。同法は地域言語の教育を限定的ではあるが正式に初等・中等教育において認め、バカロレアの科目としても認められた。ただし認められた言語は、ブルトン語、バスク語、カタラン語、オクシタン語のみである。アルザス語、コルシカ語、フランドル語などは、ドイツ語、イタリア語、オランダ語の方言であるとして認められなかった。なお同法はその後、教育法の中に包摂されてしまい、2000年6月には廃止された。

　2つ目は1994年8月制定のトゥーボン法（loi Toubon）である。これはフランス語ナショナリズムの極め付きとでもいうべき言語法であり、大いに議論を呼んだものである。フランス語の言語的遺産の庇護を目的に謳っている。トゥーボン法は1992年の憲法改正に呼応して制定されたものである。その内容は、法律文書、労働契約、製品の使用説明書など「公的」な場で使われる言語はフランス語でなければならないこと、またフランスで行われる国際学会な

どにおいてはフランス語の使用が確保されなければならないとしている。同法適用の実例として、2000年初めには、アメリカ系企業が組合向けの社内文書として英語だけのものを渡したことで罰金刑に処せられるといったことも起きている。

こうした動きは第2次大戦後の英語の優位とフランス語の後退に対する恐れの表現であろう。その意味では国内的にフランス語の「国語」としての地位は揺るぎないものとなったとしても、国際舞台における劣位は明らかである。今日、欧州統合が進む中で、フランス人は自己の文化的アイデンティティの弱体化を恐れ、言語条項を憲法改正の対象としたのではなかろうか。

憲法院による違憲判決

すでにジュペ（Alain Juppé）首相の保守政権のとき、首相から言語憲章の批准問題について意見を求められた国務院（コンセイユ・デタ）は、1996年9月24日、言語憲章の第9条ならびに第10条は憲法第2条の規定から生じる義務に反すると回答していた。言語憲章の第9条（司法）と第10条（行政当局・公共サービス）は、特定の地域語・少数言語話者が多数居住する司法・行政区域において、当該言語の使用の権利を承認するものである。第9条は司法手続きを定める。刑事、民事裁判において当事者から要求がある場合には、地域語・少数言語での陳述、あるいは裁判書類の作成を認める。第10条は第9条同様の区域において、行政や公共サービスにおける地域語・少数言語使用の権利を認める、としている。

1999年5月7日、ジョスパンを首相とする社会党政府は言語憲章98条のうち、憲法上の規定に抵触しそうな条項を除く39条について署名した。その際政府は2人の専門家に意見を求めている。一人は憲法学者のギ・カルカソンヌ（Guy Carcassonne）であり、彼はフランス政府が調印した言語憲章は憲法違反ではないと回答した。興味深いのはもう一人の専門家の方で、著名な言語学者のベルナール・セルキリーニ（Bernard Cerquiglini）である。その回答内容を簡単に紹介しよう。

報告書は「フランスの諸言語」（Les Langues de la France）と題され、言語憲章の定める基準に従って、フランスにおいて「話されている言語」を数え

上げている。その数は何と 75 である。フランス本土だけでも 25 になる。アルザス・モーゼル地方のドイツ語方言、バスク語、ブルトン語、コルシカ語などは当然としても、ベルベル語、方言アラブ、イディシュ語などになると筆者などは首をかしげてしまう。もちろん言語憲章の定める基準に従った純粋に学問的な立場からの意見であり、批判などするつもりは毛頭ないが……。セルキリーニの答申の中で興味をひかれた点は、言語憲章とフランス憲法との関わりについて述べた部分である。彼は言語憲章を引用しつつ、その目的は「ヨーロッパの歴史的諸言語の保護」にあること、そして保護は「諸言語に対して権利を認めることであって、その話者に権利を与えることではない」こと、また「多様性と豊かさの中で国民的・ヨーロッパ的遺産を確固たるものにすること」にあることを確認している。そして自らは直接的に憲法上の判断を避けつつ、上記カルカソンヌ教授もこの 2 点を取り上げて、言語憲章の合憲性を判断していると述べている［Cerquiglini, 1999］。

　ジョスパン首相の決断を前にして、保守のシラク大統領は批准に乗り気ではなかったため憲法院に提訴した。同年 6 月 15 日の憲法院の判決によれば言語憲章は違憲であり、批准はできないことになった。憲法院は、「憲章は、地域語ないし少数言語の話者集団に対し、そうした言語が使われている領域内において、特別な諸権利を与えることで、法の前での平等ならびにフランス国民の単一性を危うくする」との裁定を下した[7]。そして「憲法第 2 条第 1 項（共和国の言語はフランス語である）に反して、公的生活においてフランス語以外の言語を使用する権利を承認することになる」との理由から言語憲章を違憲と判断した。坂井一成は、憲法院は同憲章が地域語の保護・振興のために定める具体的な措置自体には問題はないとした上で、問題なのは「地域語を特定の人的集団・地理的空間に特有の存在と見なすことが、すべての地域語はフランス国民全体の文化的財であるとの理念にぶつかるという、フランスに固有とも言えるロジックに着目すべきである」［坂井 2014: 151］と違憲判決の理由を受け止めている。

　ところでその後の動きを見ると、事態は異なる方向に進み始めたのではなかろうか。国民としてのアイデンティティをフランス語に求めることはそのままに、少し柔軟な発想が見られるようだ。2008 年 7 月、サルコジ大統領のイニ

シアティヴで大規模な憲法改正が行われた。その際、第2条の言語条項の部分には手を触れずに、第75条の1が新たに付け加えられた。そこでは「地域語はフランスの遺産である」と規定された。地域語の社会的・文化的価値が初めて明瞭に認められたのである。EU基本権憲章（2000年）においても、その第22条で「連合は文化的・宗教的・言語的多様性を尊重する」としている。また先に引用した言語憲章の前文に見るように、「歴史的な地域語・少数言語を保護することは、ヨーロッパの文化的伝統と豊かさを維持し発展させることに貢献する」という発想が、いわばヨーロッパ的「規範」としてフランス人の意識に影響するようになったのではなかろうか。ここにヨーロッパ化の影響の一端を見ることができるであろう。しかし、それにもかかわらず、フランスはいまだに言語憲章を批准していない。

第 9 章

国民国家の変容 (2) フランスの移民問題

はじめに

　第8章においては、「すべての人に開かれた結婚」法やパリテ法の採択、あるいは欧州地域語少数言語憲章の批准問題が、伝統的共和主義の理念が想定する国内社会の同質性を崩すことになりかねないとの危惧から様々な議論が交わされたことを取り上げた。本章においては、同じ文脈から、今や深刻な問題となっている移民問題を取り上げる。イスラム移民の問題は1980年代半ば以降、伝統的な共和主義の理念に基づくフランス社会の解体を危惧する人々の間に、時に過剰とも思われる反発を呼び起こしてきている。その政治的な表現はFNの台頭にうかがわれるが、FNへの支持の拡大はフランス社会における政治や政治家に対する不信感と結びつき、いわゆる代表制民主主義の危機を生み出すに至っている。ここでは移民問題の深刻化の現状、1980年代以降のライシテ法制の現代化＝強化の問題を中心に考えてみる。なお移民問題との関連から、2010年夏のフランス政府によるロマ人の大量国外追放が引き起こしたEU・国際社会からのフランス批判問題を第4章のコラム4で取り上げたので参照してほしい。

1　移民問題の顕在化

移民導入の歴史

　最初に簡単に事実を確認しておこう。INSEE（国立統計経済研究所）によれば、2012年時点におけるフランスに関する数字は以下の通りである[1]。移民は571万人にのぼる。INSEEの定義によれば、移民とは外国で外国人として生まれ、現在フランスに長期滞在している人のことである。2008年の時点では、おおよそ長期滞在者の20％は40年前からフランスに暮らし、30％は10

年未満である。毎年、移民の中の10万人弱は帰化や結婚などによりフランス国籍を取得しているが、出身国の国籍を持ち続けている人も多い。最近、帰化者の人数は減少傾向にある。

外国人は398万人を数える。外国人とは文字通り、フランス国籍を持たない人であるが、その中にはフランスで外国人の両親から生まれ、その後フランスに住み続けて成人になった時点でフランス国籍取得の権利を持つにもかかわらず、フランス国籍を選択しなかった人も含まれている（3万人弱）。通常我々が移民2世、3世と呼ぶ場合、彼らの大多数はフランス国籍を有し、法的にはフランス人であり外国人ではない（出生地主義）。また外国生まれでもないため、彼らは移民としてカウントされず、統計上は表面には出てこない。移民の中でも非ヨーロッパ出身者は、その容貌や言葉使い、居住地などから一括して移民と呼ばれ、フランス社会の周縁部に位置づけられ、社会的差別の対象とされる傾向がある。ちなみに移民の出身地の内訳はヨーロッパが36.8％（EU27か国だけでは32.2％）であり、一番多いのはポルトガルの10.5％である。アフリカは43.2％（一番多いのはアルジェリアで13.1％）、アジアは14.4％となっている。アメリカ、オセアニアは5.6％である。

フランスでは第2次大戦後、大量の労働移民を受け入れた。戦後復興の中で労働力が不足し、それを埋めるために外国人労働者の導入が積極的に行われた。個々の企業が導入したのに加えて国家事業としても行われた。1945年11月2日の政令により労働省の下に移民局（Office national d'immigration）が設立され、移民管理を国家が独占的に行うことになった。しかし実際には移民管理局を通さず入国した労働者の正規化（régularisation）が企業を通じて行われていたので、国家による独占的管理はそれほど厳格なものではなかったと思われる。移民局は初めフランスの近隣諸国と、次いで次第に旧植民地などを中心にした隣接地域政府との間に契約を結び、労働者の受け入れを行った。例えばフランスが結んだ2国間協力協定は、1947年にイタリア、1956年にスペイン、1963年にモロッコ、1964年にポルトガル、チュニジア、トルコ、1968年にはアルジェリアなどとなっている。現在は、内務省の下の「移民・統合局」（Office français de l'immigration et de l'intégration）に再編され、移民の受け入れと社会統合、難民受け入れ、不法移民の管理などを行っている。

第 9 章　国民国家の変容（2）フランスの移民問題

　上に見たように、最初はイタリアやスペインといった近隣諸国からの移民が大部分を占めたが、アルジェリアの独立（1962 年）を機に北アフリカやブラック・アフリカからの移民が増えていった。当時フランス政府はこの移住者を一時的滞在の出稼ぎ労働者と捉えていたが、次第に滞在が長くなっていった。そして石油ショック翌年の 1974 年、フランス政府は経済の落ち込みに対処するために新規労働移民の受け入れを停止した。他の EC 諸国も同様の措置を講じた。その結果、いったん出国すると再入国ができなくなる恐れがあるため、移民労働者たちはそれまでの休暇を過ごすためなどの一時帰国の習慣をやめ、むしろ家族を呼び寄せたり、独身者の場合には故郷から配偶者になる人を呼び寄せたりするようになった。そうして家族が形成され、子供も生まれるという形で定住化が進んでいくことになった。一時的滞在の単身の若い男性という外国人労働者から、結婚して家族持ちの移民へと変身が行われた。ここに今日の移民 2 世、3 世問題の起源がある。

　フランス政府は 60 年代から大都市郊外に、フランス人庶民のために低家賃の大団地（HLM）を次々に建てたが、そこに次第に定住化の進んだ移民たちも家族で住むようになっていった。するとそれを嫌った一部のフランス人の、郊外団地からの脱出が始まった［Temime, 1999: chapitre 5］。イスラム教徒やブラック・アフリカ出身者の生活習慣は、一般のフランス人には受け入れがたいことも多かったからである。一部屋に大人数で暮らしたり、アパートの入り口階段付近で若者たちがたむろして騒ぐなどといった迷惑行為がマスコミに報じられたりした。それに加えて一夫多妻制、男女差別、強制結婚などといったことを耳にすると、たとえそれを直接に目にしたことはなくとも、多くのフランス人はショックを受け、怒りを感じた。また移民の若者たちによる犯罪の増加が言われ、警察による取り締まり強化を要求する声が強まり、地域住民のきずなも失われがちになっていった。教会や共産党といった、以前には統合のための社会的ネットワークを提供していた団体の影響力が今日では弱体化するとともに、社会的網の目から滑り落ちる人々を拾い上げることができなくなったと言われる。そうして移民出身者だけからなる同質的なコミュニティー（時にゲットーと呼ばれる）が一部の都市郊外に形成されていったのである。例えばパリの北のサン・ドニ市の一部や北西のナンテール市のプティ・ナンテール地

区、マルセイユ市の北部地区、グルノーブル市のラ・ヴィルヌーヴ地区などは、騒動の起きやすい「大都市郊外地区」(zone urbaine sensible, ZUS) と呼ばれる。1996年12月26日の政令により公式に全国で751のZUSが指定されている。2015年の初め、マニュエル・ヴァルス (Manuel Valls) 首相は、フランスには50から100の問題地区があり、そこでは貧困、治安悪化、学業不振などが累積していると述べている（フランス第3テレビ：ラングドック・ルシオン）。こうした状況の中、一般のフランス人は問題の多い郊外団地地区を脱出して、さらに遠い郊外に引っ越していった。パリから郊外線の電車に乗ると、しばらくは労働者街と思われるような地区が続いたのち、突然庭のあるこぎれいな住宅街が現れるのを眼にすることがある。目に見えない境界線が引かれていることがわかる。多くの西欧都市同様にフランスにおいても社会階層別の居住区が出来つつあるようだ。

移民の現状

　長引く経済の不調は失業を増大させ、移民の若者たちを取り巻く社会環境は悪化した。近年フランスの失業率は10％のラインを上下しているが、25歳未満の若者だけを取れば20％を越え、大都市郊外の移民出身の若者たちに限定すれば失業率は50％にもなると言われる[2]。郊外団地に住む青年たちには市民としての権利を実体化できない人も多い。その原因としては学校における落ちこぼれや、その結果としての職業生活への準備不足、とりわけ資格を持たないことが失業に直結している。

　郊外の問題は直接的には移民政策ではなく、「都市政策」(la politique de la ville) の一環として取り扱われてきた。都市政策は都市間の不均等状態改善のために1970年代に導入された。遅れている都市地域に対して経済活性化、雇用条件の改善、都市再生、生活環境の改善、治安の回復、犯罪予防、健康改善政策などが優先的に実施された。とりわけZUSに進出する企業に対して税制上の減免措置を講じるなどの施策を行ってきたが、それが十分効果的であったとの評価は得ていない。フランソワ・オランド (François Hollande) 大統領は、2015年2月5日の記者会見で、40年の歴史を持つ都市政策の失敗を認め、これまで「郊外改革プラン」のために多額の資金がつぎ込まれてきたが、地域

間の格差は解消していないと述べている。2015年2月5日付の「ル・モンド」紙は、あらゆる省庁が「都市政策」の名の下に取り上げる問題が教育、若者の犯罪、雇用、差別との戦い、健康、文化などあまりに多岐にわたり、ポイントを絞った整合的な政策を効果的に実施できなかったことが失敗の一因であると指摘した。

しかしZUSで教育分野において行われた「教育優先地区」（zone d'éducation prioritaire, ZEP）政策（1982年開始）は1990年代に導入されたパリテ法の「積極的差別」の考え方の先行例と言える。最初全国で362地域が指定され、次第にその数は増えていった。同地域内で選定される学校の基準は外国人・移民児童の割合、落第率、失業率等の高いことであり、各学校からの申請に基づき大学区の長が選定した。宮島喬によれば、ZEP内の中学校で学ぶ生徒で親が移民である比率は27％、また親の60％は労働者ないしは失業者であった。実際には外国出自の生徒が30％以上であることがZEP指定の基準とされた。指定を受けた学校は一般の学校の平均2.7倍の予算が認められ、教員、補助員の増員も認められた［宮島2006］。

ZEPとの関連で当時大いに議論を呼んだ「事件」があったので、それを紹介しておこう。それは「エリート養成校変われるか」と題して「朝日新聞」（2001年5月1日）においても報道されたものである。フランスはエリート社会であり、またエリート教育の仕組みが厳として存在するが、その一角を占めるパリ政治学院がこのZEP地域のいくつかの高校と契約を結び、2001年度から特別推薦入試制度を導入することにしたのである。初年度は7つの高校と契約を結び、35人が予備審査に通り、最終的には17人が合格した。2015年度には契約校は106校に上り、147人が入学を許可された。これまでの累計で、1,448人がこの特別入試制度で入学している[3]。従来ZEP地域の学校からの同校への入学など想像もできないことであったので、人々はまず驚き、ついで多くの批判が学校にぶつけられた。その論拠としては、特別入試制度は不平等であるというものであった。同校からは大統領や大臣など有力政治家に加え、高級官僚、著名なジャーナリストなどが多数輩出しており、現役学生も卒業生も自己のエリートとしての経歴に泥が塗られたと感じたのかもしれない。当時のリシャール・デクワン（Richard Descoings）学長をはじめとする同校幹部た

ちのとったアクティヴ・アクションを認めようという雰囲気はなかったようだ。同紙は協定を結んだパリ北部郊外のブランキ高校の校長の言葉を紹介している。同校の生徒の3分の2はアフリカ・アラブ系であり、富裕な家庭の子供はほとんどいない。40％が奨学金を受け、3分の1が給食費も免除されている。「校内に活気が出てきた」「チャンスは平等に与えられている、それが空疎なお題目ではないのだということがほかの生徒にも納得できたからだ」「多くのシアンスポ（パリ政治学院の通称）受験生は休暇中も補習校に通う。その費用が1万5,000フラン（約25万円）もかかる。ここの生徒には到底払えない。自分の進む世界ではないとあきらめていた」。デクワン学長は、「エリート養成という使命から考えても、多様なタイプの優秀な人材を必要としている。だから、ZEPの高校生たちにも我が校を目指してもらいたいと考えた。多様な人材が加わってこそ知的豊かさも増す」「能力主義に反するとの批判があるが、能力もまた社会的な産物なのだ」と反論している。経済紙の「レ・ゼコ」（2012年6月25日）は、これまで9つの学年が卒業したが、ZEP地区出身の特別入学者の成績は一般入試の学生と異なるところはなく、いずれも立派な成績を収めたこと、また卒業後、各種大企業に就職し、出世街道を歩んでいると伝えた。

　こうした「積極的差別」の試みにもかかわらず、依然として移民たちにはフランス社会への参入を妨げる高いハードルが残されていると言えよう。一方では、フランス社会への同化を妨げる移民たちの側の文化的・宗教的・生活様式上の差異の問題がある。しかしまた同時にフランス社会の側にも新たな住民たちの国民統合を困難にする統合メカニズムの機能不全の問題がある。移民2世・3世の多くはフランス国籍である。しかし法的にはフランス人であっても、周りのフランス人の意識は必ずしもそうではない。彼ら自身も完全にフランス社会に溶け込んでいるとの意識を持てないでいる。いつまでも「よそ者意識」を持たされたままの若者たちも少なくない。外見や名前などが一般のフランス人とは違うために、社会的差別を受けることもある。求人広告を見て電話をして面接の約束を取りつけても、名前や住所を言ったとたんに断られるといったことを日常的に耳にする。移民2世・3世たちの抱く疎外感はアイデンティティの危機を生んでいると言われる。そこにイスラム過激派が入り込む余地も生まれよう。団地（シテと呼ばれる）の若者たちのフランス社会に対する不満

第9章　国民国家の変容（2）フランスの移民問題

（特に警察官に対する）は溜まっており、2005年秋・冬のフランス全土を震撼させた郊外暴動という形で爆発することもある。

2005年秋・冬の暴動が意味するもの

　世界中を驚かせたこの暴動はフランスの国民統合モデルの限界を示すものである。簡単に事件の概要を振り返ってみよう。今回の暴動を引き起こしたのは、移民家庭出身の若者たちであり、特に黒人青年が目立った。直接のきっかけは、パリ郊外のクリシー・ス・ボワで警官に追われたアラブ系とアフリカ系少年2人が変電所に入り込み感電死する事件が発生したことにある。そうした折、郊外団地を視察したサルコジ（Nicolas Sarkozy）内相（当時）が移民の若者たちを指して「社会のクズを掃除する」と発言したため、それに反発した若者たちが暴動を引き起こし、その後暴動は全国に拡大していったのである。最も激しい行動が展開されたときには一晩で1,000台を超す車が燃やされ、学校を含む公共の建物が放火された。政府はたまらず、1955年の非常事態法を適用した。そしてそれに基づき、いくつかの県では県知事の命令で夜間の外出禁止の強硬措置がとられることになった。外出禁止法の適用はアルジェリア戦争時（1961年）以来の措置であり、まさに先進国としては異常な事態となった。

　こうした騒然たる状況の中、暴動を力で抑え込もうとするサルコジ内相の強硬路線は大方の国民の支持を集めたようだ。世論調査によれば、非常事態法の適用について73％の国民が政府の決定を支持し、また野党の社会党も異議を唱えないなど、国民世論の右傾化傾向がうかがわれた。こうした「暴動対策」とは別に暴動を引き起こした「郊外問題」そのものについても世論の関心は高まったようだ。暴動は突発的なものではなく、1970年代末から始まった「郊外問題」の一つの帰結であるという解釈がある。確かにこれまでもフランス全土で毎日平均90台あまりの自動車が放火されており、今回の事態は突然発生したわけではないとも言われる[4]。しかし今回の事態が世論にショックを与えたのはその規模の大きさだけではない。かつてアメリカにおいて頻発した都市型暴動がフランスにも再現され、フランス社会に亀裂が生じ、社会から拒絶された部分が可視化して、伝統的国民国家フランスの「一にして不可分」の同

質性神話が崩壊しつつあることが明瞭になったからである。

2005年の郊外暴動について、社会学者のミッシェル・ヴィエビオルカ (Michel Wieviorka) は移民たちの集中する大都市郊外団地の住環境・治安の悪化は、2002年に誕生した保守政権の、地域福祉や教育支援に関わる団体への補助金のカットなど、都市政策の不在の結果生じたと説明した。また従来同地域において生活環境の改善に一定の貢献をした共産党や労働組合などが弱体化したため、社会的ネットワークに一種の空洞化が生じたためであるとも指摘した[5]。移民についての国民世論が厳しくなった一因として、反移民を前面に押し出した極右政党の国民戦線FN (Front national) の存在を指摘できる。

2 反移民政党FNの台頭

FN支持層

1973年秋の石油ショックを受け、フランスでは翌年から労働移民の受け入れが停止されることになった。それを契機に、移民労働者の定住化が始まり、移民の存在が顕在化し、社会生活上の摩擦が指摘されるようになった。それと符合するかのように、1983年、パリ近郊ドルー市の市会議員の補欠選挙において、極右の国民戦線 (FN) のリストは16.7％の票を獲得した。引き続き翌年の欧州議会選挙においてもFNのリストは11.4％の票を得て、FNは一躍全国的政党に浮上する足掛かりをつかんだ。しかし当時の欧州議会選挙のフランス国政に与える影響は限定されたものであり、FNの勢いが長続きするとは受け止められなかった。その後、1986年の国民議会選挙と地域圏議会選挙 (élections régionales) においても、それぞれ9.8％、9.5％の得票率を上げ、FNの躍進は必ずしも一過性のものではないとみなされるようになっていった。ただし国民議会選挙においては、小選挙区2回投票制という制度の影響を受け、他の政党から「極右」の候補者との選挙協力は嫌われたので当選者ゼロが続いた。しかし1986年には一度だけ比例代表制が採用されたことで、そのときには9.8％の得票率で35人の下院議員が誕生したことがある。しかしそれは例外で、選挙制度が元の小選挙区制に戻ると、以後2012年の選挙（2人当選）までFNの下院議員は生まれていない。

第9章　国民国家の変容（2）フランスの移民問題

　真の驚きをもって受け止められたのは2002年の大統領選挙である。党首のジャン＝マリ・ルペン（Jean-Marie Le Pen）は第1回投票で16.9％を獲得した。第2回の決選投票は前大統領シラク（Jacques Chirac）と前首相ジョスパン（Lionel Jospin）（PS）との一騎打ちになるとの予測を覆してルペンが決選投票に進んだ。第2回投票ではルペンはシラクに敗れたとはいうものの17.8％を獲得した。ルペンが第1回投票に勝ち残ったことはフランス国民に大きなショックを与え、第2回投票では、ルペンの勝利を阻止すべく、左翼政党支持者もシラクに投票することでシラクは80％を超える票を集めて圧勝した。
　すでに2000年、オーストリアの極右政党（党首ハイダー（Jörg Haider））の自由党が、国民党と連立政権を樹立することに対して、EUの中でもとりわけ批判的だったフランスは、自分の足元でルペンの躍進を見せつけられ、まったく面目を失う事態になった。第1回投票での立候補者の数が多くて、社会党候補のジョスパンへの左翼票が分散したからとか、若者の投票率が低かったからなどの説明がなされたものの、ルペンへの支持が国民的な広がりを持つものとなったことは疑いの余地がなかった。
　2011年に党首を引き継いだマリーヌ（Marine Le Pen）は単に保守層の支持にとどまらず、いわゆるグローバル化の「負け組」（les perdants）とされる庶民層への支持を拡大し、以前は共産党の金城湯池ともいうべき北部工業地帯（パ・ド・カレ）にも地盤を築いた。FN専門家のパスカル・ペリノーの解釈によれば、「FNに投票する人は2つの「脅威」からの保護を期待している。1つ目はグローバル化、ヨーロッパ化、移民といったものがもたらす外部への経済的、政治的、文化的開放の脅威。それはフランスの特性を希薄化してしまう恐れがある。2つ目（の脅威）は集団的規範やルールの一層の自由化であり、その結果我々の共に生きる力は弱められてしまうこと」である［Perrineau, 2014: 114］。
　マリーヌは従来のFNに対する「極右」のレッテルをはがし、「悪役からの脱却」（dédiaboliser）に努めている。2012年の大統領選挙はその戦略が成功しつつあることを示している。第1回投票で左翼オランドの28.63％、保守サルコジの27.18％に次いで17.9％を獲得した。この数字は2002年に父親のジャン＝マリ・ルペンが第1回投票で獲得した16.9％をも上回る大躍進となった。

マリーヌの支持層を明らかにする世論調査の結果を本書巻末の Appendix 2 に掲げたので参照してほしい。いくつか注目すべき点を指摘したい。
① 女性の支持は従来通り男性の支持より少ない。これは父親のときと同じであり、FN を支持するのは男性が多い。
② 若者層と高齢者の支持が比較的少ない。
③ 職業で特徴的なことは労働者の支持が大きいことである。それは他の 2 人の候補者と比べても言えることである。また独立自営業者の職人や工場主といった、いわゆる旧中間層に分類される人々の支持もある。この層の人々は元来保守政党の基盤を成し、マリーヌが左翼の基盤の労働者と合わせて支持を得ていることは興味深い。また自由業や管理職などからの支持が低いことは、FN の候補者が民衆層に支えられていることを示している。
④ 高学歴者は PS の支持者に多く、FN 支持者の学歴は総じて低いことは FN の創立期から見られる現象である。
⑤ 収入の点ではオランドとサルコジでは大きな差はない。マリーヌの支持者の中では高額所得者は少ない。
⑥ 居住地域については、マリーヌ支持者は大都会だけではなく農村部にも散らばっている。オランドはサルコジ以上に地方の中核都市において強いことがわかる。しかしマリーヌの支持者は全国的な広がりを見せており、FN の支持基盤が安定してきていることを示している。

FN の反移民政策

第 6 章で紹介したマリーヌ・ルペンの大統領選挙での公約である「12 の約束」に明らかのように、彼女がターゲットにしているのは庶民層である。力点が置かれている公約としては、「最も低い賃金と年金の引き上げ」、「移民をストップし、国民優先を再建する」、「金融市場の支配からの開放」など、ヨーロッパ化やグローバル化の影響に脅威を感じている社会層に対する配慮が見られる。

こうした庶民層に焦点を当てた政策が繰り出されていくようになったからといって、FN の従来からの移民政策強化の主張が弱められたわけではない。2014 年の市町村議会選挙にあたり実施された世論調査 [Ipsos Public Affairs,

2014]の結果を見てみよう。

　以下に見るようにFNの具体的な移民対策には相当過激な政策が含まれていることもあり、評価する人は42％に過ぎない。評価しないと回答している人は52％である。とはいえ、この数字もFN支持者に限定すれば、支持は90％に跳ね上がる。治安悪化との闘いについても同様の数字である。FNの政策が説得的であると考える人は46％、そうではないと考える人は48％である。FNの支持者に限れば支持は90％になる。その意味では移民問題は依然としてFN支持者にとっては最重要なテーマであり続けている。

　2012年に公表したFNの政策綱領「私のプロジェ」(6)の移民に関する項目を要約してみよう。

　現状分析において、移民をストップする必要性として3つの理由を挙げる。第1に経済・金融権力がフランス人労働者の給与や社会的権利を切り下げるために移民を利用している。第2に移民は国民共同体に多額の支出（年700億ユーロ）を余儀なくさせている。第3に統制されない新規移民は共和国の同化能力を超え、様々の緊張を生み出している。

　マリーヌ・ルペンは「ゲットー、民族間対立、共同体主義的要求、政治・宗教的挑発などは大量移民受け入れの直接的結果であり、我々のナショナル・アイデンティティを痛めつけ、ますます顕在化するイスラム化をもたらしている」と主張している。

　対策として以下のような政策を提示する。強調しているもののみ取り上げる。
＊5年かけて合法的移民を年20万人から1万人に減らす。
＊家族結合（regroupement familial）を廃止する。難民受け入れ数を大幅に減らす。そのために法律や憲法の改正を行う。
＊シェンゲン協定を再検討する。国境管理の権限を回復する。
＊出生地主義廃止とフランス国籍法の抜本的改正。
＊不法移民の例外なき国外追放。
＊不法移民の正規化を認める条項の廃止。
＊刑法上有罪とされた外国人を出身国に追放する。
＊国民優先ルールの適用。企業は社員の採用において、同等の能力を有する場合にはフランス人を優先する。

＊開発援助の提供は、とりわけアフリカ諸国との間で、移民問題における政府間協力を前提条件とする。
＊アングロ・サクソン的な多文化主義に対して、我々の共和主義的モデルならびにその価値を改めて強く言明する。

　FNの移民批判は従来型の、移民は不況下でフランス人の職を奪うとか、フランス人を犠牲にして社会保障の恩恵を受けているといったものから、2001年のアメリカ同時多発テロ事件を契機に、文化・文明論的次元でのイスラム批判に力点を移してきているようである。そして今やアラブ人、ブール（les beurs：アラブ移民2世）批判から脱して、彼らの存在はより一般的にフランスの社会モデル、共和主義モデルに対する脅威であるとの主張を強めている。最近FNがライシテの原理を持ち出して移民攻撃をするようになってきていることに、それを見てとることができる。
　パスカル・ペリノーは次のように述べている。「ライシテ概念を便利な道具として使うことで、FNは（移民）問題を"脱民族化"して、イスラムとその逸脱行為を共和主義モデルそのものに対する脅威であると提示することが可能となった」[Perrineau, 2014: 99]。ライシテ概念はこれまで主として左翼の主張であったが、スタジ報告にも見られるように、個人の権利擁護のための理念であるというように解釈が広がるとともに、左右を問わず支持されるようになってきている。極右として、フランス政治システムの枠外に位置づけられてきたFNが共和国擁護という主張を展開することで、国民的支持を拡大しているようである。
　2011年1月、FNの党首に就任後の間もない時期、マリーヌは演説においてライシテ擁護を強調した。「国家は、諸政党の漂流を抑えて共和国の主要な原理の厳格な適用、とりわけライシテの保証者であらねばならない。何百年にもわたる宗教戦争の傷を負った我が国においては、いかなる宗教も公的空間を侵害すべきではない。信仰は厳密に私的なものに止まり、その外的表現はいかなる意味でも挑発行為になってはならない」[7]。こうした政策により、FNはフランスの政治的周縁部を抜け出して、共和国モデルの中央に自己を位置づけることができるようになった。

3 「ライシテ」をめぐる論争

イスラムのスカーフ問題（1989年）

　ライシテをめぐる議論の主戦場は学校、特に公立学校であった。先に見たように19世紀における共和国とカトリック教会の対立は公立学校を舞台に発生した。現代フランスにおいても歴史は繰り返されているようだ。今日の共和国の敵手はもはやかつて支配的であったカトリック教会ではなく、フランス社会ではマイノリティとはいえ次第に勢力を増しつつあるイスラム教徒、イスラム文化である。かつての共和国と教会との対立は「二つのフランス」の存在を浮かび上がらせたが、今日の共和国とイスラムの対立は、フランス「国家存立の理念」に関わるとされ、一部のフランス人からは自己のアイデンティティの危機と捉えられた。それを象徴する出来事としてイスラムのスカーフ問題がある。よく知られた事件であるが簡単に再確認しておこう。

　事件は今から四半世紀以前の1989年9月18日、パリから電車で1時間ほどの郊外都市クレイユでの「ちょっとした」もめごとを発端として起こった。その日イスラム教徒の3人の女子中学生がイスラムのスカーフを被って登校したため、校則によりスカーフを脱ぐように言われた。それを拒否したところ登校停止措置が取られた。生徒と両親は、学校側と大学区の視学官を交えて話し合いを持ち、一応の妥協が成立した。すなわち生徒たちはスカーフを被って登校してもかまわないが、教室に入るときにはそれを外すことで合意したのである。生徒たちは再び登校が認められるようになったが、10月19日になって再びスカーフを取ることを拒否したため、学校長は女生徒たちを停学処分にした。学校長は、特定宗教に固有の習慣を学校に持ち込むことは、ライシテの原則に違反するゆえに認められないと判断したのである。ところがこの事件がマスコミに報じられると、一中学校の校内規則に関わる問題に過ぎないことが人々の関心を呼び、全国的な論争が繰り広げられることになってしまった。

　「SOSラシズム」のような移民擁護団体は、スカーフを被ることは信教の自由に関わることであるから尊重されなければならない、との立場から学校当局を批判した。それに対して、ライシテの理念に忠実であろうとするナショナリストはより厳格なライシテ原則の適用を要求した。ライシテも信教の自由もと

もに共和国の基本的理念であり、両者が正面からぶつかった場合、解決は難しい。結局リオネル・ジョスパン国民教育相は国務院に対して1905年法（政教分離法）の解釈を求めた。国務院は政府から付託を受けた問題に答え、また政府提出法案に対する諮問に応じる政府機関である。

1989年11月27日の国務院の「意見」[8]は、条件付きではあるがライシテの原則よりも信教の自由を優先させるものであった。「このように生徒たちに認められる自由には、学校施設内において宗教的信仰を述べ、表現する権利が含まれる。ただし教育活動、教科内容、出席義務などに害をなすことは認められない」。すなわち、スカーフを被るといった行為自体はライシテの原則と両立不能なものではないが、「圧力、挑発、宣教、宣伝の行為」であってはならないとした。そうした行為は正常な学校運営を妨げ、また他の生徒の自由や尊厳を蹂躙する恐れがあるがゆえに、ライシテの原則に背くものとなるからである。国務院の意見に基づき国民教育大臣の通達[9]が出された。ただし、どこまでが信教の自由であり、どこからが他人の自由の侵害になるのかの判定を現場の学校長の判断に任せるとしたために、混乱が生じた。事実その後、学校長による個々の処分が行政裁判所によって取り消されることも起こったのである。

その後1992年にも国務院の同様の判断が示されたが、学校内の軋轢はやまず、1994年にフランソワ・バエルー（François Bayrou）国民教育相の時に3度目の通達が出された[10]。学校現場から判断基準の明確化が求められたからである。通達によれば、宗教的標章（しるし）は「控えめなしるし」と「これ見よがしのしるし」（ostensible）に分けられ、後者は禁止されること、それが守られない場合には退学処分となるとされた。ただし何が「これ見よがし」であるか否かの判断は依然として学校現場の判断に任されたのである。これはなかなか厄介な問題である。しかしこの通達後、事態は好転したとの評価もある。ジャクリーヌ・コスタ＝ラスクー（Jacqueline Costa-Lascoux）は、「2,000以上のケースが話し合いによって解決されたようである」と述べている［コスタ＝ラスクー 1997: 73］。しかしイスラムのスカーフ問題はそれで終わらず、2004年の禁止法にまで進むことになる。

バエルー通達で興味深いことは、共同体主義（コミュノタリスム）反対が明

第9章　国民国家の変容 (2) フランスの移民問題

確に示されたことである。共和国のフランス的観念は本質的にすべての信条——特に宗教的、政治的——ならびに文化的伝統を尊重することを確認する。しかしそれに続けて通達は、「国民が別々の、お互い無関心な、自己に固有な規則や法律にしか頓着しないような、単なる共存に過ぎない複数の共同体に分裂することは拒否する」と述べている。「それ自体が宗教的な勧誘や差別となるようなすべてのこれ見よがしの標章を禁止」したことは、それまでのライシテ原則の尊重から一歩踏み出して、国民共同体の分裂を誘う共同体主義を押さえ込もうとする意志が現れている。イスラム問題の深刻化がうかがわれると言えよう。

ところで、イスラムのスカーフ事件は共和国の理念を理解する上で興味深い事例の一つであるが、同時にフランスの政治文化の特徴を表している点でも興味深い。すなわち個別的・具体的な（ここでは一中学校の校則）事案が共和国存立の理念の対立という全国民を巻き込んだ抽象的な一大論争へと発展したことである。しばしば言われるように、フランスにおいては社会問題の処理は個別的・プラグマティックに行われず、一般的・形而上学的対立に格上げされる傾向がある。スカーフ問題の解決を難しくしていることの一因にはそうした政治文化上の問題もあるのではなかろうか。

スタジ報告 (2003年)

2003年7月3日、ジャック・シラク大統領はベルナール・スタジ（Bernard Stasi）を委員長とする「共和国におけるライシテ原則の適用に関する委員会」(Commission de réflection sur l'application du principe de laïcité dans la République) に対して諮問を行った。大統領は諮問の中で、1905年12月9日法（政教分離法）はこれまで、それぞれの宗教の特性を尊重しつつ、フランス社会の変化に対応してきたこと、その結果、すべての宗派や思潮の支持を得てきたとの認識を示す。しかしそれに加えて、「今日ライシテ原則の適用は疑念の対象とされている。労働の場において、公共サービスにおいて、とりわけ学校において実施は新たな困難に直面している」。また「共和国は市民からなるものであり、共同体に分割できないものである」［Stasi, 2004: 5-7］ことを強調している。

大統領の諮問の意図するところは明瞭である。当時社会問題化していたイスラム移民に対する国民統合の失敗をどうするかということである。学校におけるスカーフ問題、病院におけるイスラム女性が男性医師による診療を拒否したといった問題、職場における女性上司の業務命令に対するイスラム教徒男性の不服従など、民族的、宗教的、文化的要因が複雑に絡み合い、また一般フランス人の中では過去の植民地主義の記憶とも重なり、移民たちに対する疑心暗鬼と敵意とが生まれてきた。さらには、先に見たように大都市近郊の大規模団地の一部は「ゲットー化」し、宗教・文化・生活習慣が異なる、また貧しく教育レベルも低い、仕事を持たない移民（第2、第3世代）たちの共同体が生まれている。その結果フランス社会の中に異質な「共同体」が出現したことに対する不安が広がってきている。南仏在住の筆者のある友人によれば、マルセイユの特定の街区は一般のフランス人には通過することがためらわれるほど危険とみなされているとのことである。マスメディアで日々取り上げられるニュースを追っていると、外国人である筆者の内にも、不安に包まれたフランス社会像といったものが形成されていくことを感じる。しかしそこで一歩踏みとどまって冷静に社会全体を眺めてみる必要があろう。フランス社会がそうした困難を抱えていることは事実であろうが、さりとて一般フランス人の気持ちがいつも不安に苛まれていると受け取ることはやはり間違いであろう。2015年1月の「シャルリ・エブド」事件のときにも言われたように、大多数の移民はフランス的価値・生活習慣を受け入れた穏健な市民であり、過激派に対する一般国民の怒りを彼らも共有していることを忘れてはならない。イスラムの名の下にすべてを断罪することは正しくない。また過激派に魅せられる若者たちを生み出した原因は宗教ではなく、彼らの社会的貧困・疎外といったことにその原因を求めるべきであるとの主張もある。それも確かに一理あろう。しかしフランスにおける移民の社会統合の失敗にもっぱらテロリズムの原因を求める説明も行きすぎであろう。

　かつてはうまく機能した外国人同化のメカニズム（学校、企業、労働組合、軍隊などが果たした役割）が今日では弱体化し、その結果社会に十分に統合されない人々が生じてしまったとの説明がある。そこに移民家庭出身の若者たちの逸脱行動の原因を求めることもある。しかしその一方で、今日においてもフ

ランス社会の同化メカニズムは立派に機能しているとの反論も聞こえてくる。イスラムのスカーフ問題に詳しいパリ第３大学のブリュノ＝ナッシム・アブドゥラール教授が筆者のインタビュー（2014年9月）に対して明らかにした意見によれば、フランス社会の同化メカニズムは今日でも効率よく機能しているとのことであった。確かに大多数の移民出身者は、たとえそれが本人の意思に反したものであったとしても、フランス社会の同化メカニズムにより社会的に統合されてきている。むしろ問題なのは統合機能の弱体を前提にして、イスラム教徒などの移民のフランス社会への統合不可能性を排除の論理として利用する政治的発言すら聞こえてくることである。2010年に発生したロマ人の追放問題発生時にそうした発言が政府閣僚からも発せられたことが想起される。いずれにしても、テロリストは特殊な存在であって、移民問題が存在するからテロリストが生まれると考えることは単純化が過ぎるのではなかろうか。錯綜する複雑な要因の絡み合いに冷静に目を向ける必要があろう。さてもう一度「スタジ報告」に話を戻し、国民国家フランスの変容の視点からライシテの問題を考えていこう。

　国民共同体の一体性・同質性の理念に対する国民の信頼は依然として健在である。しかし、マグレブ、サハラ以南のアフリカ、トルコ、そして東南アジアといったヨーロッパ域外からの移民の増大が生み出したフランス社会の多文化状況は、同質的な国民共同体意識を弱体化させ、多くの国民のうちに自己のアイデンティティ喪失の不安を生み出し、防衛本能を目覚めさせることになっていると言えないだろうか。そうした状況下にあるだけに、フランス社会の多文化状況を肯定的に評価する多文化主義（multiculturalisme）や共同体主義（communautarisme）には強い反発が示されたのである。シラク大統領は、スタジ委員会への諮問の中でも、「共和国は市民からなる。共和国は複数の共同体に分割されてはならない。「共同体主義」への漂流の危険に対して、これまでも様々なイニシアティヴが取られてきた…」［Stasi, ibid: 5-6］と述べ、多様な社会的存在・集団の存在を認めつつも、公的空間における個人を単位として成立する共和国の理念の尊重を当然視している。
　委員会の報告書はライシテの役割を広く人権に関わるものと捉え直してい

る。従来の国家の宗教的中立性といった限定的な定義に満足せず、ライシテを個人の人権保護のための原則と捉える最近の傾向を反映している。ライシテ原則は人それぞれが、自己の信条に基づき、アイデンティティを守っていく自由を認める。またそれを保障するのが国家の役割であると考える。「ライシテはナショナル・アイデンティティ、社会集団の凝集性、男女の平等、教育などに関係する。一世紀にわたる実践と社会の変化の後、ライシテ原則は時代遅れになるどころか、まったく異なる文脈の中で明らかにされ、活性化されなければならない」。「ライシテは共和主義的契約の基本的価値である。共に生きることと多様性とを調和させることのできる契約である」［Stasi, ibid.: 79-80］。ライシテは狭義の宗教的寛容から個人のアイデンティティに関わる価値の多様性の容認へと拡大された。しかも価値の多様性は公的空間においては他者の自由の尊重を条件とし、共和国理念の受容を要求するものである。その意味では、1905年の政教分離法が共和国とカトリック教会という2つの正統性の間のぶつかり合いの中から生まれたものであったとするならば、ライシテの原則は今日、信教の自由と公立学校における非宗教性という、フランス社会にとってはともに尊重すべき根本的な2つの理念の対立の間に立たされている。ライシテとは、かつて正面からぶつかれば妥協の余地のない対立をかろうじて回避するための「知恵」であったが、ライシテ原則そのものを否定することは多様性の存立を許さないことに繋がってしまう。スタジ委員会のメンバーの一人でもあったジャン・ボベロ（Jean Baubérot）が言うように、「譲れるものと譲れないもの」との間の新たな線引きが必要になろう。ボベロにとってスカーフは譲れるものである。こうした共和主義の理念を柔軟に解釈し、共和国を閉鎖的な空間にすることに反対する穏健共和派の意見もあることを忘れてはならない［Stasi, ibid: 14-15］。先に説明したように、1905年の政教分離法の適用の過程で見せた当時の政府の現実主義的対応を思い出してみる必要があろう。

　スタジ報告はライシテ原則を今日のフランス社会の現状に適応させるためにはいくつかの施策が必要であるとしている。ライシテ原則に活力を回復し、公共サービスを強化し、精神的多様性の尊重を確保しなければならない。そのためには国家は行政機関に課された義務の重要性を想起し、公共の場における差別行為をなくし、「ライシテに関する法律の枠内で、強力で明瞭な規則を採用

する」ように努めなければならないとしている。そして新たに立法措置がとられるべき事柄を提言した。第1は公共サービスの運営に関するものである。職員に職務上の中立性の厳守を求め、逆に職員は性、人種、宗教、思想などを理由に忌避されることがあってはならない。学校については宗教的あるいは政治的帰属を表す服装や標章の着用禁止を定める。病院法を改正し、医療行為者を忌避することを禁じ、衛生上・公共の保健上の規則の尊重を強化する。企業は服装や宗教的標章の着用について社内規則を定めることができる、などである。

第2は精神的多様性の尊重である。公立学校において、キプール（ユダヤ教）やアイド・エル・ケビール（イスラム教）などを休日とすること。企業では有給休暇の一日を宗教的祭りのために使うことができるようにすること。国立イスラム研究学校を創設することなどである［Stasi, ibid: 145-151］。

こうした具体的提言に対して、審議会の委員のうち一人が棄権しただけで全員が賛成した。審議会の委員は市民社会の多様な声を代表するものであり、さらには多数の専門家の意見が長時間にわたり聴聞された。報告書の内容は現在のフランス社会の大勢の意見を集約したものであると言ってよいであろう。ライシテ原則についての世論の支持は確かだが、その適用については様々な困難に直面していることが浮き彫りにされた。報告書の中で提言された公立学校における「これ見よがしの」宗教的標章の着用禁止については、さっそく立法化の措置がとられることになった。

4　宗教的標章（しるし）規制法（2004年3月）
(Loi sur les signes religieux dans les écoles publiques françaises)

立法化の過程

立法化の過程を簡単に振り返ってみよう。スタジ委員会の答申を受け、シラク大統領は2003年12月17日にエリゼ宮から長い演説を行い、おおよそ次のように訴えた[11]。

多様な民族からなるフランス社会が「ともに生きる」ことを可能とする共和国原理がライシテの原則である。ライシテとは良心の自由を保障するものであ

り、すべての人に自己の信仰を表明し、また実践することを可能とするものである。またその出自や文化の相違にかかわらず、すべての男性と女性が自由に生きることができるように保護するものである。公共空間の中立性こそが異なる宗教間の調和ある共存を可能とするのである。

ところが近年ライシテの原則の実践が労働の場、公共サービス、とりわけ学校や病院において、様々な障害にぶつかっている。その解決のために新たな立法化が必要である。立法化は新しい規則を導入するものでも、ライシテの範囲を拡大するためのものでもない。長い間実践されてきた規則を尊重しつつ明瞭にするために必要である。大統領はこのように述べて、学校における宗教的標章規則の立法化に賛意を表明した。ただしスタジ委員会の提言したユダヤ教やイスラム教の祝日を新たに学校の休日と定めることには反対している。

大統領演説とならんで立法過程に大きな影響を与えたのは、法案提出前の2003年6月から11月にかけて国民議会（下院）で行われた聴聞会での議論である。「宗教的標章を学校で着用する問題に関する聴聞会」(Mission d'information sur la question des signes religieux à l'école) と名づけられ、国民議会議長のジャン＝ルイ・ドブレ（Jean-Louis Debré）のイニシアティヴで開かれ、その結果は2003年12月5日に報告書にまとめられた。聴聞会の構成メンバーは政府代表、学者、学校長、宗教団体代表など多岐にわたった。その場で明らかにされたことは、学校現場の責任者たちは1989年の国務院決定の曖昧さに苦しんでおり、ライシテ原則の適用基準の明確化を望んでいるということであった。それを受け、ドブレ議長は議会向け報告書の中で、「ライシテの原則の再確認は、学校施設の中で宗教的・政治的所属を表す標章を目立つように着用することをはっきりと禁止する法律の形をとる事でなされなければならないというのが大多数の意見であった」[12]と総括している。

2004年3月15日の法改正に基づき、教育法の第141〜145条に以下の一文が挿入された。「公立小学校、中学校、高等学校において、生徒は自己の宗教的帰属をこれ見よがしに（ostensiblement）表現する標章あるいは服装を身に着けることは禁止される」。法案の提案理由の説明の中で主務大臣のリュック・フェリー（Luc Ferry）は「長年にわたり、我が国の慣習と実践において明白であった規則を確認することにより、教員と学校管理者が適切に任務を果たす

ことができるようにすること」が立法の趣旨であると説明している[13]。信仰の自由とライシテ原則の間の線引きを容易にしようということである。

　法案は 2004 年 1 月 28 日に国民議会（下院）に上程され、2 月 10 日には採択され、元老院（上院）に送付された後、3 月 3 日には最終的に採択された。わずか 1 ヶ月あまりのスピード審議であった。それを可能にしたのにはいくつかの理由があった。すでに見たように、法案上程前にスタジ委員会での広範な議論に基づく具体的な立法化の提案があり、シラク大統領も立法化の準備を進めるように政府に促していた。また立法府においても国民議会議長のドブレのイニシアティヴで事前に公聴会が開かれるなど、政治エリート間に立法化の必要性についての合意が出来上がっていた。投票前の最後の討論において一部の議員から、同法はイスラムの女生徒たちを学校から排除することによって、共和国への統合を促すための教育の機会を奪ってしまうとの批判が出された。しかし国民議会における投票結果を見ればわかるように、同法案に対する支持は圧倒的であり、ライシテ原則の適用が学校現場において困難な状況にあるという認識が与野党間で広く共有されていたと言えよう。投票総数は 561 票で、有効投票 530 票のうち、賛成 494 票、反対 36 票と圧倒的であった。反対の内訳は、与党の国民運動連合（UMP）は 364 人中 12 人、野党第一党の社会党（PS）も 149 人中 2 人に過ぎなかった。反対が多かったのは共産党（PCF）その他であり 22 人中 14 人などであった。いずれにしても、各党とも反対票は少なかったと言えるが、それに比べると、次に見るように、国民世論においては賛否の議論は白熱した。

メディアを通して見た国民世論の動向
　スタジ委員会の活動と並行してライシテをめぐる議論は沸騰した。2003 年 11 月 16 日の「ウェスト・フランス」紙に掲載された調査によれば、禁止法に賛成のフランス人は 65％である。しかし人々は、一般的にいって、日常生活においては宗教的帰属の表現には寛容である。61％の人は町の中でそうしたものを身につけた人を見ても無関心であり、22％のみが反対である。しかし 3 分の 2 のフランス人は学校におけるライシテ原則の尊重には賛成である。左翼支持者の 63％は禁止の立法化に賛成であり、なかでも保守政党支持者の 74％は

賛成である。イスラム教徒だけをとれば56％は反対であった。

2003年11月21日付「リベラシオン」紙に掲載された世論調査の結果も同様の傾向を示している。公立学校において宗教的・政治的帰属を表す標章を目に見える形で身につけることを禁止する法律に賛成の人は72％であるのに対して、反対の人は23％にとどまる。また政府与党で保守のUMP支持者の83％は賛成であるのに対して、極左支持者の61％も立法化を支持している。同年11月26日付の「ル・パリジャン」紙によれば、18歳から24歳の若者に限れば反対あるいは態度を決めかねている人は半数を超えている。

政党レベルで見ると、UMPの大勢は次第に法律による規制に賛成になっていく。野党のPSも賛成である。共産党（PCF）やエコロジストは反対であり、2003年11月13日付の「ル・モンド」紙によれば、エコロジストは、UMP、PSの両党が選挙戦術上の理由から賛成に回っていると批判している。また同年11月16日付「ウェスト・フランス」紙は、極右政党は潜在的なラシズム（人種差別・民族差別）を隠す覆いとしてライシテを利用していると指摘している。

政治家を含め、社会の各層からも賛成・反対の意見表明がなされた。フェミニストのグループはスカーフを女性の男性への服従の象徴であるとして禁止法に賛成する声明を発表した。イスラム諸団体の反対は当然のこととして、他の宗教団体も立法化には反対声明を出した。

2004年2月号の「ル・モンド・ディプロマティーク」（日本語版）によれば、宗教的標章規制法（2004年3月15日法）は、ヨーロッパ各国において否定的な反応を引き起こした。例えばドイツでは政教分離はフランスほどには徹底しておらず、公立学校の教壇に修道女の服装で立つこともできるが、シュレーダー首相（当時）は「国家公務員のスカーフ着用は適切とはいえず、そこには教員も含まれる。しかし、私は少女がスカーフを被って登校するのを禁じることはできない」とフランスの状況を論評している。またイギリスの「ガーディアン」紙はフランスのライシテのことを「英米流の多文化主義になじんだ者にしてみれば、抽象的なばかりか意味不明ですらある概念」であるとの批判を紹介している。

2004年3月15日法は2004年度の新学期から施行された。その効果と問題

点はいかなるものであったか。新学期を迎えるにあたり、イスラム組織は様々な意思表示をしている。ローヌ・アルプ地域圏イスラム教評議会議長は苦しい胸のうちを語っている。「我々はジレンマに直面しています。法律を遵守することと宗教的原理の尊重との間の対立です。少女たちは学校を続けなければなりません。しかし私達はスカーフを取れとは言えません」(「ル・パリジャン」紙、2004年7月5日)。

パリの大モスク、「フランス・トルコ人イスラム教徒連絡者会議」(CCMTF)、「アフリカ・コモール・アンティーユ出身イスラム教徒協会フランス連盟」(Ffaica) などの各組織は、新学期を前にして、生徒たちに法律を守るように呼びかけた。

2004年9月20日付「ル・パリジャン」紙は国民教育相フランソワ・フィヨン (François Fillon) の言葉として、「ライシテは勝利を収めた。予想された困難は現れなかった」と書いた。新学期はイラクにおけるフランス人の人質事件と重なり、ライシテと共和国の価値との周りに連帯感が生まれた。フィヨン大臣は「今年の新学期には635人のケースが見られたが、今日534人のケースは解決した。残る101のケースでは、女生徒達はスカーフをとることを拒否している」と明らかにした。

保守系の「ル・フィガロ」紙は2004年度の終わりに、国民教育省の行った改革の効果についての評価を伝えた。以前からスカーフを被る生徒の多かったストラスブールでは、前年度にはスカーフを被ったままで授業を受ける生徒は500人程いたのに対して、今年度その数は17人に減少した。全国では47人の生徒が退学処分になった。しかし新法に反対のイスラム組織の挙げる数字は少し違っている。「800人の生徒がスカーフを取らざるを得ないことになり、100人程の生徒は外国に行き、別の100人程は学校を離れた」。「ル・フィガロ」紙は「2004年3月15日法は学校を宗教的緊張から救い出した。次の新学期はこれが真の平和か一時の休戦に過ぎなかったのかを明らかにしてくれるであろう」(2005年6月2日号) とまとめている。

法律施行後2回目の新学期を迎えた2005年10月21日、カトリック系「ラ・クルワ」紙は「イスラムのスカーフと宗教的標章の事件は、ほぼ学校風景から消えてなくなった」と述べつつも、幾つかの問題が残されていると指摘してい

る。人権連盟(Ligue des droits de l'Homme)の会長のジャン=ピエール・デュブワ(Jean-Pierre Dubois)は述べる。「成功を口にすることはシニシズム以外の何ものでもない。シンボルを非難することで、この法律は統合の問題を見えにくくしてしまい、問題そのものにも応えていない。恐怖にとらわれたフランスは、若者たちが自分の場所を見つけるための手助けとして一体何ができるのか。少女たちの大多数は勉強をし、仕事をし、そして自由になりたいと思っている。ところが、相も変わらず、我々は彼女たちに傷を負わせているのだ」(2005年10月21日号)。

国外からの視線も批判的であった。国連の人権委員会の宗教的自由に関する特別代表はフランスの状況を調査した後に、新法は功罪相半ばするとの報告書をまとめた。規制はスカーフを被りたくない少女を強制から守るというプラス面がある。その一方で、法律の適用には、しばしば行きすぎが見られ、イスラム教徒の少女たちに屈辱感を味わわせている。こうしたことが、かえって宗教的信条を過激化しかねないと憂慮している(「ル・モンド」紙、2005年9月30日)。

宗教的標章規制法のその後

同法が施行されて10年になる2014年、同法の内包する様々な問題点が指摘されるようになった。スタジ委員会のメンバーであり、ライシテ問題の代表的な研究者であるジャン・ボベロ教授の意見に耳を傾けてみよう。彼はこの法律に否定的な評価を下している[14]。ボベロは今日のライシテは「歪められている」と批判して、1905年の法律の理念に帰るべきであると言う。ボベロの主張の論点は、1989年のスカーフ事件とその到達点である2004年3月の立法に至る過程において、人々の関心はもっぱら公共の空間における宗教的しるしの可視性(visibilité)に向けられてしまい、国家は宗教上の中立性(neutralité)を保ち、宗教団体の活動や個人の信教の自由には介入しないとする側面が軽視されていると批判する。また近年ライシテと世俗化(sécuralisation)とが混同され、国家は市民社会の活動に対して宗教的世俗化を進める方向に動いているとも批判する。さらに、ライシテ原則の徹底が標的にしているのはもっぱらムスリムであるのに対して、1905年の政教分離法はカトリックだけではなく、

プロテスタント、ユダヤ教も等しく対象にするという普遍性を持っていたことに注意を喚起する。

　ボベロはこうした批判とともに、政界における議論の危うさにも読者の注意を喚起する。彼によれば、保守政治家の一部には公共空間における「折伏」(prosélytisme) のしるしであるとしてミナレット（祈りを呼びかけるモスクの上の塔）を禁止すべきであると主張するものがいる（キリスト教の教会の鐘楼はどうしたらよいのか？）。また憲法を改正して従来の共和国の標語である「自由、平等、博愛」に加えて「フランスはキリスト教の伝統に基づくライックの共和国である」との文言を加えるとの提案もあるという。

　確かにボベロの批判は一理あると言える。ここでは詳しく述べる余裕はないが、2008年に発生した、バビ・ルー保育所 (la crèche Baby Loup) 事件を見るとライシテ原則が拡大適用されていく危険性を感じる。この事件はブルカ（顔全体を覆うイスラムのスカーフ）の着用をやめない保育士の解雇をめぐっての裁判である。パリ控訴院（高裁）と破棄院（最高裁）との間の上告、棄却、再上告、そしてブルカを取らない保育士を解雇した保育所側の勝訴という逆転判決で幕を閉じるまで（2014年6月）、多くの議論を呼んだ。法的な問題点としてはこの保育所は私立であり、ライシテのルールは適用されないはずであった。しかし保育所は独自に所内の規則としてそれを定めたが、そのことの適否が争われたのである。

　パリ控訴院の保育士敗訴決定を差し戻した破棄院の判決後（2013年3月）、政界では保守のUMP議員を中心に、ライシテの適用対象を公共サービスだけではなく民間の（私立の）事業所にまで拡大する法律の必要性が主張された。元首相のフランソワ・フィヨンは「我が国の法律によれば、ライシテの原理は主として公共機関に適用される」、しかし「数年来企業において宗教的表現について色々の要求が急増している。みんなそれを知っているが、口にはしない」と述べ、それに続けて「最近の破棄院におけるバビ・ルー保育所に関する決定はこのまま放置するわけにはいかない」[15]と司法判断に介入している。

　今日のフランスはもはや共和国神話が謳うような同質的な国民国家ではない。グローバル化の加速化、ヨーロッパ統合の進展は人の移動性を高め、移民

第Ⅳ部　フランス国民国家の形成と変容

大国フランスをますます多文化社会化している。またフランス文化とは異なる文化を持つ移民の大規模定住化の結果、多くのフランス人は伝統的な国民統合のメカニズムにも機能不全が見られると感じている。こうした中で、従来から国民統合の中心的な場であった学校においてスカーフ問題が発生し、共和国理念の支柱ともいうべきライシテの原則に疑問符が付けられたのである。自己のアイデンティティ崩壊の危機を感じ取ったフランス人も少なくなかったであろう。そうでなければ、女生徒の服装くらいで国を挙げ大騒ぎすることなどなかったはずであるし、FNの台頭を許すこともなかったのではあるまいか。今日の多文化的状況にあるフランス社会にあって、異質なものの統合を前提とした共生（＝フランス・モデル）を可能とすることができるか否かは、同化か排斥かという二項対立的考え方を改め、異質性に寛容な「開かれた心性」をどこまで持てるかにかかっている。これはじつに難しいことである。その点で、スタジ委員会においてただ一人棄権に回った前述のジャン・ボベロの考え方は一つの方向性を示しているのではなかろうか。ボベロはフランス、ひいてはヨーロッパ・キリスト教文明の遺産の上に立ちつつ、ライシテの分野にも交渉可能な部分と不可能な部分のあることを指摘し、譲れる部分については多様性・相違を尊重する方向で譲ることの必要性を説いている。ボベロにとって譲れない部分とは人権に関わる部分、例えば一夫多妻制とか、強制的結婚とかである。彼にとってスカーフ問題とはまさに譲れる部分である［Baubérot, 2004］。グローバル化とは多様な価値がぶつかり合う紛争の絶えない世界であり、異質なものとの共存のために知恵を絞らなければならない世界である。

　それはイスラムとの共存の問題に限らない。国内社会の価値の多元化は、ややもすれば自己の依って立つ価値の正当性にこだわる社会集団間の対立に陥りかねない。自由の名の下に、言論の自由を含めて、何でも許されるとは考えないとしても、意見の相違ゆえに議論を拒否する、あるいは無視する態度は、社会を成り立たせる最小限の共同体意識を喪失させ、相互不信の蔓延する社会を生み出すことになるのではないかと危惧される。

　普遍主義的理念を掲げ、またそれを尊重しようとすることはフランス的知性の良き伝統であろうが、ヨーロッパ化、グローバル化によって価値の多元化が進む今日の世界において、それにこだわりすぎることが問題の解決を難しくし

ているのではなかろうか。ライシテ原則 vs. 共同体主義といった「形而上学的」議論に熱中するばかりであってはならない。どうしたら「二つのフランス」への分裂が避けられるか、アファーマティヴ・アクションの採用も含めたプラグマティックな政策論が何よりも必要となろう。

結　び

　典型的国民国家とされてきたフランスは、1980年代後半から90年代初めにかけて、内外からの挑戦を受けて変容の過程にある。本書においては、その変容過程を分析するために、便宜的にではあるが国民国家を国家と国民の2つの次元に分けてみた。そして変化を引き起こす要因として、外的要因としてはヨーロッパ統合の結果としてのヨーロッパ化の影響を分析した。また内的要因としてはフランス社会の社会的価値の多元化に注目し、その影響が及ぼす具体例として、いわゆる「すべての人に開かれた結婚」法やパリテ法の成立過程、欧州地域語少数言語憲章の批准問題が引き起こした憲法問題などを取り扱った。

　ヨーロッパ化の国家レベルにおける影響としては、対外的主権と中央集権的体制において起こった変化を取り上げた。第2次大戦後、とりわけヨーロッパ統合が具体的に始まった1950年代以降、国家主権の委譲が段階的に行われるようになった。この現象はヨーロッパ統合に参加したいずれの国家も経験したことであるが、ジャコバン主義的伝統の色濃いフランスにおいては特に強い反応、時には反発を生むことになった。我々はその典型的表現を1960年代のドゴールのヨーロッパ政策の中に見た。ECの超国家的発展にブレーキをかけようとした「空席戦術」とその打開策としての「ルクセンブルクの妥協」は、1986年の単一欧州議定書による変更の時期まで、政府間主義の手法を是とするEC運営を生み出した。またドゴール外交はヨーロッパ政策における主導権争いを米英との間で繰り広げ、とりわけ冷戦政策の一環としてのアメリカの大西洋同盟＝NATO政策に対する反対を展開した。アメリカ主導の多角的核戦力（MLF）のヨーロッパへの導入拒否や、NATOの統合司令本部からの脱退など「劇的な」行動はその一例に過ぎない。

　確かに、こうしたドゴール時代（1958～69年）の対ヨーロッパ政策、対同盟政策の根本理念は1970年代以降の歴代フランス政府により受け継がれていったことは事実である。しかし、フランスの独立を強調したドゴール外交は

冷戦下において、弱体化したフランスの国際的地位からの脱出の試みであったという側面を無視することはできないであろう。ドゴール後のフランスのヨーロッパ政策は冷戦期とは異なる与件の下で進行した。デタント期を迎えて東西の緊張は緩み始め、経済成長を達成してヨーロッパは豊かさを取り戻し、統合ヨーロッパは次第にヨーロッパ社会の中核を形成する存在に発展していった。構成国の数も増え、共同体としての共通政策領域も拡大し、EC／EUの構成国の国内政治に対する影響力も大きくなっていった。その結果、ヨーロッパ政治はかつての「大舞台」における派手な動きとは異質な、もっと日常的な制度化された政治過程に変質していったのであった。

　本書が課題とした国民国家フランスの変容過程を外側から見ようとした場合、統合を進めるヨーロッパとフランスとの「日常的な」関係がどのように組み立てられているのかを見ることが重要である。我々はそれを「ヨーロッパ化」という視点から分析することを試みた。そこで分かったことは、EUの政策やヨーロッパ的規範のフランスの政治、行政、そして次第に市民生活に与える影響は大きくなり、国内制度の対応が必要になったことである。EUの政策に対応するために行政組織の改編、あるいはEU基本条約の批准のための憲法改正を含む、国内法のヨーロッパ基準への適合化などが行われていることを明らかにした。その際、EU指令の国内法への転換の遅れに見られるように、フランス社会の規範（中央集権制、国民共同体の同質性の強調）は必ずしもヨーロッパ的規範とは適合的ではないことが分かった。あるいは1990年代以降のヨーロッパ懐疑主義の活発化などに見られるように、ヨーロッパ化が要求する国家主権のさらなる委譲は国家レベルにおいても、国民意識の面でも、適応は困難をともなうものであった。

　フランス国家の一つの特徴である中央集権的体制に対するヨーロッパ化の影響については、1980年代以降、フランスの地方分権政策とEUの地域（振興）政策とが合致することにより、開発が促進された側面を指摘した。しかし同時に地域政策の発展は、その遂行過程に地域圏知事が介入することにより、地方分権とは名ばかりで、地域の自主性の多くは中央政府に吸い取られてしまい、中央集権体制が維持されるという側面も指摘せざるを得なかった。このように今日のフランス政治のあり方を図式化してみると、ヨーロッパvs中央政府、

結　び

中央政府 vs 地域、地域 vs ヨーロッパの三角関係が密接化している。それゆえに、国内政治の理解のためにもパリを中心とした分析だけでは不十分なことを認識する必要がある。

　国民国家フランスのもう一つの次元である国民の原型は 18 世紀末の大革命を契機に生まれた。その遺産としての共和主義的国民共同体観は、今日においても根強く受け継がれると同時に変容の過程にあることも指摘した。本書においては第 7 章において同質的な国民の形成過程を明らかにし、第 8、9 章においてはその変容の過程を分析した。そしてそれが引き起こされた契機の一つとして、1970 年代半ば以降のフランス社会の自由化、非権威主義的社会関係の広がりを指摘した。それを前提にして、社会の多様化が進み、価値の多元化が顕在化してきたのである。しかしそれと同時に、「言語憲章」の批准失敗の例に見るように、伝統的同質的国民観、「一にして不可分の共和国」の理念は依然として根強いものがあり、フランス社会にはヨーロッパ的価値の多様性を受け入れることには躊躇が見られる。

　ヨーロッパ・レベルにおける「社会統合」は経済的・政治的に進む統合の基盤となるべき「ヨーロッパ社会」の形成問題と関わっている。かつてもそうであったように、今日においても「ヨーロッパ社会」の存在はカッコつきでしか語りえない。ヨーロッパ社会共通の価値は今も昔も限定的なものにとどまると言えよう。勿論ヨーロッパ社会の存在を過去に求める意見もある。しかしヨーロッパ国際社会を律する共通の価値としてキリスト教が強調された中世西欧世界にしても、また勢力均衡原理とそれに基づく抑制された戦争観などが共有されていたとされる 18 世紀国際関係においても、それはあくまでも僧侶、貴族などの社会的エリート集団間でのルールに過ぎなかった。

　また今日、シェンゲン協定により EU 域内国境が開放されたといっても、それを過大評価してはならないとの意見もある。確かに、国境線はいつの時代においても高かったわけではない。国民国家の実態が、我々が理念型と捉えるもの（国家主権と同質的国民）に近づいたのはフランス革命以後の 19 世紀においてであった。この時代には国民意識におけるナショナリズムが優位を占めた。しかしまた、この時代はヨーロッパ大の国際関係が成立・発展した時代でもあった。特に 19 世紀後半の経済的レセフェール実践の反映として、西欧近

243

代国家のもう一つの属性とされる「領域性」の管理（国境でのパスポート提示の要求）はほとんど行われなくなっていった。そうした状況は第1次大戦を契機として大きく変わることになり、以後厳格なパスポート体制が各国で導入されることになったのである。その意味では現状は20世紀初頭の国際的人の移動の状況に戻ったに過ぎないとの皮肉屋の声も聞こえてくる。勿論モノ、ヒト、カネ、情報などの流通が拡大した今日と20世紀初頭のヨーロッパ国際社会の類似性を指摘することは当然ながら限界がある。

　EUによるヨーロッパ統合は未だに「ヨーロッパ人」からなるヨーロッパを形成するに至っていない。ヨーロッパ社会の形成のためにはヨーロッパ・アイデンティティの形成を待つ必要があるかもしれない。その意味では、EUがその契機とすべくヨーロッパ市民権概念を導入した点は評価できる。しかし残念なことに、それは未だに多くの構成国国民にとって単なる法的概念にとどまり、実生活上の権利意識には結びついていないことは、ユーロバロメータ調査などにより明らかにされている。

　最後に本書の分析結果に基づき次の2点を付言しておきたい。
　第1にEU統合の今後の進展をどう考えるのかという問題である。ヨーロッパ懐疑主義者が要求するように、統合の後退、再国家化の方向なのか、あるいは統合の一層の深化なのか。近年のユーロ危機、あるいは難民問題の処理（難民の各国への割り当てなど）をめぐってユーロ体制やEUそのものへの批判や不満が高まっている。ユーロ危機の渦中にあったギリシャ国民の中には、生活の困難はEUの要求する緊縮政策に従ったことの結果であるとして、ユーロからの脱退を主張する声もあった。域外移民・難民の流入はシェンゲン協定に基づくEUの共通政策の結果であるとして、その改正を要求するイギリスの反ヨーロッパ主義者の主張もある。しかしこうした問題の解決は各国別の政策努力だけでは解決不可能であろう。例えば、多くのシリア難民が地中海経由で流入したギリシャやイタリアだけにその管理を押し付けることは妥当であろうか。明らかにそれは両国の行政的・財政的能力を超える問題であり、EU全体での対応が必要である。今日のEUの抱える困難は、ヨーロッパの後退により解決可能となるとは考えられない。ヨーロッパ共通政策（各国別の入国管理か

結　び

らヨーロッパ共通の管理センターの設置など）が決定されたことは改善に向かう一歩となることを期待したい。

　ユーロ危機を契機にしてEUレベルでの銀行規制や各国の財政への関与が実行されつつある。かつて1970年代のアメリカ発の国際経済・通貨危機において欧州通貨システム（EMS）が生み出され、それがユーロに発展したように、EUの危機はかえって統合前進の契機となってきた過去もある。イギリスのEU離脱の可能性が言われ、またカタルーニャの独立、EUからの離脱・再加盟が口の端に上る今日、これまでは避けられてきた統合の最終形態（la finalité）を問うことなしに、今後もEU統合を進めていくことは難しくなってきているのではなかろうか。かつてジャック・ドロールEC委員長がブリュージュ演説（1989年10月）の中で強調したように、ヨーロッパの存続・発展のためには連邦主義と補完性の原理との巧みな組み合わせ・釣り合いが重要であると言えよう。その際、ショイブレ流のEU制度の改革論だけではなく、多重的アイデンティティをどのようにして育てていくかが問われよう。そのことはヨーロッパ懐疑主義が言われる今日、とりわけ重要性を増していると言えよう。

　第2にヨーロッパ化はフランス社会の変容過程にどのように連動しているか、という問題である。フランス社会が抱える問題は、ヨーロッパ社会が抱える問題でもある。フランス社会が次第に伝統的なヒエラルキー的社会関係を自由化し、また共和主義的な内向き志向を緩めることにより開放的な社会を目指すのか、あるいは逆に閉鎖的な社会にとどまるのかが問われている。こうした社会統合のあり方についての問いかけはフランス人だけに向けられたものではなく、「ヨーロッパ人」にも向けられているものである。移民・難民問題への対処方法に対する議論はまさにそのことを示している。

　2015年1月のシャルリ・エブド襲撃事件、同年11月のパリ同時多発テロ事件などを契機に反イスラム感情がヨーロッパ中に拡散している。外国人嫌い・排斥（xénophobie）に陥りかねないナショナリズムの爆発が、ヨーロッパ各地で移民や難民に対して向けられている。しかし幸いなことに、テロとイスラム移民とは分けて考えるべきであるという冷静な主張もある。一時の興奮や憎しみを超えて、社会のあり方に対する回答が求められている。これはフランス

人にとっては自己のアイデンティティのあり方に関わる問題である。フランスの共和主義的精神は大革命以来普遍主義的であることを誇りにしてきた。それは確かに文明史的に見て、人類の知的遺産の一部をなすものと評価して良いであろう。しかし普遍性は時に異質な価値の否定・排除につながり、えてして自民族中心主義（ethnocentrisme）に陥りかねない。それゆえに、フランス的普遍主義は具体的問題に直面すると、しばしば「フランス的例外」（exception française）承認の主張へと転化する傾向がある。ヨーロッパ統合を批判し、移民・難民問題に厳しい主張を繰り返し、「フランス優先」を要求する「閉ざされた」メンタリティの伸長は、まさにヨーロッパ・レベルと国内社会レベルとをつなぐ結節点で起こっているのである。その意味でFNの存在は国民国家フランスの今後のありようを占うための材料を提供してくれていると言えよう。以上国民国家フランスの変容は、国家レベルにおいても国民レベルにおいても、ヨーロッパ社会や国際社会で進行する変化と連動していると結論づけることができる。

あとがきに代えて
―2015年パリ同時多発テロの衝撃を受けて―

　本書原稿を書き上げてほっと一息ついていたとき、パリで大変な事件が起こったことを知った。パリは私にとって長く学生時代を過ごし、その後も機会あるごとに訪ね、東京以上に馴染みがあり愛着のある街でもある。テレビの爆弾テロの映像を見て、緊張のためか、こめかみの辺りがピクピクして、呂律もよく回らないような感覚を覚えた。一体どうしてこんなひどいことが……、それが正直な第一印象であった。

　国民国家フランスの変容をヨーロッパ統合と、国内社会の文化的多元化の影響から分析した本書の最後に、急遽この事件について何か書き加えることは正直なところためらわれた。本書の基本的テーマは今回のテロ事件とは直接には関わるものではないし、また本書の構成と整合性が取れないと考えたからである。しかし、本書を読んで下さった方々の顔を思い浮かべると、移民たちについて述べたことと今回の事件はどうつながるのか、またEUレベルでの難民政策との関係はどうなのかと問われているように感じた。私には今回のテロ事件が提起する問題に的確に、また体系的に答える用意がないことはよく承知している。しかし本書の著者として、この事件について最小限自分の考えを述べておく義務があるとも考えた。本稿は事件から1ヶ月ほど経った2015年12月時点での、一日本人フランス研究者の目に映った、テロ事件に巻き込まれたフランスの姿と、そこで交わされた議論について「主観的な」まとめを試みたものである。

　事件直後から膨大な量の情報が流された。当事国のフランスは言うに及ばず、日本においてもマスメディアには連日多様な情報が流れ、正直なところ私はなかなかうまく全体像をつかみきれなかった。テロはいかなる背景の中で起こったのか。「イスラム国」(IS) が犯行声明を出したが、犯人たちの人物像はいかなるものか。イスラム教徒の移民2世の若者であることがテロを引き起こ

したことと直接に関係があるのか。オランド大統領は「フランスは戦争状態にある」と宣言したが、テロとの戦いは「戦争」なのか、などなど。確かなことは、このテロ事件は実に複雑な背景＝要因からなるものであり、そのうちの一つですべてを説明することなどできないであろうということである。

　自分なりに整理してみると、少なくとも以下のような諸要因が絡み合っていると言えよう。事件の経緯についてはすでに多くの報道がなされているのでここでは繰り返すことはせず、この事件に関連してフランスにおいて提起された、あるいは私が興味を引かれた、いくつかの問題点に絞って述べることにしたい。それは軍事的対応、「破綻国家」の危険、EUレベルの対応、テロリストを生み出した社会的背景などについてである。

軍　事

　2015年11月13日のテロを受けて、11月16日に急遽招集された上下両院合同会議（Congrès）において、オランド大統領は、「金曜日の戦争行為は、シリアで決定され、計画され、準備された。そしてベルギーで組織され、フランス人と共謀して我らの国土において遂行された」とテロの内容を規定し、その責任はシリアのイスラム国（IS）にあるとした。フランスはアメリカを中心とした有志連合の一員として、2014年以来シリアへの空爆を行ってきた。それに対する報復であるとのイスラム国側の犯行声明を受けて、オランド大統領は東地中海に空母シャルル・ドゴールを出撃させ、攻撃を強化する決定を下した。大統領は同演説の中で、2015年初めからダーイシュ（Daech：「イラクとレバントのイスラム国」を意味するアラビア語の頭文字、ISのこと）のテロリスト軍はパリ、デンマーク、チュニジア、エジプト、トルコなど各地でテロを行い、また住民を抑圧、殺害していると述べ、ダーイシュ根絶の必要性は国際社会全体の関心事であると述べた。それゆえに、シリアやイラクのような「破綻国家」の再建のために国際社会は協力していかなければならないが、当面はISのようなテロリスト集団を壊滅させる必要があると強調した。

　フランスはISとの戦いは国際的なものでなければならないとして、米ロとの連携を図るが、同時にEU内、とりわけ英独の軍事行動への参加を求めた。これに対し、英議会はキャメロン政府に対してシリアへの空爆を認め、ドイツ

あとがきに代えて

議会も後方支援のためにドイツ軍を派遣することを決めた。英国議会、とりわけ野党労働党の中にはイラク戦争（2003 年）への加担に対する反省があり、またドイツはこれまでも国外での軍事行動に慎重であったが、今回は EU 内の協調を重視して決断した。現行の EU 条約（リスボン条約）の第 42 条第 7 項は、「構成国の一国が自国の領土内において武力攻撃の対象になる可能性がある場合、他の構成国は自己の能力に応じてすべての手段により援助と救援を与える」としている。また同 222 条第 1 項は「連合（EU）とその構成国は、いずれかの一構成国がテロリストの攻撃対象とされ、あるいは自然的、人的災害の被害者となる場合には連帯の精神に基づき共同で行動する」と定めている。こうした規定はもともと 2004 年 3 月のマドリードでのテロを受けて構想されたものである。こうした規定に基づき、フランスは EU 諸国に対してフランスとの共同行動を求めたのである。「朝日新聞」は 12 月 4 日のドイツ連邦議会での対 IS 作戦参加承認の動機について、独マーシャル財団のクリスチアン・メリングのコメントを伝えている。「軍事作戦に参加しても IS 問題は解決できないと独政府はわかっている。最大の使命はフランスの要請に誠実に応えること。欧州の政治的な分裂が止まらない中で、ドイツは欧州の団結を重視した」のである。

　オランド大統領の「フランスは戦争状態にある」という言葉を捉えて、テロとの戦いは戦争なのか否かという議論が行われた。国際法の専門家として著名なミレイユ・デルマス＝マルティ（Mireille Delmas-Marty）教授は、戦争とは国際法上、国家間の紛争を指すが、イスラム国は国家ではないとして、用語上の問題点を指摘した。また同時に政府がテロとの「戦争」を主張することで「非常事態」（l'état d'urgence）が長期化し、民主主義が危険にさらされることを恐れると述べている（Le Monde, 18 nov. 2015）。

　2015 年 11 月 20 日、非常事態法（1955 年 4 月 3 日法）の適用期限を 12 日から 3 ヶ月に延長し、その内容を強化するための法改正が議会の圧倒的多数の賛成を得て可決された。同法の改正はオランド大統領の 11 月 16 日の上下両院会議における声明を受けて行われたものである。強化される内容は、公共の安全と秩序に脅威となる恐れのある人物の居住規制（軟禁）、ならびに裁判所の令状なしに家宅捜索を行うことができることなどからなる。こうした権限を政府

に与え、その実施のためには司法的手続きは必要とされないと定める。そのため、人身の自由と安全、移動の自由、結社と表現の自由を大きく制限することにならないか危惧されている[1]。

　定義上の問題点だけではなく、空爆そのものの有効性に疑念を提出したのはシラク大統領（保守政権）時代（1995～2007年）に外務大臣・首相を務めたドミニーク・ド・ヴィルパンである。彼はかつてアメリカのイラク攻撃（2003年）に反対する演説を国連安全保障理事会の場で行い国際的評価を得た人物である。今回のテロ事件直後、テレビの討論番組（RTL, publié le 15/11/2015）において、大統領や首相のISに対する戦いを煽るような戦争演説や発言を批判した。彼は「（ISにより）我々に仕掛けられた罠は、我々に戦争をしていると思い込ませることである」。「本当のところは、彼らは我々を分裂させ、内戦に追い込もうとしている。過去の経験から学ばなければならない。こうした戦争からは勝利が得られない。自制しなければならない」。ド・ヴィルパンの警告は国民の一致した怒りの中では好意的に受け止められることは難しかった。

　我が国においても、空爆でテロリスト発生の芽を摘むことはできないこと、誤爆により多くの民衆が犠牲になっていること、これまでも先進国市民の死は大きく報道されても、紛争地の民衆の死は報道されることは少なかったといった批判的意見が強い。確かにたとえ空爆の強化により、イスラム国にこれまで以上の打撃を与えることができたとしても、それを根絶することは難しい。ISは他の地域に拡散していくだけであり、たとえ地上軍を派遣しても根本的な解決にはつながらないであろう。その通りかもしれない。しかしフランスとイスラム国という対立の図式を外してみれば、支配地域において住民に対して恐怖による支配を行い、支配地域外においてはテロ活動を行う集団を放置しておくことはできないのである。空爆に限らず、軍事的な行動が限定的な効果しか持たないとしても、当面はやらざるを得ないであろう。しかしまた同時に軍事的対応だけでは問題の解決は望めないことをしっかり認識し、政治的解決の道を探る必要があろう。

破綻国家

　イスラム国の出現を許した説明として、イラクやシリアなどが国家としての

条件を満たしていない状況にあることを指摘する意見がある。2003年のイラク戦争や「アラブの春」は独裁的な政権に打撃を加え、民主化への一歩となることが期待された。しかし国内統治のタガが外れることで、反政府勢力やクルド人のような、それまで抑圧されてきたマイノリティが勢いづき、さらには権力の空白状況はISのような武装集団の台頭を許すことになった。2001年9月のアメリカの同時多発テロを受けての、アメリカを中心とした有志連合のアフガニスタンやイラクへの軍事侵攻は同地域の安定化に失敗し、かえって群雄割拠する近代国家システム以前の状況に逆戻りさせてしまった。

　イスラム国に脅威を感じているのは、欧米諸国だけではない。彼らの目標が、(たとえそれが単なるお題目に過ぎないとしても) カリフの支配する真正のイスラム国の建設であり、そのためにはそれに反対する周辺の「堕落した」イスラム諸国を破壊し、同時にそれを助ける欧米諸国を撤退させるためには手段を選ばないとしているからである。

　ISの目指しているのはスンナ派のイスラム国をつくることであるとされているが、そこでいう国家とは西欧的な国民国家のことではない。近代国家は主権を持った国民と一定の領域からなるとされる。しかしイスラム国には国民主権の観念は存在せず、また近代国家の特徴である領域性の観念もない。イスラム問題の専門家の内藤正典なども指摘するように、イスラム国が脅威となるのは「その残虐性もさることながら中東における領域国民国家秩序の打破を掲げているからにほかなりません」〔内藤 2015: 166〕。

　中東地域国際秩序の起源をたどれば、それは周知のように、オスマン帝国の領土を分割していく過程において引かれた国境線にある。すなわち第1次大戦時の1916年にサイクス・ピコ協定 (英仏間の秘密協定) に基づく国境線である。基本的には今日のイラクはイギリス、シリアはフランスの委任統治領とされた。その境界線は民族や宗派などに対する配慮なしに引かれたため、例えば、クルド人はトルコ、シリア、イラク、イランなどに散らばって居住することになった。それに加えて、イギリスはバルフォア (外相) 宣言 (1917年) によりパレスチナの地をユダヤ人の民族的郷土 (national home) にすることに賛成し、協力することを約束した。しかしまた同時に、メッカの太守であったフセインに対してもマクマホン (イギリスの駐エジプト高等弁務官) はパレ

スチナにアラブ人の国家をつくることを認める書簡（1915年）を与えていた。イギリスのこうした矛盾した約束は、先の中東の恣意的な領域分割と相まって、1948年のイスラエルの建国に続く今日のパレスチナ、中東問題の遠因となっているのである。こうした中東地域の近現代史は、ISが英仏による帝国主義的過去を糾弾する論拠とされている。またこうした事実から、イスラム国の行動を批判しつつも、それを生み出した責任の一端は英仏にもあるとの西欧批判につながっていく。

　確かにこうした視点からイスラム国の起源を説明し、またテロ事件の背景を解釈することはできるとしても、そこにとどまることはできないであろう。私はイスラム国の問題の核心はイラクやシリアの現状が国家として破綻していることにあると考えている。そうであってみれば、何とかしてこの地域に安定した政治秩序を樹立する努力をすることこそが重要である。近代的国家の樹立が期待されるが、それはもちろん容易なことではあるまい。ISを打倒したとしても、独裁政権をそのままにした新秩序の樹立は許されないであろう。民主的政治の経験の乏しい地域において、住民の自由な体制選択は無秩序と暴力的支配とを招きかねない。アサド政権を支持して国内秩序の回復を図ろうとするロシアと、アサド政権打倒をIS打倒とともに主張する米仏などの対立もある。ロシアのシリア地域に対する影響力の維持とそれに対抗するNATO諸国といった大国間政治的思惑が問題を複雑化している。何とかそうした争いを地域の安定回復のために解消できないであろうか。月並みな言い方であるが、紛争当事国に国連やEUなどを加えた多国間的な秩序形成のための努力と援助が必要であろう。

ヨーロッパ（EU）

　フランス政府は、テロは単にフランスの問題ではなく、ヨーロッパの問題であると主張した。その意味するところは、テロリストが攻撃対象とする自由、平等、博愛といったフランスの、あるいはヨーロッパの伝統的価値を防衛するためには互いに協力する必要があると言っているのではない。EU諸国への協力の呼びかけは、もっと実践的なことである。フランスとしては、イスラム国が自己の行動の正当化のために用いる、「（ヨーロッパの）十字軍」に対する反

撃といった「文明の対立」的な図式に乗るわけにはいかない。それはヨーロッパ社会の内部に「キリスト教対イスラム」といった無用な分裂を引き起こすことになるし、なによりもそれはパリのテロ事件の本質を突いたものではないと考えているからであると思われる。問題の本質はすでに述べたように、いかにして中東地域に安定した政治状況を作り出すかであるとしても、現在のフランス政府の喫緊の課題は、ヨーロッパにおいてテロリストの行動を抑え込むためにいかなる協力体制を築くことができるかである。

　空爆という軍事的協力だけではなく、EU 域内の治安維持のための協力体制をどのように作り上げるか。とりわけテロ対策のための情報交換システムの整備が重要である。テロ攻撃のあと、犯人たちのフランスからの逃走をベルギー国境で防げなかったのは警察情報が両国で十分に共有されていなかったからである。何よりも問題になったのはシェンゲン協定による域内の自由移動と、域外国境のコントロールの不備の問題である。テロ実行者たちのうちの何人かはベルギーからシリアに渡り、戦闘員としての訓練を受けてからベルギーに帰還した。例えば、今回のテロ事件の犯人たちが住むブリュッセル郊外のモランベーク地区出身で首謀者とされたアブデルアミド・アバウド（ベルギー人）はシリアからの帰還者であり、IS のメンバーであると言われる。あるいはオマル・イスマイル・モステファイ（フランス人）などもシリアへの渡航歴があるとされる。テロ対策法によればシリアへの渡航は禁止されているにもかかわらず、出国して再入国している。国境管理が不十分であったことは明らかである。

　またベルギーは武器の闇市場の存在で知られる。もともとバルカン半島では 90 年代の紛争後、民兵組織が使ったものや、国軍から流失した兵器が闇市場に流れ、それが西欧に大量に流れ込んだと言われる。しかし実際に摘発されるのはごくわずかに過ぎない。

　そこでフランスの申し入れにより、11 月 20 日、ブリュッセルで EU の緊急内相理事会が招集された。そして域外国境の審査を効率化するために、構成国の審査システムを国際刑事警察機構のデータとつなぎ、危険人物のチェックを自動化すること。武器の取引規制を強化し、航空会社に登録された乗客の個人情報をテロ対策に活用することなど、治安対策の強化で合意した。またテロリ

ストがシリアから帰還する際に難民を装い EU 域内に入ろうとしたことを重く見て、難民審査の厳格化も決めた。フランス自身、警官や憲兵の増員、刑務所や国境警備の人員を合計 8,500 人増加させることを決め、予定されていた兵士の定員削減を中止することも決定した。

今回のパリのテロ事件は国別の対策だけではなく、EU レベルでの政策実行の重要性を認識させることになった。本書において、EU の政治共同体への発展について述べたが、治安・テロ対策についても、2001 年 9 月のアメリカにおける同時多発テロや、マドリード（2004 年 3 月）、ロンドン（2007 年 3 月）などでの事件を受け、EU の共通政策としての認識が広まった。そしてリスボン条約（2009 年 12 月発効）におけるテロに対する連帯行動の取り決めは今回本格的に発動されることになった。

またそれと関連して興味深いことは、難民問題の取り扱いである。移民・難民問題は 1997 年のアムステルダム条約以降、EU の共通政策とされてきた。日本でも大いにマスコミで取り上げられたシリア難民のヨーロッパへの流入は EU の共通政策の有効性が試される機会となった。難民の受け入れに積極的なドイツと、消極的なポーランド、チェコ、スロヴァキア、ハンガリーなどとの利害調整に手間取ったことはヨーロッパ統合の現時点における限界を示している。ユーロ危機対策としてのギリシャ支援問題はユーロ体制を揺さぶったが、今回のシリア難民問題はシェンゲン体制を揺さぶることになった。12 万人の難民の受け入れを構成国に割り当てる方式は、受け入れに消極的なポーランドなどにおいては、総選挙の時期と重なったこともあり政治争点化した。移民・難民の受け入れに反対の野党「法と正義」などはシリア難民問題を選挙戦術として利用したため、割り当てを「押付ける」ヨーロッパに対する反対感情が国民の間に広がることになったのである。

本書において代表的なヨーロッパ懐疑主義政党として取り上げたフランスの国民戦線（FN）の対応はいかなるものであったか。2015 年 1 月の「シャルリ・エブド」襲撃事件のときにもそうであったが、党首のマリーヌ・ルペンは反 EU 政策の主張を強めている。国境管理を復活する、移民の流入を止める、原理主義者の処罰を厳格に行うことなどを訴える機会としてパリ同時多発テロ事件を利用した。「シャルリ・エブド」テロの犯人は移民出身者（アルジェリ

ア）であり、出生地主義の結果フランスの国籍も得ていた。すでに彼女はその点を捉えて国籍法を改正して、二重国籍を廃止すべきであると主張していた。パリ同時多発テロはFNの主張を受け入れる方向に世論を動かしたようである。オランド大統領も二重国籍者の国籍失権（剥奪）についての憲法改正問題に取り組むことになる。

　テロリストと難民とを同一視する傾向がフランス同様ヨーロッパにおいても出てきており、EUの移民・難民政策の維持を難しくしている。11月15日、トルコで開かれたG20において、ユンカーEU委員長は次のように警告を発している。「パリの攻撃の責任者は犯罪者であって難民でも庇護を求める人々でもない」。しかしスロヴァキア新政権のロベルト・フィコ首相は、テロリストを難民と結びつけることは正しかったと述べ、自国の主張を正当化している。

　オランド大統領はヴェルサイユでの上下両院会議（2015年11月16日）で難民問題に対処するため、共通の域外国境管理の改善を図る必要性を強調した。それができないのであれば、国境線管理は国ごとのものになってしまうと警告した。それはEU崩壊を意味することになる。EUの外部国境の管理や、域内移動の自由の保障、テロなどの危険の除去は各国別の政策にとどまらずEUの共通政策や協力の対象であること。またEUとして、難民を多く抱えるトルコ、ヨルダン、レバノンといった周辺国に対する支援の必要性を強調した。

移　民

　国内のイスラム教徒とテロリストとを混同してはならないという主張は多様な政治勢力から聞こえてくる。しかしイスラム移民の2世、3世に対するフランス社会の厳然たる差別意識の存在を前提にすると、それは多くの論者にとって、個人としての信念の表明という以上に共和制の伝統を守りたいという願望の現れに近いのではなかろうか。国内に500万人いるとされるイスラム教徒の大半は世代を超えて、フランス社会への同化を実現しているにもかかわらず、彼らの社会統合の失敗が喧伝される。フランス社会に批判的な意見は次のように論じる。ムスリム移民は子供の頃から差別を味わい、学校では落ちこぼれ、

失業率が全国平均の2倍にもなる移民集住地区に住み、仕事にも就けない。彼らはフランス社会を恨み、そうした社会と決別するためにイスラム信仰へと傾斜し、モスクに通うようになり、そこで過激思想に影響される。そしてそうした若者の中からイスラム国に引き込まれる者が出てきた。それゆえにテロリストの出現に対してフランス社会は責任の一端を負わなければならない。こうした説明の図式はフランスにもあるが、とりわけ日本において広く受け入れられているようだ。またフランス社会の基本理念である共和主義は市民の同質化を強要するがゆえに、自己の文化的アイデンティティに固執するイスラム移民たちを疎外することになる。その最たる例が、立法化してまでフランス社会が守ろうとするライシテの観念である。厳格な政教分離政策がイスラム教徒の恨みを醸成し、それがテロリストを生み出す背景となっているといった解釈も耳にする。

　はたしてこうした解釈はどこまで現実に妥当するものであろうか。まずはっきりさせておきたいことは、フランスにおけるイスラム教徒の社会統合は実は相当うまくいっているという事実である。クリスチャン・ヨプケの紹介する研究（Laurence and Vaisse, *Integrating Islam*, 2006）によれば、フランスのムスリムの社会統合は進んでいる。42%のムスリムは「まずはフランス人、次にムスリム」と自己規定している。世俗化は進み、ムスリムのほぼ80%は「宗教の異なる人と付き合ったり結婚したりすることに違和感はない」と答えている。ムスリム男性の半分はムスリム以外の女性と結婚し、ムスリム女性の四分の一はムスリム以外の男性と結婚している。「フランスのムスリムで規則正しく礼拝に参加しているものは8%から15%に過ぎないし、毎週金曜日にモスクに参列しているものは5%にも満たない」。「彼らの圧倒的多数はもっぱらエスニック上のムスリムであり、宗教的な意味でのムスリムではない。つまりフランスでは、『イスラム』は一つのマイノリティ集団のなかの、さらに一つのマイノリティ集団だけに関係する問題なのである」［ヨプケ 2009: 48-50］。

　2015年11月24日付「ル・モンド」紙はブリュッセル郊外のモランベーク地区出身でパリのテロに加わったアブデスラム兄弟についての詳しい記事を掲載している。男4人、女1人の兄弟のうち、ブラヒムとサラの2人が攻撃に加

あとがきに代えて

わった。兄弟の父はアルジェリア生まれ（フランス国籍を持つ）でモロッコに移住し、そこからベルギーに移民としてやってきた。兄弟の父は町の路面電車の運転士であり、別の兄弟のモハメッドは市役所の職員である。一家の収入は彼らが住む市営住宅の居住条件を上回っていた（違法）。ブラヒムは結婚歴があるが、酒とマリファナを常用し、仕事熱心とは言えなかった。サラは最初市電の技術職員として働いたが、長期間の無断欠勤を理由に解雇された。実は強盗をはたらき投獄されていたのである。ブラヒムとサラは2人でカフェを経営しており、彼らは貧しい移民家庭出身というイメージとは合わない。客の証言によると、店に入るといつもインターネットを通じてISの演説が流れており、店主のブラヒムは熱心にそれを見ていたという。兄弟の幼友達にはパリのテロの首謀者とされるアブデルアミド・アバウドがいた。アブデスラム兄弟はシリア行きを試みたが果たせなかったようである。兄弟は何度かちょっとした罪を犯し、警察沙汰になっていた。しかし弁護士によれば、この地区の若者としては取り立てて言うほどのワルではなく、同じ年齢層の若者はみな同じようなものだという。またモスクとの関わりにしても、特に熱心ではなく最近になってひげを生やしたり、酒を慎むようになったりした程度で、特に過激思想に染まった様子はなかったという。首謀者のアバウドも同じ町の出身のモロッコ系ベルギー人であるが、彼の場合には父親によれば刑務所から出た後に過激化したとのことである。

　これらは不完全な情報に基づく描写に過ぎないが、彼らがパリ同時多発テロを実行したことと、彼らのそれまでの日常生活の様子との乖離は大き過ぎるように思う。これだけで一般化するつもりはないが、従来言われてきたように、モスクを通じての過激思想への感化は見られず、彼らの過激化はイスラムという純粋の宗教的要因によるものだけではないと推測される。ISの宣伝に影響されたことは間違いのないところであろうが、時間をかけて少しずつ過激派への道を歩んできたということではなさそうである。モランベーク地区の居住者、とりわけ若者に対する差別は厳然たるものがあり、兄弟の社会に対する鬱屈した不満は彼らの「不良行為」に現れているとはいえ、それが一足飛びに大量殺人に発展したとは考えにくい。彼らの社会に対する不満と、社会から疎外されているとの感情に「説明」を与えてくれるISの西欧社会批判に、資金や

武器などの提供が加わったことが、彼らに一線を越えさせたのではなかろうか。彼らはいわばヨプケが言うように「一つのマイノリティ集団のなかの、一つのマイノリティ集団」（別の言葉で言えば例外）のような存在である。ただし西欧各地に散らばるテロリストとその予備軍の危険性を軽視できないことは言うまでもない。しかし繰り返しになるが、移民集住地区が自動的にテロリストを生むわけでも、イスラム教徒がみんなテロに走るわけではないのである。

今日心配されることは、社会統合に成功し、穏健な市民であるイスラム教徒がテロリストと同一視されて、差別の対象となることである。多様な民族が生きるフランス社会は対立ではなく、また無関心による隔離でもない、異質性を許容する共生の道を求めていくべきであろう。ところが近年、イスラムのスカーフ問題の処理や、ロマ人の集団追放問題などに見られるようにナショナリスティックな傾向が目立つようになっている。

今日のフランス社会が抱える困難に目を向けるとき、イスラム系移民の社会統合の問題だけでなく、フランス社会で深刻化する社会的亀裂の影響を見落とすことはできない。経済状況の悪化の結果、社会的格差拡大の犠牲者であるとの自己認識を強め、既存の政府や政党、政治家などに対して不信感を募らせる庶民層の存在に注目する必要がある。ルペンの描く庶民の側に立つ「革新勢力」としてのFNと、反民衆的な既成政党（社会党と共和党）との対立の構図は、伝統的な左右対立の構図に代わり、フランス世論の対立を煽り、社会の分断を激しくするものである。庶民層のFN支持は拡大し、イスラム移民の若者たちは、時に郊外暴動の主役となり、中にはテロリストの誘いに乗る者も出てくる。そうした複合的な社会的亀裂を背景として、反イスラム感情の爆発が生じている。シャルリ・エブド事件、さらにパリ同時多発テロはイスラムに対する怒りと恐れの感情を引き起こし、政治の中枢を握る中産階級と、社会的不満を募らせる庶民層とがイスラム移民という共通の敵＝スケープゴートを見つけたという一点で結びついた。しかしこうした両者の一時的連携は未来を切り開くための正の連携ではなく、閉鎖性を強める社会の負の連携であることを忘れてはならない。

今回のテロ事件に際して、いろいろな政治家がテレビに現れ自説を展開し

た。先に見たド・ヴィルパンの主張は一部で反発を招いたが、左翼戦線のジャン＝リュック・メランションの発言は凄惨な事件に狼狽する市民を落ちつかせ、共感を呼んだのではなかろうか。メランションには権力に激しく立ち向かう左翼の闘志のイメージが定着していたが、テロ事件の翌日の夜のテレビ番組（LE SCAN TELE/ VIDEO, publié le 15/11/2015）に現れた彼の語り口は実に穏やかであり、視聴者の気持ちを静かに包み込むようなものであった。彼はテロリストとは妥協の余地はないと断言すると同時に国民の一体性が生まれることを望むと述べる。しかし「憎しみは襲撃者に向けられるべきものではない。闘わなければならないのは、彼らが私たちの中に植え付けようとしている憎しみである。彼らは私たちをおびえさせ、自制心を失わせようとしている。彼らは私たちを分断し、ムスリムとその他の人々との間に亀裂を作り出そうとしている」。「昨日からムスリムをあの残忍な人間、おぞましい殺人者と同一視する匿名の侮辱が横行している。フランスは宗教でも、皮膚の色でも、言語でもない。それは法律であり、共和国である」。

2015年11月22日の「朝日新聞」で紹介されたフランス人映画ジャーナリストのアントワーヌ・レリス（Antoine Leiris）さんの手紙（2015年11月16日付フェイスブック）は読む者の心を打つ。レリスさんは今回のテロで妻を失った。「君たちに憎しみという贈り物をあげない。君たちの望み通りに怒りで応じることは、君たちと同じ無知に屈することになる。君たちは、私が恐れ、隣人を疑いの目で見つめ、安全のために自由を犠牲にすることを望んだ。だが君たちの負けだ」（「朝日新聞」訳）と呼びかけた。私は、ナショナリスティックな熱風が個人の自由を尊重する寛容な精神の伝統を焼き尽くしてしまわないように切に願っている。

本書の成り立ち

本書は筆者が上智大学外国語学部フランス語学科、同大学院国際関係論専攻、東京外国語大学、聖心女子大学などにおける、フランス政治とヨーロッパ統合に関する授業やゼミのために準備したノートを基に執筆したものである。授業そのものがフランスとヨーロッパの政治についての学生諸君の関心を高めることを意図するものであったが、本書にもその趣旨が反映している。フラン

スとヨーロッパを同時並行的に扱うことはなかなか難しく、その結果、学術書としてはいささか体系性を欠くものとなってしまった。しかし今日のフランス政治は国内政治の枠内にとどまっていては十分な理解が得られないこと、フランスとヨーロッパとの接点にこそ関心を払うべきこと、換言すればヨーロッパ政治とフランス政治は一つの政治システムを形成していることを認識することが重要であると考えたからである。学生諸君の質問や意見は私の説明の不十分なところを気づかせてくれた。感謝したい。

　本書執筆のために過去の諸論考の一部を活用した。ただしいずれも大幅の加筆修正が加えられている。
　　第1章：「ヨーロッパ統合の現在と課題」『ヨーロッパ研究のすすめ』上智大学外国語学部、2009年
　　第2章：「EU市民権憲章にみるヨーロッパ市民権概念」泉・松尾・中村編『グローバル化する世界と文化の多元性』上智大学出版、2005年
　　第3章：「フランスのヨーロッパ統合政策」河崎 健編『21世紀のドイツ』上智大学出版、2011年
　　第4章：「ヨーロッパ化の中のフランス政治——政策と規範の共同体化の影響」『上智ヨーロッパ研究』vol.6、2013年
　　第5章：「ヨーロッパ統合とフランス国民意識」山本・高橋編『ヨーロッパをつくる思想』上智大学出版、2002年
　　第6章：書下ろし
　　第7章：「国民国家フランスの形成」「国民国家フランスの変容」『新・地域研究のすすめ（フランス語圏編）』上智大学外国語学部、2004年
　　第8章：書下ろし
　　第9章：「フランスにおけるライシテの理念と課題」上智学院カトリックセンター編『ヨーロッパにおける宗教とアイデンティティ』2005年

　本書のような小著であっても、フランス政治やEU研究の分野での専門家の先生方からのご教示なしでは到底完成させることはできなかったであろう。日仏政治学会の仲間の皆さん、とりわけお世話になった櫻井陽二先生（明治大

あとがきに代えて

学)、柳田陽子先生(津田塾大学)にお礼を申し上げたい。またクリスチアン・ルケンヌ先生(パリ政治学院)、イーヴ・シュメイユ先生(グルノーブル政治学院)、ヴラッド・コンスタンチネスコ先生(ストラスブール大学)からは多くのことを学ばせていただいた。感謝したい。もちろん本書の欠陥についての責任は著者一人が負うべきものであることは言うまでもない。

上智大学出版、株式会社ぎょうせいの皆さんには、本書の構想の段階から様々なアドヴァイスをいただいた。記してお礼申し上げたい。

最後に私事で恐縮であるが、妻・明子に本書を捧げたい。大学院生としてストラスブール大学に留学して以来、まがりなりにも研究生活を続けてくることができたのは妻のおかげである。教員生活を終えようとしている今、本書を添えて感謝の気持ちを伝えたい。

2016年2月

中村　雅治

■注

[第 1 章]
(1) 駐日 EU 代表部サイト、EU 拡大による。
(2) NATO 加盟は、1999 年 3 月にポーランド、チェコ、ハンガリー。2004 年 3 月にバルト 3 国、スロヴァキア、スロヴェニア、ブルガリア、ルーマニア。中東欧諸国の EU 加盟は 2004 年 5 月である。ブルガリアとルーマニアは 2007 年 1 月。
(3) ただし 2017 年 3 月 31 日までは過渡的に、いずれの構成国も案件ごとに従来の特定多数決制を採用することができる。

[Column 2]
(i) 駐日 EU 代表部『EU マグ』、2014 年 11 月 24 日。

[第 2 章]
(1) Presidency Conclusions, Cologne European Council of 3 and 4 June 1999.
(2) Euro RSCG, Les valeurs des Européens, sondages d'opinion effectués par TNS Sofres, 2005. 現在の呼称は Havas World Wide。大企業のコミュニケーション管理を行う会社。
(3) クリスチャン・ヨプケ（2013）（遠藤乾他訳）『軽いシティズンシップ』岩波書店。
(4) リスボン条約においても、この分野には政府間主義的なルールが残る。一国の利害が大きく関わるような案件への通常の立法手続きの適用ためには欧州理事会のコンセンサスに基づく決定を要する。
(5) Conclusion de la Présidence, Conseil européen de Tampere, 15 et 16 octobre, 1999.
(6) Directive 2003/109/CE du Conseil, relative au statut des ressortissants de pays tiers résidents de longue durée, 25 nov. 2003.
(7) Communication de la Commission, sur l'immigration, l'intégration et l'emploi, 3 juin 2003.

[Column 3]
(i) 最初は body と呼ばれたが、その後は convention と呼ばれるようになった。

[第 3 章]
(1) Discours de Joschka Fischer sur la finalité de l'intégration européenne

(Berlin, 12 mai 2000), www.cvce.eu.
(2) Discours de Jacques Chirac devant le Bundestag, *Notre Europe*(Berlin, 27 juin 2000), www.cvce.eu.

[第 4 章]
(1) Emiliano Grossman & Sabine Saurugger, *Les groupes d'intérêt: Action collective et stratégies de représentation*, Armand Colin, 2006.
(2) 1993 年 6 月のコペンハーゲン欧州理事会が打ち出した、加盟を希望する中東欧諸国に課した条件。EU 法令・慣行の総体であるアキ・コミュノテールの受容。それに加えて、「民主主義、法の支配、人権、マイノリティの尊重と保護を保障する安定した制度、機能する市場経済の存在、連合内の競争圧力や市場原理に対応する能力を実現していること」など［遠藤 2008b: 570］。

[Column 4]
(i) Dominique de Villepin, L'actualité internationale 24H/24, 24/8/2010
(ii) Ministère de l'Intérieur, le 13 septembre 2010, Objet: Evacuation des campements illicites. 新通達ではその占有者を問わず、すべての不法な施設の撤去を命じている。
(iii) Human Rights Watch, 2010 年 9 月 15 日。
(iv) CSA pour le Parisien/Aujourd'hui en France, 26/08/2010.
(v) France: les Roms condamnés à l'errance, Amnesty International, 25/09/2013.

[第 5 章]
(1) Armigeon & Ceka, 2014 年論文での指摘 in Cautrès, 2014, p. 30。

[Column 5]
(i) Nicolas Sarkozy, Discours de M. le Président de la République, Davos, 27 janvier 2010.
(ii) ATTAC, Plate-forme de l'association ATTAC, adoptée par l'Assemblée constitutive du 3 juin 1998. アタックはフランスにおいて、アメリカ的食文化・消費文化に反対する。遺伝子組み換え作物を破壊したり、グローバル化の象徴としてマクドナルドの店舗を攻撃・破壊するなどした。

[第 6 章]
(1) MPF の憲章は、入党申込書に印刷されていて、同党のホームページ参照。

http://www.pourlafrance.fr/charte-du-mpf-html/
(2)　党首マリーヌ・ルペンの 2012 年大統領選挙の公約（「私のプロジェ」）。www.frontnational.com/pdf/profet_mlp2012.pdf
(3)　「私のプロジェ」の最後に載っているマリーヌ・ルペン支持誓約書。

[第 7 章]
(1)　Rapport sur la nécessité et les moyens d'anéantir les patois et d'universaliser la langue française, le 16 prairial an II (4 juin 1794)
(2)　Fustel de Coulanges, L'Alsace est-elle allemande ou française? Réponse à M. Mommsen, professeur à Berlin, 1870. Girardet 1983, pp.63-65 に所収。
(3)　ヨハン＝ゴットフリープ・フィヒテ（石原達二訳）『ドイツ国民に告ぐ』玉川大学出版部、1999 年。もともとの講演は 1807 年にベルリンで行われた。
(4)　フランス政府による公式の外国語訳はない。ここではウィキペディア掲載のものを一部修正して使用した。
(5)　Loi du 28 mars 1882 sur l'enseignement primaire obligatoire, Journal Officiel.
(6)　いずれも抜粋版が白水社よりフランス語教材として出版されている。数江譲治編『フランス史』(*Histoire de France*) 白水社、1967 年。大木健・伊藤常夫編『アンドレとジュリアンの旅』(*Le Tour de France par deux enfants*) 白水社、1983 年。
(7)　1850 年法で私学の教育・運営の自由を認め、また司祭の教育現場での優位を認めた教会寄りのもの。
(8)　伊達聖伸による「参考資料解説」部分。ルネ・レモン『政教分離を問い直す』青土社、p.186。
(9)　1962 年以前にはアルジェリアはフランスの植民地であり、アルジェリア生まれの親がフランスに居住している場合には、両親の一方がフランス生まれであるという要件を満たすことになる。
(10)　*Le Livret du Citoyen*, Ministère de l'intérieur. 順次改訂されている。最新版は 2015 年 3 月発行。

[第 8 章]
(1)　正式名称は「同性のカップルに結婚を開放する法」(Loi ouvrant le mariage aux couples de personnes de même sexe)。
(2)　La loi favorise l'égal accès des femmes et des hommes aux mandats électoraux et fonctions électives.
(3)　Ils (les partis) contribuent à la mise en œuvre du principe énoncé au dernier

alinéa de l'article 3 dans les conditions déterminés par la loi.
（4）人権宣言、憲法の条文の日本語訳は辻村みよ子（2012 年）による。
（5）憲法院 1982 年 11 月 18 日判決。Décision n° 82-146 DC du 18 novembre 1982. 糠塚康江（2005 年）の日本語訳による。1999 年 6 月 15 日の判決文も同様。
（6）L'arrêté du 12 décembre 1941.
（7）憲法院 1999 年 6 月 15 日判決。Décision n° 99-412 DC du 15 juin 1999.

［第 9 章］
（1）INSEE（2010）Population-étrangers-immigrés.
（2）*Le Nouvel Obsevateur*, 10-16 novembre 2005.
（3）http://www.sciencespo.fr/admission/fr/conventions-education-prioritaire.
（4）*Le Monde*, 19 novembre 2005.
（5）『朝日新聞』2005 年 11 月 13 日。
（6）Mon Projet: Programme politique du Front national.
（7）Marine Le Pen, Discours au Congrès de Tours, 16 janvier 2011.
（8）L'avis du Conseil d'Etat du 27 novembre 1989.
（9）Circulaire du 12 décembre 1989.
（10）Circulaire du 20 septembre 1994.
（11）Discours prononcé par Jacques Chirac, Président de la République, 17 décembre 2003.
（12）Conclusion de la mission d'information de l'Assemblée nationale sur la question des signes religieux à l'école.
（13）Projet de loi relative à l'application du principe de laïcité dans les écoles, collèges et lycées publics.
（14）Jean Bobérot（2012）«La laïcité en France, un athéism d'Etat?» in *Le Monde des religions*, 30 janvier 2012. «Laïcité: il faut revenir à l'esprit de la loi de 1905» in *Le Nouvel Observateur*, 20 décembre 2012.
　　いずれも［LDH-Toulon］«La loi interdisant le port de signes religieux à l'école a 10 ans», 18 mars 2014, に転載されたもの。
（15）François Fillon, «Tribune» dans *le Monde* du 26 mars 2013.

［あとがきに代えて］
（1）本書の校正をしている 2016 年の 1 月から 2 月にかけて、テロ事件の余波として重要な問題が浮上した。すなわちテロ対策の一環として、以下の内容からなる憲法改正案が 2 月 5 日に国会に上程された。その際ヴァルス首相は国民議会向け

演説の中で、改正された「非常事態法」(2015年11月20日)は国民の安全のために有効であり、不可欠なものであると述べ、その成果を誇っている。首相によれば、改正法の施行後の3ヶ月で、3,289件の家宅捜索が行われ、560の武器が押収された。341人が被疑者として勾留され、407人が居住規制を命じられた (Discours de Manuel Valls, Examen du projet de loi de révision constitutionnelle, Assemblée nationale, 5 février 2016)。市民の中にはテロ対策強化の必要性を認めつつも、市民的自由が制限されることを危惧する意見もある。

　2月5日に国会に上程された憲法改正法案は2条からなる。
　第1条は憲法第36条（戒厳令）の後に第36条1をつけ加えるものである。すなわち、「公共の秩序に対する重大な侵害に由来する差し迫った脅威がある場合、共和国の領土の全部あるいは一部に対して非常事態が閣議において宣言される」。この改正により、1955年の非常事態法は憲法的裏付けを持つことになる。第1条の改正には大きな意見の対立はない。
　第2条は法律事項（国会の立法分野）を定めた憲法第34条の一部を変更して、その対象である「国籍」に「国籍失権」（国籍剥奪）のための条件をつけ加えることを明記する。「[……] 他の国籍を持ち、フランス人として生まれた人が、国民生活に重大な侵害を引き起こすような罪を犯した場合に、フランス国籍を失うにいたる諸条件」を定める。
　従来から民法第25条は帰化フランス人の国籍失権の条件を定めていた。それをフランス人として生まれた二重国籍者にも拡大するというのが今回の憲法改正の趣旨である。こうした政府提案に対して、対象を二重国籍者に限定することは共和国の伝統的な出生地主義の理念（すべてのフランス人として生まれた人の権利は同等であるべきだ）に違反するといった批判が出ている。また条文上そうは言っていないが、二重国籍者として想定されているのは、端的に言って移民出身者の子弟であろう。外国人の両親の少なくとも一方がフランス生まれであれば、そのフランス生まれの子供は出生時においてフランス国籍を取得するからである。

　憲法改正案が国民議会の司法委員会での審議が始まる当日の2016年1月27日、大統領府はこの法案の主務大臣であるクリスチアンヌ・トビラ（Christiane Taubira）法務大臣の辞任を発表した。トビラ大臣は、国籍失権は自己の信念に反するとして大統領に辞任を申し出て受理されたのである。国会審議の困難を予想させる事件であった。
　政府は二重国籍者についての言及を政府案から削ることを決めたが、国民議会は「国民生活に重大な侵害を引き起こすような罪を犯した者」を「テロ行為を

行った者」と文言の一部修正し、2月10日に採決を行った。賛成162、反対148、棄権22であった。元老院では、テロ行為を犯した二重国籍者を国籍失権の対象とすると後ろ向きに法案を修正する意向である。いずれにしても、両院において二重国籍者の扱いについては異論が多く、憲法改正を実現するためには両院合同会議で5分の3以上の賛成を必要とすることから、この憲法改正は非常に難しいと思われる。現時点では今後の事態の展開は見通せない。

■引用・参考文献

[各種世論調査]
*Sofres (1985) Opinion publique, Gallimard.
*Eurobaromètre 52.0, «Les Européens vus par eux-mêmes», 2001.
*Eurobaromètre (Flash) 171, juin 2005.
*Eurobarometer Standard 72, 2009.
*Eurobaromètre (Flash) 230, mai 2009, «Quelle Europe? Les Français et la construction européenne».
*Eurobaromètre 72 «L'Opinion publique dans l'Union européenne», automne 2009.
*Eurobarometer Standard 74, autumn 2010, «Public Opinion in the European Union».
*Eurobaromètre Standard 77, printemps 2012. «La citoyenneté européenne».
*Eurobaromètre Standard 78, automne 2012.
*TNS Sofres/Logica 2009, «Les Français, la crise et la mondialisation».
*Sondage SOFRES, septembre 1992.
*BBC World Service (2009) 'Global Poll shows support for increased Government Spending and Regulation'
*Ipsos Public Affairs «Les Français et le Front national dans la perspective des élections municipales de 2014». 実施は 2013 年 11 月。
*Eurostat (2015) Migration and migrant population statistics: Eurostat, Statistics Explained.

[文献]
アギュロン (Agulhon)、モーリス (1989)『フランス共和国の肖像』ミネルヴァ書房。原書：Maurice Agulhon (1979) *Marianne au combat. L'imagerie et la symbolique républicaines de 1789 à 1880*, Paris, Flammarion.
Agulhon, Maurice & Pierre Bonté (1992) *Marianne. Les visages de la République*, Collection Découvertes Gallimard (n° 146), Gallimard.
Algan.Y. & P. Cahuc (2007) *La société de défiance. Comment le modèle social français s'autodétruit?*, Editions Rue d'Ulm.
Armigeon, Klaus & Besir Ceka (2014) 'The loss of trust in the European Union during the Great Recession since 2008: the role of heuristics from the national system', *European Union Politics*, vol. 15, no.1, pp. 82-107.
浅野 (Asano) 素女 (2014)『同性婚、あなたは賛成？反対？ フランスのメディアから考える』ウィメンズ・オフィス

Baubérot, Jean (2004) «La République et la laïcité: entretien avec Jean Baubérot», *Regards sur l'actualité*, La Documentation française, février.
ボベロ (Baubérot)、ジャン (2009) (三浦信孝・伊達聖伸訳)『フランスにおける脱宗教性 (ライシテ) の歴史』白水社。原書：Jean Baubérot, *Histoire de la laïcité en France*, Presses universitaires de France, 2000.
Börzel, Tanja A. and Thomas Risse (2006) 'Europeanization: The Domestic Impact of European Union Politics' in Knud Erick Jørgensen, Mark A. Pollack and Ben Rosamond (eds.), *Handbook of European Union Politics*, SAGE Publications.
Boy, Daniel et Nonna Mayer (dir.) (1997) *L'électeur a ses raisons*, Presses de Sciences Po.
Bozo, Frédéric (2005) *Mitterrand, la fin de la guerre froide et l'unification allemande. De Yalta à Maastricht*, Odile Jacob.
Braibant, Guy (2001) *La Charte des droits fondamentaux de l'Union européenne*, Editions du Seuil.
Bréchon, Pierre (dir.) (2011) *Les partis politiques français*, La Documentation française.
ブルーベイカー (Brubaker)、ロジャース (2005) (佐藤成基・佐々木てる訳)『フランスとドイツの国籍とネーション：国籍形成の歴史社会学』明石書店。原書：Brubaker, Rogers (1992) *Citizenship and nationhood in France and Germany*, Cambridge UP.
Bruno, G. (1877, 1891) *Le Tour de la France par deux enfants*, Livre de lecture courante, cours moyen, Belin.
Cautrès, Bruno (2014) *Les Européens aiment-ils (toujours) l'Europe?*, La Documentation Française.
シュヴェヌマン (Chevènement)、J・P、樋口陽一、三浦信孝 (2009)『〈共和国〉はグローバル化を超えられるか』平凡社
Cerquiglini, Bernard (1999) «Les Langues de la France», Rapport au Ministre de l'Education nationale, de la Recherche et de la Technologie et à la Ministre de la Culture et de la Communication, Avril 1999.
Chirac, Jacques (2001) «Humaniser la mondialisation» in *Le Figaro*, 19 juillet. Fougier (2006) に再録。
Colard, Daniel (1999) *Le Partenariat franco-allemand*, Gualino éditeur.
Cole, Aristair (2008) *Governing and Governance in France*, Chapter 4: Europeanization, Cambridge UP.
コスタ＝ラスクー (Costa-Lascoux)、ジャクリーヌ (1997) (林瑞枝訳)『宗教の共生』法政大学出版局。原書：Jacqueline Costa-Lascoux, *Les trois âges de la*

laïcité, Hachette Livre, 1996.
Cowles, Maria G., James Caporaso and Thomas Risse ed., (2001) *Transforming Europe: Europianization and Domestic Change*, Cornell UP.
伊達 (Date) 聖伸 (2010)『ライシテ、道徳、宗教学——もう一つの 19 世紀フランス宗教史』勁草書房
D'Argenson, Pierre-Henri (2008) «L'influence française à Bruxelles: les voies de la reconquête» *Politique étrangère*, 4.
ドゴール (de Gaulle)、シャルル (1971)（朝日新聞外報部訳）『希望の回想』朝日新聞社。原書：Charles de Gaulle, *Mémoires d'espoir*, Librairie Plon, 1970.
Dehousse, Renaud (dir.) (2014) *L'Union européenne*, 4e édition, La Documentation française.
Delors, Jacques (1989) «Le discours prononcé au Collège d'Europe», Bruges, le 17 octobre 1989.
De Montferrand, Bernard (2010) «Union européenee: L'exemple de la relation franco-allemande» Mondes, no.2.
ドガン (Dogan)、マッテイ (1995)「西ヨーロッパにおけるナショナリズムの衰退——類似点と相違点」（櫻井陽二編訳）『ヨーロッパの民主政治』芦書房、pp. 33-97
Duhamel, Olivier & Gérard Grunberg (1992) «Référendum: les dix France», 1992, sondage SOFRES, du 23 au 26 septembre 1992 et du 16 au 17 septembre 1992.
遠藤 (Endo) 乾編 (2008a)『ヨーロッパ統合史』名古屋大学出版会
遠藤 (Endo) 乾編 (2008b)『原典　ヨーロッパ統合史』名古屋大学出版会
遠藤 (Endo) 乾 (2013)『統合の終焉——EU の実像と論理』岩波書店
Featherstone, Kevin & Claudis M. Radaelli eds. (2003) *The Politics of Europeanization*, Oxford UP.
Fischer, Joschka (2000) «Discours sur la finalité de l'intégration européenne, prononcé le 12 mai 2000 à Berlin».
Fougier, Eddy (2006) *La France face à la mondialisation*, La Documentation française.
Fourastié, Jean (1979) *Les Trente Glorieuses, ou la révolution invisible de 1946 à 1975*, Paris, Fayard, (Rééd. Hachette Pluriel no. 8623).
Gerbet, Pierre (1994) *La construction de l'Europe*, Imprimerie nationale.
Tiersky, Ronald ed., (2001) *Euro-skepticism: A reader*, Rowman & Littlefield Publishers, INC.
Girardet, Raoul (1983) *Le nationalisme français, anthologie 1871-1914*, Editions du Seuil.

Giscard d'Estaing, Valéry (2003) *La Constitution pour l'Europe*, Albin Michel.
Grossman, Emiliano & Sabine Saurugger, *Les groupes d'intérêt: Action collective et stratégies de représentation*, Armand Colin, 2006.
Guyomarch, Alain (2001) 'The Europeanization of policy-making' in Alain Guyomarch, Howard Machin, Peter A. Hall and Jack Hayward (eds.), *Developments in French Politics 2*, Palgrave.
ハンマー (Hammar)、トマス (1999)（近藤敦訳）『永住市民（デニズン）と国民国家——定住外国人の政治参加』明石書店。原書：Tomas Hammar (1990) *Democracy and Nation State: Aliens, Denizens and Citizens in a World International Migration*, Aldershot, Avebury.
畑山 (Hatayama) 敏夫 (1997)『フランス極右の新展開　ナショナル・ポピュリズムと新右翼』国際書院
服部 (Hattori) 春彦、谷川稔編 (1993)『フランス近代史』ミネルヴァ書房
服部 (Hattori) 有希 (2014)「フランスの県議会選挙制度改革——パリテ2人組投票に依る男女共同参画の促進」『外国の立法261』2014年9月
ヒーター (Heater)、デレック (1994)（田中俊郎監訳）『統一ヨーロッパへの道——シャルルマーニュからEC統合へ』。原書：Derrek Heater, *The Idea of European Unity*, Leicester UP, 1992.
廣田 (Hirota) 愛理 (2012)「第5章　欧州統合の具現化」吉田徹編 (2012b)『ヨーロッパ統合とフランス——偉大さを求めた1世紀』法律文化社
Hooghe, Liesbet & Gary Marcs (2009) 'A postfunctionalist theory of European integration: From permissive consensus to constraining dissensus', *British Journal of Political Science*, vol. 39, no.1, pp.1-23.
Ivaldi, Gilles (2011) «Le front national: sortir de l'isolement politique» in Pierre Bréchon (dir.) *Les partis politiques en France*, La Documentation française.
Izraëlewicz, Erik (1995) «La première révolte contre la mondialisation», *Le Monde* du 7 décembre 1995 cité dans Fougier (2006) *La France face à la mondialisation*, La Documentation française, pp13-14.
ヨプケ (Joppke)、クリスチャン (2013)（遠藤乾他訳）『軽いシティズンシップ——市民、外国人、リベラリズムのゆくえ』岩波書店。原書：Christian Joppke, *Citizenship and Immigration*, Cambridge UP., 2010.
ヨプケ (Joppke)、クリスチャン (2015)（伊藤豊・長谷川一年・竹島博之訳）『ヴェール論争——リベラリズムの試練』法政大学出版。原書は Christian Joppke, *Veil: Mirror of Identity*, Polity Press, 2009. Jonathan Laurence & Justin Vaisse (2006), *Integrating Islam*, Brookings Institution Press, 2006 からの引用。
Jospin, Lionel (2001) «Maîtriser la mondialisation» in Eddy Fougier (dir.) (2006),

pp. 63-66.
川嶋（Kawashima）周一（2008a）「第 5 章　大西洋同盟の動揺と EEC の定着 1958 —69 年」遠藤乾編『ヨーロッパ統合史』名古屋大学出版会
川嶋（Kawashima）周一（2008b）遠藤乾編『原典ヨーロッパ統合史』名古屋大学出版会、p.379.
児玉（Kodama）昌己（1997）「EU における「民主主義の赤字」の解消と欧州議会の役割」『日本 EU 学会年報』第 17 号
児玉（Kodama）昌己（2011）『EU・ヨーロッパ統合の政治史』NHK 出版
工藤（Kudo）庸子（2007）『宗教 vs. 国家——フランス〈政教分離〉と市民の誕生』講談社
久邇（Kuni）良子（2012）「欧州地域政策とフランスのガバナンス」安江則子編著『EU とフランス』法律文化社
国末（Kunisue）憲人（2005）『ポピュリズムに蝕まれるフランス』草思社
Ladrech, Robert (2010) *Europeanization and the National Politics*, Palgrave Macmillan.
Lavisse, Ernest (1876, 1884, 1895, et 1912) *Histoire de France*, Cours moyen, A.Colin.
Lequesne, Christian (1993) *Paris-Bruxelles: Comment se fait la politique européenne de la France?*, Presses de la FNSP.
ルケンヌ（Lequesne）、クリスチアン（2012a）（中村雅治訳）『EU 拡大とフランスの政治』芦書房。原書：Christian Lequesne, *La France dans la nouvelle Europe: Assumer le changement d'échelle*, Presses de Sciences Po.
Lequesne, Christian (2012b) «Notice 11 La dimension européenne» in Michel Verpeaux (dir.) *Institutions et vie politique sous la Ve République*, 4e édition, La Documentation française.
Lindberg, Leon N. & Stuart A. Scheingold (1970) *Europe's would be polity: Patterns of change in the European Community*, Prentice Hall.
Magnette, Paul (2003) *Le régime politique de l'Union européenne*, Presses de Sciences Po.
マーシャル（Marshall）、T. H. & トム・ボットモア（1993）（岩崎信彦・中村健吾訳）『シティズンシップと社会的階級』法律文化社。原書：Marshall, T.H. and Tom Bottomore (1992 [1950]) *Citizenship and Social Class*, Pluto Press.
McCormick, John (2008) *Understanding the European Union: A Concise Introduction*, Palgrave Macmillan.
Mendras, Henri (1988) *La Seconde Révolution française. 1965-1984*, Paris, Gallimard.
Mermet, Gérard (2012) *Francoscopie*, Larousse.

Milward, Alan S.（2000）*The European Rescue of the Nation-State*, 2nd ed., Routelege.
宮島（Miyajima）喬（2006）『移民社会フランスの危機』岩波書店
内藤（Naito）正典（2015）『中東崩壊と欧米の敗北』集英社
中村（Nakamura）雅治（2007）「ヨーロッパ市民権に向って」村井吉敬・安野正士・David Wank 編著『グローバル社会のダイナミズム：理論と展望』上智大学出版
中村（Nakamura）雅治（2011）「フランスのヨーロッパ統合政策」河崎健編『21世紀のドイツ』上智大学出版
中村（Nakamura）雅治、イーヴ・シュメイユ 編著（2012）「グローバル化に対する日仏の国民世論と地域統合の課題」『EU と東アジアの地域共同体』上智大学出版
中村（Nakamura）雅治（2014）「ヨーロッパ化の中のフランス政治——政策と規範の共同体化の影響」『上智ヨーロッパ研究』vol. 6.
中村（Nakamura）民雄編（2005）『EU 研究の新しい地平——前例なき政体への接近』ミネルヴァ書房
Nora, Pierre（dir.）（1984）*Les Lieux de mémoire*, t. 1. La République,（Bibliothèque illustrée des histoires）Gallimard.
Novak, Stéphanie（2014）«Notice 4 Les Etats membres et l'Union européenne» in Renauld Dehousse（dir.）, *L'Union européenne*, 4ᵉ édition, La Documentation française.
糠塚（Nukazuka）康江（2005）『パリテの論理』信山社
長部（Osabe）重康（2006）『現代フランスの病理解剖』山川出版社
Palier, Bruno et Yves Surel et al.（2007）*L'Europe en action*, L'Harmattan.
Percheron, Annick（1991）«Les Français et l'Europe: acquiescement de façade ou adhésion véritable?» *Revue Française de Science Politique*, vol. 41, no. 3.
Perrineau, Pascal（1999）*Le symptôme Le Pen: Radiographie des électeurs du Front National*, Fayard.
Perrineau, Pascal（2005）«Le référendum français du 29 mai 2005: L'irrégistible nationalisation d'un vote européen» in Pascal Perrineau（dir.）2005, *Le vote européen 2004-2005*, Sciences Po Presses.
Perrineau, Pascal（2014）*La France au Front*, Fayard.
Perrineau, Pascal et Colette Ysmal（dir.）（2003）*Le vote de tous les refus*, Presses de Sciences Po.
Priollaud, Francois-Xavier et David Siritzky（2008）*Le Traité de Lisbonne*, La Documentation française.
レモン（Rémond）、ルネ（2010）（工藤庸子・伊達聖伸訳）『政教分離を問い直す』青土社．原書：René Rémond, *L'invention de la laïcité française, De 1789 à*

demain, Bayard Editions, 2005.
Renan, Ernest（1992）*Qu'est-ce qu'une nation?*, Presses Pocket.
Rioux, Jean-Pierre & Jean-Francois Sirinelli（dir.）（1999）*La France d'un siècle à l'autre 1914-2000, Dictionnaire critique*, Hachette Littératures.
Risse, Thomas（2002）«Nationalism and Collective Identities: Europe versus the Nation-State?» in P. Heywood, E. Jones and M. Rhodes（ed.）, *Developments in West European Politics*, Palgrave.
坂井（Sakai）一成（2014）『ヨーロッパの民族対立と共生〔増補版〕』芦書房
佐瀬（Sase）昌盛（2006）「ポスト・イラク期の米欧関係（上）」『海外事情』6月号
Sauger, Nicolas, Sylvain Brouard et Emiliano Grossman（2007）*Les Français contre l'Europe?* Les Presses de Sciences Po.
Saurugger, Sabine（2009）*Théories et concepts de l'intégration européenne*, Les Presses de SciencesPo..
Soysal, Yasemin N.（1994）*Limits of Citizenship: Migrants and Postnatinal Membership in Europe*, The University of Chicago Press.
Stasi, Bernard（2004）«Rapport de la Commission présidée par Bernard Stasi, Laïcité et République», La Documentation française.
鈴木（Suzuki）規子（2007）『EU市民権と市民意識の動態』慶応義塾大学出版会
鈴木（Suzuki）規子（2012）「EU市民権とフランス」安江則子編著『EUとフランス』法律文化社
田中（Tanaka）俊郎・庄司克宏編（2005）『EUと市民』慶応義塾大学出版会
谷川（Tanigawa）稔（1997）『十字架と三色旗』山川出版社
Temime, Emile（1999）*France, terre d'immigration*, Gallimard, Chapitre 5.
Thatcher, Margaret（1988）'Britain & Europe', The speech delivered in Bruges on 20th September 1988.
Tiersky, Ronald ed.,（2001）*Euro-skepticism: A reader*, Rowman & Littlefield Publishers, INC.
トッド（Todd）、エマニュエル（2016）（堀茂樹訳）『シャルリとは誰か？人種差別と没落する西欧』文芸春秋。原書：Emmanuel Todd, *Qui est Charlie? Sociologie d'une crise religieuse*, Editions du Seuil, 2015.
辻村（Tujimura）みよ子・糠塚康江（2012）『フランス憲法入門』三省堂
辻村（Tujimura）みよ子（2013）『人権をめぐる十五講』岩波書店
上原（Uehara）良子・廣田功（2012）「第4章　戦後復興と欧州統合」吉田徹編『ヨーロッパ統合とフランス——偉大さを求めた1世紀』法律文化社。引用は以下の原書から。Bossuat, Gérard（2005）*Faire l'Europe sans défaire la France*, Peter Lang, pp.288-289, Milward, Alan S.（1984）*The Reconstruction of Western*

Europe, 1945-1951, Methen, p. 395, Leboutte, René（2008）*Histoire économique et sociale de la construction européenne*, Peter Lang, p.140 などからの引用。

Vaïsse, Maurice（2009）*La puissance ou l'influence?* Fayard.

Verpeaux, Michel（dir.）（2012）*Institutions et vie politique sous la Ve République*, La Documentation française.

渡辺（Watanabe）富久子（2014）「ドイツ国籍法の改正」『外国の立法』2014年11月、国立国会図書館調査及び立法考査局

Weil, Patrick（2002, 2004）*Qu'est-ce qu'un Français?* Gallimard. Chapitre 2.

ヴィノック（Winock）、ミッシェル（2014）（大嶋厚訳）『フランスの肖像——歴史・政治・思想』。原書：Michel Winock, *Parlez-moi de la France: Histoire, Idées, Passions*, Perrin, 2010.

山口（Yamaguchi）和人「『ドイツ』帰化申請者に対する「テスト」と「講習」の実施」『外国の立法』2008年10月、国立国会図書館調査及び立法考査局

山元（Yamamoto）一（2014）『現代フランス憲法理論』信山社

山本（Yamamoto）浩・高橋由美子編（2002）『ヨーロッパをつくる思想』上智大学出版

安江（Yasue）則子（2007）『欧州公共圏』慶應義塾大学出版会

安江（Yasue）則子（1995）「EU統合と言語政策—フランス新言語法制定をめぐって—」『政策科学』3－1、1995年6月

吉田（Yoshida）徹（2008）「現代フランスにおける主権主義政党の生成と展開」『日本比較政治学会年報』

Appendix 1

2つの国民投票に見る投票動向：
1992年9月のマーストリヒト条約、2005年5月の欧州憲法条約（比較）（％）

	1992年		2005年	
	賛成	反対	賛成	反対
全体	51	49	45.5	54.5
性別				
男性	49	51	44	56
女性	53	47	46	54
年齢				
18-24歳	52	48	41	59
25-34歳	51	49	41	59
35-49歳	49	51	35	65
50-64歳	47	53	45	55
65歳以上	57	43	63	37
職業（世帯主）				
農民	29	71	—	—
商店主、職人、独立自営業者	44	56	45	55
管理職、知的職業	70	30	62	38
中間職	57	43	46	54
従業員	44	56	40	60
労働者	42	58	19	81
学歴				
修了証書なし	43	57	40	60
CEP	46	54	32	68
CAP、BEP、BEPC	40	60	—	—
バカロレア	61	39	41	59
高等教育	71	29	57	43
政党支持				
共産党	16	84	5	95
社会党	76	24	41	59
緑の党	57	43	36	64
フランス民主連合	59	41	76	24
共和国連合・国民運動連合	31	69	76	24
国民戦線	7	93	4	96
なし	36	64	37	63

※ CEP＝初等教育修了証、CAP＝職業適性証、BEP＝職業教育修了証、BEPC＝中学修了免状
※ 1992年はSOFRES調査、2005年はSSU SOFRES調査
※ 共和国連合は2002年に国民運動連合に改名

出所：Pascal Perrineau éd., Le vote européen 2004-2005, Presses de la FNSP, 2005, p.242.

Appendix 2

マリーヌ・ルペン支持の社会学（2012 年大統領選挙第 1 回投票）（%）

候補者	F. オランド	N. サルコジ	M. ルペン
全体	28.6	27.2	17.9
性別			
男性	27	25	21
女性	30	29	15
年齢			
18-24 歳	29	27	18
25-34 歳	32	18	20
35-44 歳	29	21	23
45-59 歳	30	25	19
60 歳以上	25	37	13
職業			
職人、商人、工場主	21	42	25
自由業、管理職	30	33	8
中間職	34	22	12
従業員	28	22	21
労働者	27	19	29
退職者	29	33	14
学歴			
卒業資格なし	39	19	19
BEPC/BEP/CAP/CEP	26	27	21
バカロレア（Bac）	26	31	21
Bac + 2	32	26	17
Bac + 3 以上	31	27	10
家計収入（月額）			
1200€ 以下	30	23	19
1200-2000€	29	25	19
2000-3000€	26	27	19
3000€ 以上	31	30	15
居住地・都市			
農村	24	26	20
2 万人以下	28	29	17
2 万人から 10 万人	33	22	17
10 万人以上	31	30	16
パリ都市圏	29	26	20

出所：IPSOS Logica, sondage effectué pour France Télévions, Radio France, Le Monde et Le Point. Date de terrain du 19 au 21 avril 2012 から作成。

欧州統合関係略年表

年	月	出来事
1949	4	北大西洋条約調印、NATO設立
1950	5	シューマン宣言
1951	4	欧州石炭鉄鋼共同体（ECSC）設立
1954	8	欧州防衛共同体（EDC）失敗
1957	3	ローマ条約で欧州経済共同体（EEC）、欧州原子力共同体（EURATOM）を設立（6か国）
1964	7	共通農業市場（CAP）成立
1966	1	「ルクセンブルクの妥協」
1967	7	3共同体融合でEC発足
1968	7	関税同盟成立
1973	1	イギリス、アイルランド、デンマーク加盟（9か国）
1974	12	欧州理事会設立で合意
1979	6	第1回欧州議会直接選挙
1981	1	ギリシャ加盟（10か国）
1985	6	シェンゲン協定成立
1986	1	スペイン、ポルトガル加盟（12か国）
1986	2	単一欧州議定書調印
1992	2	マーストリヒト条約調印（EU設立条約）
1993	1	域内市場完成
1995	1	オーストリア、スウェーデン、フィンランド加盟（15か国）
1997	10	アムステルダム条約調印
1999	1	ユーロ導入
2000	12	ニース条約調印、EU基本権憲章宣言
2002	1	ユーロ貨幣流通
2004	5	中東欧諸国、地中海諸国加盟（25か国）
2004	5～6	憲法条約批准失敗
2007	1	ルーマニア、ブルガリア加盟（27か国）
2009	12	リスボン条約発効
2013	7	クロアチア加盟（28か国）

2015年11月現在、ユーロ参加国は25か国、シェンゲン協定加盟国は26か国

近・現代フランス関連略年表

年	月	出来事
1870	7	普仏戦争（～71）、敗北（1月）
1875	1	第3共和制憲法成立
1881	6	公教育制度の成立（～82）無償、義務、非宗教的
1905	12	政教分離法
1944	8	パリ解放
1946	10	第4共和制成立
1954	8	欧州防衛共同体（CED）条約批准拒否
	11	アルジェリア戦争（～62）
1958	5	アルジェで入植者・軍の反乱
	6	ドゴールの政権復帰
	9	第5共和制成立
1962	3	エヴィアン協定、アルジェリア戦争終結
1966	7	NATO軍事機構から脱退
1968	5	5月革命
1969	4	ドゴール辞任
	6	ポンピドー大統領就任
1974	5	ジスカールデスタン大統領就任
1981	5	ミッテラン大統領（PS）就任
1986	3	ジャック・シラク首相（保守）、保革共存政権、第1次コアビタシオン
1988	5	ミッテラン大統領再選
1989	9	イスラムのスカーフ問題
1992	9	マーストリヒト条約の国民投票による批准
1993	3	エドゥアール・バラデュール首相（保守）、第2次コアビタシオン
1995	5	ジャック・シラク大統領就任
1997	6	リオネル・ジョスパン首相（左翼）、第3次コアビタシオン
1999	6	欧州地域語少数言語憲章に対する違憲判決
2000	6	パリテ法成立
2002	5	シラク大統領再選、ジャン＝マリ・ルペン第2回投票に進出
2004	3	宗教的標章（しるし）規制法
2005	5	欧州憲法条約批准拒否
	10～11	移民出身の若者による郊外暴動
2007	5	ニコラ・サルコジ大統領就任（保守）
2010	8	ロマ人追放問題
2012	5	フランソワ・オランド大統領（左翼）就任
2014	5	欧州議会選挙で国民戦線（FN）がフランス第一党
2015	1	シャルリ・エブド事件
	11	パリ同時多発テロ事件

事項索引

あ

愛国教育　174
アイデンティティ　5, 6, 36, 37, 39, 47, 48, 54, 59, 85, 102, 115, 118, 132 – 135, 146, 147, 149, 156, 208, 210, 211, 218, 223, 225, 229, 230, 238, 244 – 246, 256, 260
アキ・コミュノテール（EU 法の全体）21, 95
アタック（ATTAC）　104, 125, 139, 263
アムステルダム条約　17, 26, 56, 57, 81, 96, 202, 254, 278
アムネスティ・インターナショナル　105
アルザス　31, 123, 133, 141, 165, 169, 183, 207, 209, 211
アンシアン・レジーム　90, 164, 176, 183, 185

い

EU 委員会　1, 2, 23, 27, 28, 30, 33, 38, 42, 93, 94, 100, 103
EU 懐疑主義（EU-scepticism）　140
EU 基本権憲章　7, 27, 28, 35, 37 – 42, 44, 48, 49, 51, 60, 99, 104, 132, 207, 212, 278
EU 法　2, 7, 21, 30, 37, 38, 43, 44, 89, 90, 95, 97 – 99, 103, 105, 118
EU 理事会　17, 24, 25, 27, 31, 42, 54, 58, 69 – 71, 81, 83, 84, 89, 100, 110, 117
域外共通関税　→　対外共通関税
域内自由移動の権利　56, 103
イスラム国（IS）　247 – 253, 256, 257
イスラムのスカーフ　184, 225 – 227, 229, 235, 237, 258, 279

一にして不可分の共和国　6, 166, 193, 194, 243
移民問題　8, 86, 99, 105, 157, 213, 223, 224, 229
イラク戦争　23, 24, 79, 249, 251

う

ヴィレール・コトレの勅令　209

え

「栄光の 30 年」（les Trente Glorieuses）　130, 195, 196
英国独立党（UKIP）　1, 3
エリゼ条約　20, 72 – 74, 76

お

欧州懐疑派　1, 12
欧州議会　1 – 4, 15, 17, 25, 27, 31 – 33, 36 – 38, 41, 42, 44 – 46, 48, 54, 55, 70, 75, 83, 89, 95, 100, 103, 114, 116, 117, 121, 126, 151, 152, 158, 190, 192, 201 – 203, 220, 278
欧州共同体（EC）　13, 25, 36
欧州経済共同体（EEC）　13, 22, 25, 67 – 72, 108, 114, 134, 143, 278
欧州経済協力機構（OEEC）　13, 22, 63, 68
欧州経済領域（EEA）　14, 15
欧州原子力共同体（EURATOM）　13, 25, 67, 68, 278
欧州憲法条約　26, 28, 37 – 40, 81, 82, 96, 111 – 113, 118, 125, 129, 276, 278, 279
欧州自由貿易連合（EFTA）　13 – 15, 72
欧州審議会　19, 32, 40, 43, 58, 85, 99, 194, 207, 208

事項索引

欧州石炭鉄鋼共同体（ECSC）　13, 19, 25, 63, 65 – 67, 110, 141, 278
欧州地域語少数言語憲章　5, 8, 167, 194, 207, 213, 241, 279
欧州中央銀行（ECB）　16, 30, 33, 82, 83, 100
欧州通貨システム（EMS）　12, 100, 245
欧州防衛共同体（EDC, CED）　65, 66, 108, 278, 279
欧州理事会　2, 21, 26 – 28, 33, 36, 38, 39, 44, 45, 57, 59, 75, 79, 81, 88, 150, 189, 202, 207, 262, 263, 278
オプト・アウト（適用免除）　39

か

外国人嫌い・排斥（xénophobie）　245
価値の多元化　195, 238, 241, 243
カトリック教会　154, 179 – 183, 225, 230
ガリカニスム（国家教会主義）　183
関税同盟　14, 24, 27, 70, 84, 95, 278
寛容なコンセンサス　110, 112, 117

き

帰化政策　189, 191
規則（regulations）　17, 30, 35, 54, 73, 95, 97, 99, 227, 230 – 232, 237
教育優先地区（ZEP）　217, 218
共通外交安全保障（CFSP）　15, 25, 27
共通移民・難民政策　29
共通農業政策　14, 24, 69, 95, 143, 156
共同体意識　229, 238
共同体主義（communautarisme）　149, 151, 152, 164, 167, 206, 223, 226, 227, 229, 239
共和国　6, 40, 74, 78, 148, 149, 151, 152, 162, 163, 165 – 168, 170, 173, 174, 179 – 181, 183, 189 – 191, 193, 194, 202, 204 – 206, 208, 209, 211, 223 – 227, 229 – 231, 233, 235, 237, 238, 243, 259
共和主義　5, 8, 104, 105, 111, 135, 148 – 150, 153, 154, 162, 165 – 168, 170, 174, 176, 178 – 180, 183, 193, 194, 205, 206, 209, 213, 224, 230, 243, 245, 256
共和主義的協約（le pacte républicain）　183
極右　2, 3, 8, 112, 123, 125, 126, 129, 138, 152, 154, 167, 168, 220, 221, 224, 234
ギリシャ危機　12, 89
銀行同盟（Banking Union）　33, 100

く

空席政策　70
グローバル化　4, 5, 8, 22, 53, 83, 113, 126, 128 – 131, 136 – 139, 154, 155, 157, 221, 222, 237, 238, 260, 263

け

計画化　90, 130, 195
血統主義（droit du sang）　185, 186, 188
ゲットー　215, 223, 228
憲法院判決　202, 204

こ

コアビタシオン　88, 91, 201, 202, 278
構造基金　29, 92 – 94
5月革命　197, 279
国際通貨基金（IMF）　16, 33, 137, 138
国籍（nationality）　1, 15, 52, 53, 59, 86, 102, 166, 184 – 189, 204, 214, 218, 254 – 256, 266
国籍法　59, 166, 178, 184 – 186, 188, 189, 191, 193, 223, 255
国民運動連合（UMP）　2, 78, 79, 122, 125, 129, 153, 156, 158, 159, 233, 234, 237

281

国民国家の連合　81
国民戦線（FN）　1-4, 8, 12, 83, 112, 120-123, 125, 126, 129, 138, 141, 148, 152-155, 157-160, 213, 220-224, 238, 246, 254, 255, 258, 275, 279
国民統合　171, 178, 193, 218, 219, 228, 238
国民投票　8, 12, 14, 15, 28, 34, 38, 72, 91, 95, 111-113, 118-121, 123-128, 140, 151, 153, 155, 163, 165, 276, 279
国務院（Conseil d'Etat）　89, 97, 98, 202, 210, 226, 232
国有化　130, 156, 181, 195, 196
国家連合（案）　77, 78, 144, 149
コペンハーゲン基準　21, 99
コミトロジー　31
これ見よがし　226, 227, 231, 232
コンコルダ体制　183

さ

サイクス・ピコ協定　251
差異主義者（les différencialistes）　205
三色旗　170, 171, 173, 191
参政権　15, 36, 37, 41, 48, 52-56, 86, 202

し

シェンゲン・アキ　14, 17
シェンゲン協定　13, 15-17, 26, 56, 59, 81, 223, 243, 244, 253, 278
自然権　43, 52, 162-164
司法・内務協力　25, 56
「市民の運動」（Mouvement des Citoyens）　120, 148, 202
市民のためのヨーロッパ　36
諮問会議　26, 38, 40, 44-46
社会的ヨーロッパ（Europe sociale）　129
社会統合　6, 8, 41, 54, 57, 58, 86, 167,

178, 184, 189, 191, 193, 194, 205, 206, 214, 228, 243, 255, 256, 258
「シャルリ・エブド」事件　153, 228, 245, 254, 258, 279
自由・安全・司法領域　26, 44, 57, 59, 60, 84
宗教的標章（しるし）　181, 226, 231, 232, 234-236, 279
集団的記憶（la mémoire collective）　170
10のフランス　121, 122
主権　2-5, 8, 18, 29, 30, 32, 43, 60, 64, 66, 69, 70, 76, 82, 84, 95, 96, 100, 111, 112, 119, 123, 126, 129, 138-141, 143-154, 156, 157, 159, 164, 166, 167, 184, 192, 204, 208, 241-243, 251
主権委譲　5, 29, 30, 95, 119, 126, 129, 208
主権国家　4, 5, 18, 64, 84, 139, 144, 145, 147, 156, 184
主権主義者（souverainistes）　8, 60, 69, 111, 112, 123, 140, 141, 148-154, 167
主権主義政党（les partis souverainistes）　119, 140
出生地主義（droit de sol）　184-186, 188, 214, 223, 254
上下両院合同会議（コングレ）　119, 203, 248
常駐代表部（COREPER）　31, 100
シリア難民　29, 244, 254
指令（directives）　30, 58, 59, 95, 97, 98, 103, 126, 202, 242
指令の国内法への転換　97, 98, 242
新機能主義　19, 100, 110
人権レジーム　6, 32, 43, 58, 86
新自由主義的　83, 113, 129, 132, 136, 148, 196

事項索引

す

スタジ報告　179, 224, 227, 229, 230
ストラスブール　1, 3, 31, 32, 39, 98, 144, 157, 169, 172, 235, 260, 261
スピルオーヴァー　100
すべての人に開かれた結婚法　194, 198, 199, 213, 241

せ

正規化（régularisation）　214, 223
政教分離法　8, 154, 162, 180 – 183, 226, 227, 230, 236, 279
政府間会議（IGC）　28, 40, 44, 81
政府間主義　69, 74, 77, 100, 241, 262
積極的差別　201, 205, 217, 218
先決判決（preliminary rulings）　95

た

対外共通関税　14, 70, 143
第5共和制憲法　87, 96, 163, 166
第3共和制　8, 162, 163, 166, 168, 170 – 172, 174, 175, 177, 179, 180, 209
多重的アイデンティティ　132, 133, 245
多文化主義（multiculturalisme）　151, 152, 224, 229, 234
単一欧州議定書　5, 24, 88, 110, 117, 241, 278

ち

地域圏（région）　39, 90 – 94, 190, 201, 203, 220, 235, 242
地域圏知事　91, 94, 242
地中海連合　79
地方分権化法　91
地方分権政策　90, 242
中間団体（corps intermédiaire）　164
長期居住者　56, 58, 59

て

ディクソンヌ法（loi Deixonne）　209
低家賃の大団地（HLM）　215
ディリジスム（dirigisme）　130
デニズンシップ　55, 56
テロリスト　229, 248 – 250, 252, 253, 255, 256, 258, 259
典型的な国民国家　4

と

ドイツ・イメージ（ドイツ観）　76, 150
トゥーボン法（loi Toubon）　209
統合主義者（intégrationistes）　111, 112
同質的国民共同体　4, 166, 178, 193, 194, 198
東方政策　74
独仏協調　76
都市政策　216, 217, 220
トロイの木馬（論）　72, 113, 126, 157

な

ナショナル・アイデンティティ　39, 102, 132 – 134, 156, 208, 223, 230
ナショナル・ポピュリズム　154, 157
NATO（北大西洋条約機構）　21, 23, 63, 65, 66, 69, 71, 108, 109, 143, 241, 252, 262, 272, 279

に

2005年暴動　219, 220, 279

は

破綻国家　248, 250
パックス（民事連帯契約）　194, 198
罰札制度　209
バビ・ルー保育所　237
パリ政治学院　174, 217, 218, 260
パリテ法（男女同数法）　5, 163, 167,

283

194, 201, 203-206, 213, 217, 241, 279
反移民政策　153, 222
反議会主義（antiparlementarisme）　168
反グローバリズム　138
パン・ヨーロッパ　18

ひ

非常事態法　219, 249
人と市民の諸権利の宣言（人権宣言）　52, 53, 162-164, 179, 190, 193, 202, 204, 205

ふ

ファルー法　175, 180
フィッシャー提案　81, 149
フーシェ・プラン　69, 72
普遍主義者（les universalistes）　205
普遍主義的　238, 245
不法移民　29, 58, 214, 223
フランス共産党（PCF）　62, 66, 112, 114, 120-122, 125, 129, 202, 233, 234, 276
ブリュージュ　134, 144-146, 245
文明化の使命（mission civilisatrice）　178

へ

ベネルックス覚書　67

ほ

保革共存政権　120
補完性の原理　27, 81, 82, 90, 145, 149, 245
ポジティヴ・アクション　201, 202, 204

ま

マーシャル・プラン　13, 21, 22, 62-64, 87

マーストリヒト条約　5, 21, 24, 25, 29, 35-39, 42, 56, 89, 95, 96, 111, 112, 118-120, 124, 129, 140, 148, 150, 153, 207, 208, 276, 278, 279
マイノリティ集団　206, 256-258
マリアンヌ（Marianne）　170, 173, 191
マルチレベル・ガヴァナンス　2, 100

み

民主主義の赤字　2, 3, 26, 44, 89

め

メッシーナ　67

ゆ

ユーロ　3, 12, 13, 15, 16, 25, 27, 29, 30, 32-34, 48, 75, 76, 80-84, 94, 96, 100, 113, 123-125, 136, 138, 148, 155, 157, 159, 208, 223, 244, 245, 254, 278
ユーロ危機　12, 16, 30, 32, 33, 76, 80, 100, 123, 124, 136, 244, 245, 254
ユーロ圏　15, 16, 32-34, 82, 83, 113, 124
ユーロバロメータ　8, 46, 48, 51, 110, 113, 127, 131, 132, 134, 135, 244

よ

ヨーロッパ・アイデンティティ　6, 37, 47, 48, 132, 133, 135, 147, 244
ヨーロッパ化（europeanization）　6-8, 60, 84-87, 93, 98-100, 126, 129, 131, 133, 134, 136, 154, 155, 212, 221, 222, 238, 241, 242, 245, 260
ヨーロッパ会議　19, 32
ヨーロッパ懐疑主義（euroscepticisme）　8, 36, 83, 111, 121, 125, 136, 140, 141, 149, 153, 160, 242, 244, 245, 254
ヨーロッパ合衆国　18, 134
ヨーロッパ建設　76, 86, 114-117, 135,

146, 156
ヨーロッパ国家　　82, 124, 156
ヨーロッパ市民　　6, 7, 25, 27, 35-39, 42, 43, 46, 48, 52, 55, 57, 59, 60, 81, 84, 86, 132, 208, 244, 260
ヨーロッパ市民権　　6, 7, 25, 35, 37-39, 42, 43, 46, 48, 52, 55, 57, 59, 60, 84, 86, 208, 244, 260
ヨーロッパ社会　　6, 35, 39, 54, 57, 85, 99, 242-246
ヨーロッパ社会憲章　　38, 58-60, 99
ヨーロッパ人権条約　　38, 40, 43, 58-60, 99
ヨーロッパ人のヨーロッパ　　23, 71, 73, 74, 78, 79
ヨーロッパ統合（European integration）　　3-5, 7-9, 12, 13, 17, 19-24, 29, 32, 33, 35, 36, 60, 61, 63, 65, 67-69, 73, 76, 80, 82, 84, 85, 88, 90, 99, 108-123, 125, 126, 128, 129, 133-135, 140, 142-144, 149, 162, 237, 241, 244, 246, 247, 254, 259, 260
ヨーロッパ連合設立条約草案　　36

ら

ラーケン宣言　　26, 45
ライシテ　　5, 8, 40, 154, 162, 167, 178-180, 182, 183, 213, 224-227, 229-239, 256, 260
ラ・マルセイエーズ　　170-172, 191

り

リスボン条約　　1, 17, 28, 37-41, 43, 57, 82, 84, 96, 99, 103, 113, 151, 207, 249, 254, 278

る

ルクセンブルクの妥協　　70, 71, 109, 241, 278

れ

連邦主義者　　8, 82, 141, 145, 146
連邦主義の理念　　145
連邦制ヨーロッパ　　81, 135

ろ

ローマ条約　　13, 22, 24, 67-69, 92, 110, 160, 192, 278
ロマ人追放問題　　101-105, 278
ロレーヌ　　31, 123, 141, 165, 177

わ

われわれ意識　　19, 141

人名索引

ア行

アガサンスキー, シルヴィアヌ (Sylviane Agacinski)　205
アギュロン, モーリス (Mourice Agulhon)　173, 268
浅野素女　198, 199, 267
アデナウアー, コンラッド (Konrad Adenauer)　19, 20, 66, 134, 143
アドニーノ, ピエトロ (Pietro Adonnino)　36
アベ・グレゴワール (l'abbé Grégoire)　165
ヴァルス, マニュエル (Manuel Valls)　80, 216, 265
ヴェイユ, シモーヌ (Simone Veil)　198
ヴェイユ, パトリック (Patrick Weil)　185
オランド, フランソワ (François Hollande)　2, 80, 89, 105, 199, 200, 216, 221, 222, 248, 249, 255, 277, 279

カ行

川嶋周一　70, 272
キャメロン, ディビッド (David Cameron)　12, 248
ギヨマーチ, アラン (Alain Guyomarch)　88, 89
クーデンホーフ＝カレルギー (Coudenhove-Kalergi)　18
久邇良子　92, 93, 95, 272
グリュンベール, ジェラール (Gérard Grunberg)　121, 122
コートレス, ブリュノ (Bruno Cautrès)　110, 112
コール, ヘルムート (Helmut Kohl)　20, 75, 77, 118

コンブ, エミール (Emile Combes)　179

サ行

坂井一成　211, 273
サッチャー, マーガレット (Margaret Thatcher)　95, 134, 141, 144, 146-148, 157
サルコジ, ニコラ (Nicolas Sarkozy)　28, 71, 79, 80, 90, 102, 104, 105, 137, 138, 211, 219, 221, 222, 277, 279
ジスカールデスタン, ヴァレリ (Valéry Giscard d'Estaing)　45, 46, 75, 109, 150, 198, 200, 279
シャインゴールド, スチュアート・A (Stuart A. Scheingold)　110
シュヴェヌマン, ジャン＝ピエール (Jean-Pierre Chevènement)　112, 120, 140, 141, 148-150, 168, 269
シューマン, ロベール (Robert Schuman)　19, 64, 65, 141, 142, 277
ジュペ, アラン (Alain Juppé)　210
シュミット, ヘルムート (Helmut Schmidt)　75
シュルツ, マーティン (Martin Schultz)　2
シュレーダー, ゲアハルト (Gerhard Schröder)　78, 80, 81, 234
シュレル, イーヴ (Yves Surel)　86
ショイブレ, ウォルフガング (Wolfgang Schäuble)　34, 192, 245
シラク, ジャック (Jacques Chirac)　78, 81, 82, 88, 92, 102, 136, 137, 201, 202, 211, 221, 227, 229, 231, 233, 250, 279
ジラルデ, ラウル (Raoul Girardet)

175, 176
スタジ，ベルナール（Bernard Stasi）179, 224, 227, 229-233, 236, 238
スパーク，ポール＝アンリ（Paul-Henri Spaak）　67
セルキリーニ，ベルナール（Bernard Cerquiglini）　210, 211
ソイサル，ヤスミン（Yasmin Soysal）53, 54

タ行

伊達聖伸　182, 264, 269, 270, 273
チプラス，アレクシス（Alexis Tsipras）33, 34
チャーチル，ウィンストン（Winston Churchill）　18, 19, 32, 134
チンデマンス，レオ（Leo Tindemans）36
辻村みよ子　96, 201, 265, 274
デ・ガスペリ，アルチーデ（Alcide de Gasperi）　19, 20
デメジエール，トーマス（Thomas de Maizière）　188
デュアメル，オリヴィエ（Olivier Duhamel）　121, 122
ド・ヴィリエ，フィリップ（Philippe de Villiers）　112, 120, 141, 148, 150-152
ド・ヴィルパン，ドミニーク（Dominique de Villepin）　24, 102, 250, 259
ドーデ，アルフォンス（Alphonse Daudet）　169
ドゴール，シャルル（Charles de Gaulle）13, 14, 23, 62, 63, 66, 68-74, 78, 89, 91, 108, 109, 112, 114, 115, 121, 130, 134, 135, 137, 141-144, 157, 200, 241, 242, 270, 279
ドブレ，ジャン＝ルイ（Jean-Louis Debré）　232, 233
ド・ルージュモン，ドゥニ（Denis de Rougemont）　145
ドロール，ジャック（Jacques Delors）95, 110, 117, 141, 144-148, 245

ナ行

内藤正典　251, 273
糠塚康江　96, 205, 265, 273, 274
ノーヴァック，ステファニ（Stéphanie Novak）　100
ノラ，ピエール（Pierre Nora）　170

ハ行

バエルー，フランソワ（François Bayrou）　180, 226
バダンテール，エリザベット（Elisabeth Badinter）　205
服部有希　201, 204, 271
バラデュール，エドゥアール（Edouard Balladur）　88, 89, 180, 279
パリエ，ブリュノ（Bruno Palier）　86
ハンマー，トーマス（Tomas Hammar）55
ファビウス，ローラン（Lorent Fabius）129
フィッシャー，ヨシュカ（Joshka Fischer）　81, 82, 140, 149
フーシェ，クリスチアン（Christian Fouchet）　69, 72
フェリー，ジュール（Jules Ferry）179
フュステル・ド・クーランジュ（Fustel de Coulanges）　165, 166
フラスチエ，ジャン（Jean Fourastié）196
ブラント，ウィリー（Willy Brandt）74
ブリュノー（Bruno）　176, 177
ブルーベーカー，ロジャース（Rogers Brubaker）　53
フルケ，ジェローム（Jérome Fourquet）

287

123, 125
プロディ, ロマノ（Romano Prodi） 40
ベール, ポール（Paul Bert） 175
ペリノー, パスカル（Pascal Perrineau） 125, 160, 221, 224
ペルシュロン, アニック（Annick Percheron） 116
ヘルツォーク, ローマン（Roman Herzog） 45
ボーゼル, タニヤ・A（Tanja A. Borzel） 85
ボゾ, フレデリック（Frédéric Bozo） 77
ポンピドー, ジョルジュ（Georges Pompidou） 72, 74

マ行

マーシャル, ジョージ（George Marshall） 21
マーシャル, トマス・ハンフリー（T.H. Marshall） 52
マンデスフランス, ピエール（Pierre Mendès France） 66
マンドラス, アンリ（Henri Mendras） 196, 197
ミッテラン, フランソワ（François Mitterrand） 20, 75-77, 88, 89, 91, 109, 117, 119, 120, 135, 148, 196, 200, 279
宮島喬 217, 273
メルケル, アンゲラ（Angela Merkel） 28, 79, 80, 89, 123
モネ, ジャン（Jean Monnet） 19, 63-65, 67, 141, 146
モムゼン, テオドール（Theodor Mommsen） 165
モロトフ, ヴャチェスラフ・ミハイロヴィチ（Viacheslav Mikhailovich Molotov） 22

ヤ行

安江則子 208, 275
山口和人 191, 275
山元一 208, 275
ユンケル, ジャン＝クロード（Jean-Claude Yuncker） 2
ヨプケ, クリスチャン（Christian Joppke） 54, 184, 256, 258, 271

ラ行

ラヴィス, エルネスト（Ernest Lavisse） 175, 176
リッセ, トーマス（Thomas Risse） 85, 133, 134
リンドバーグ, レオン・N（Leon N. Lindberg） 110
ルケンヌ, クリスチアン（Christian Lequesne） 98, 136, 261, 272
ルナン, エルネスト（Ernest Renan） 165
ルペン, ジャン＝マリー（Jean-Marie Le Pen） 2, 120, 141, 151, 152, 221, 258, 279
ルペン, マリーヌ（Marine Le Pen） 3, 12, 138, 141, 153-155, 221-224, 254, 264, 277
レディング, ヴィヴィアン（Vivian Redding） 103
レモン, ルネ（René Rémond） 182, 264, 273
ロカール, ミシェル（Michel Rocard） 202

ワ行

渡辺富久子 188, 275

［著者紹介］
中村雅治（なかむら・まさはる）
1945年静岡県生まれ。上智大学大学院外国語学研究科国際関係論専攻博士後期課程満期退学。上智大学外国語学部フランス語学科教授を経て、上智大学名誉教授。上智大学ヨーロッパ研究所長（2008～11年）。パリ政治学院、グルノーブル政治学院で客員教授を務める。

　主要研究テーマはフランス政治、EU研究。主な著作に、泉邦寿、松尾弌之、中村雅治共編『グローバル化する世界と文化の多元性』上智大学出版、2005年。中村雅治、イーヴ・シュメイユ共編『EUと東アジアの地域共同体』上智大学出版、2012年などがある。訳書にクリスチアン・ルケンヌ『EU拡大とフランス政治』芦書房、2012年がある。

国民国家フランスの変容
――ヨーロッパ化の中の国民意識と共和主義

2016年5月30日　第1版第1刷発行

著　者：中　村　雅　治
発行者：髙　祖　敏　明
発　行：Sophia University Press
　　　　上　智　大　学　出　版
　　　　〒102-8554　東京都千代田区紀尾井町7-1
　　　　URL：http://www.sophia.ac.jp/

制作・発売　㈱ぎょうせい
〒136-8575　東京都江東区新木場1-18-11
TEL　03-6892-6666　FAX　03-6892-6925
フリーコール　0120-953-431
〈検印省略〉　　URL：http://gyosei.jp

©Masaharu Nakamura
2016, Printed in Japan
印刷・製本　ぎょうせいデジタル㈱
ISBN978-4-324-10117-9
（5300253-00-000）
［略号：（上智）国民国家フランス］
NDC 分類312.3

Sophia University Press

　上智大学は、その基本理念の一つとして、
「本学は、その特色を活かして、キリスト教とその文化を研究する機会を提供する。これと同時に、思想の多様性を認め、各種の思想の学問的研究を奨励する」と謳っている。
　大学は、この学問的成果を学術書として発表する「独自の場」を保有することが望まれる。どのような学問的成果を世に発信しうるかは、その大学の学問的水準・評価と深く関わりを持つ。
　上智大学は、(1) 高度な水準にある学術書、(2) キリスト教ヒューマニズムに関連する優れた作品、(3) 啓蒙的問題提起の書、(4) 学問研究への導入となる特色ある教科書等、個人の研究のみならず、共同の研究成果を刊行することによって、文化の創造に寄与し、大学の発展とその歴史に貢献する。

Sophia University Press

One of the fundamental ideals of Sophia University is "to embody the university's special characteristics by offering opportunities to study Christianity and Christian culture. At the same time, recognizing the diversity of thought, the university encourages academic research on a wide variety of world views."

The Sophia Universitiy Press was established to provide an independent base for the publication of scholarly research. The publications of our press are a guide to the level of research at Sophia, and one of the factors in the public evaluation of our activities.

Sophia University Press publishes books that (1) meet high academic standards; (2) are related to our university's founding spirit of Christian humanism; (3) are on important issues of interest to a broad general public; and (4) textbooks and introductions to the various academic disciplines. We publish works by individual scholars as well as the results of collaborative research projects that contribute to general cultural development and the advancement of the university.

The Transformation of French Nation-State:
National Consciousness and Republicanism in the Era of Europeanization

ⓒMasaharu Nakamura, 2016

published by
Sophia University Press

production & sales agency : GYOSEI Corporation, Tokyo
ISBN 978-4-324-10117-9
order : http://gyosei.jp